国家粮食安全背景下的
农村耕地"非粮化"治理研究

•••• 唐重振　著

WUHAN UNIVERSITY PRESS
武汉大学出版社

图书在版编目(CIP)数据

国家粮食安全背景下的农村耕地"非粮化"治理研究／唐重振著．
武汉 ：武汉大学出版社，2024.12. -- ISBN 978-7-307-24656-0

Ⅰ. F323.211
中国国家版本馆 CIP 数据核字第 2024UD0709 号

责任编辑:李　玚　　　责任校对:鄢春梅　　　版式设计:马　佳

出版发行：**武汉大学出版社** 　（430072　武昌　珞珈山）

（电子邮箱：cbs22@whu.edu.cn　网址：www.wdp.com.cn）

印刷:武汉邮科印务有限公司

开本:787×1092　1/16　　印张:13　　字数:288 千字　　插页:1

版次:2024 年 12 月第 1 版　　2024 年 12 月第 1 次印刷

ISBN 978-7-307-24656-0　　　定价:68.00 元

本书得到桂林理工大学公共管理学院公共管理一流学科建设基金资助

前　言

在全球化背景下，粮食安全已成为国家安全的基石，它不仅关乎民众的基本生活需求，也影响着国家的经济稳定与社会发展。近年来，随着城乡一体化进程的加速和农村经济结构的调整，我国农村耕地"非粮化"现象日益显著。这一趋势表现为大量耕地被用于种植经济作物、发展养殖业、建设乡村旅游设施等，而非传统的粮食作物。这种转变虽在一定程度上促进了农村经济多元化和农民增收，但也对国家粮食安全构成了潜在威胁。随着城乡统筹发展和农村产业结构转型，耕地"非粮化"利用现象日益突出。为了保障国家粮食生产的绝对安全，使保护耕地的成果能够真正落到保障粮食安全上，国家提出实施耕地进出平衡政策，合理控制重点耕地资源主要用于粮食生产，有效防止农用地内部结构调整造成的耕地流失。因此，本书旨在深入探讨我国粮食安全背景下农村耕地"非粮化"的研究现状、研究区域的现状、"非粮化"成因、影响及治理策略。通过系统分析，期望能够为国家制定更加科学合理的耕地保护和粮食安全政策提供理论依据和实践参考，同时促进农村经济可持续发展与粮食安全目标的协同实现。

本书共八个章节，分为五个部分。第一部分为第一、二章，主要内容为研究背景、意义、研究方法及国内外相关研究综述；第二部分为第三、四章，详细阐述我国各省、自治区、直辖市的农村耕地"非粮化"现状及其时空演变趋势，同时对我国农村耕地"非粮化"产生的问题以及出现耕地"非粮化"的原因进行了系统分析；第三部分为本书的第五章，主要运用实证分析方法分析我国农村耕地"非粮化"的影响因素；第四部分为第六、七章，重点研究国外在耕地保护与粮食安全方面的成功案例与经验借鉴，并根据前面的理论基础和对我国耕地"非粮化"的问题剖析，为我国的耕地"非粮化"治理提出对策；第五部分为第八章，总结本书的研究成果，并对未来研究方向进行展望。

本书采用文献综述、实地调研、数据分析、案例研究等多种研究方法相结合，力求做到理论与实践相结合，历史与现状相贯通。本书主要特点为：一是数据翔实，基于大量第一手调研数据与官方统计数据，确保分析结论的科学性与可靠性；二是视角多元，从经济、社会、生态等多维度切入，全面剖析耕地"非粮化"问题；三是策略创新，针对当前治理中存在的难点与痛点，提出具有前瞻性和可操作性的政策建议；四是案例丰富，通过国外成功治理案例的分析，为治理实践提供可借鉴的经验与模式。通过深入剖析农村耕地"非粮化"这一复杂现象，构建一个全面、系统的分析框架，为政府决策、学术研究和社会实践提供有力支持。

目　　录

第一章　绪　　论

1.1　研究背景与研究意义

1.1.1　研究背景

粮食安全问题历来都是我国治国安邦的首要问题。自 2015 年 7 月 1 日起实行的《国家安全法》明确把粮食安全当成国家安全重要的组成部分。党的十八大以来，党和国家高度重视粮食安全问题，并将粮食安全纳入国家安全大局当中，统筹发展和安全，把粮食工作摆在"三农"工作的突出位置[1]。2022 年中央一号文件明确提出牢牢"守住保障国家粮食安全和不发生规模性返贫两条底线"[2]。党的二十大报告中提出："全方位夯实粮食安全根基；确保粮食、能源资源、重要产业链供应安全。"习近平总书记指出："确保国家粮食安全，把中国人的饭碗牢牢端在自己手中。"对于世界上拥有庞大人口的中国来讲，粮食安全的重要性不言而喻，而粮食安全则直接关系到我国乡村振兴战略能否顺利圆满完成。粮食是关系国计民生的特殊商品和国家安全战略性物资，确保粮食安全是我国经济社会发展过程中的一个永恒的课题。当下全球不稳定、不确定性因素骤增，夯实农业发展，保障农产品供给是我国应对各种风险的"压舱石"与"稳定器"。保障粮食安全，不能仅局限于粮食生产、粮品存储、市场流通，应从战略角度来重新定义。如今，我国耕地面积逐渐逼近 18 亿亩耕地红线，人均耕地面积不足世界平均水平的 40%。对于我国而言，粮食安全无疑具有极其重要的战略意义。

耕地和粮食安全密切相关，是我国粮食安全的基本保障。耕地是中国最宝贵的资源，这一战略定位决定了对其必须采取最为严格的保护制度。近几年来，党中央和国务院空前重视耕地保护工作，守住 18 亿亩耕地红线，是当前乃至今后较长一段时间国土资源管理工作的首要任务。粮食生产是耕地的基本功能之一，粮食生产的安全与稳定是实现经济发展与人民幸福的基本保障。2022 年，中华人民共和国成立 73 年来，我国耕地面积从 14.68 亿亩增加到 20.23 亿亩，粮食产量从 11318 万吨增加到 66384 万吨，粮食生产实现了质的飞跃。然而，伴随我国社会经济的快速发展，人口数量上升导致的粮食生产空间与城乡发展空间的矛盾日益加深，水资源短缺、气候变化等现象对农作物种植的影响日益加剧，均对粮食生产造成了一定约束，使得目前我国的粮食安全面临严峻挑战。数据显示，中国粮食作物播种面积占比也由 2009 年的 70.12% 下降到 2019 年的 69.95%，下降面积达到 580 万公顷。除国内因素以外，我国的粮食安全也受到外部环

1

境的威胁。在全球化的背景下，公共卫生事件突发、国家贸易摩擦加剧、地区冲突频繁发生，会造成全球粮食价格持续波动，也会导致我国粮食进口数量出现减少，对我国粮食生产与粮食储备产生不利影响[3]。

党的十八大以来，习近平总书记多次强调"解决好吃饭问题始终是治国理政的头等大事"。鉴于我国长期以来实行的藏粮于仓、以丰补歉战略造成的粮食库存积压，财政负担沉重，粮食陈化严重等系列问题，"藏粮于地"在2005年中央领导讲话中第一次亮相，2015年被提升到国家战略高度。近年来，伴随形势的变化，中国耕地保护正面临着更多的压力与挑战。因为建设占用耕地的需求逐年上升，很多地方城镇化拉动了产业和基础设施建设用地的不断扩张。这些年来，由于建设占用而造成的耕地流失尤其是优质耕地的减少已开始对我国粮食安全的基础造成影响。近年来，我国农业结构持续优化，区域布局日趋合理，粮食生产连续6年收获颇丰，保持了年生产量1.3万亿斤以上的水平，为经济社会发展大局的稳定提供了坚实的支撑。同时，有的地区出现了耕地"非粮化"的趋势，有的地方简单地将农业结构调整理解为对粮食生产的压减，有的经营主体违反规定在永久基本农田内植树挖池塘，有的工商资本大范围流转耕地改种植非粮作物，若任其发展下去，就会影响到国家粮食安全。伴随中国人口数量的增加，消费结构的升级以及资源环境承载力的收紧，粮食生产需将继续保持紧平衡状态；例如近几年突发新冠疫情使得粮食及其他大宗农产品贸易链和供应链遭受冲击，国际农产品市场供应不确定性上升。在当前我国各地耕地种植方式中，粮食作物种植比例日渐下降，且当前农业多样化利用方式对耕地保护并没有充分帮助。农业发展多样化主要是种植者以地域自然区位因素为基础对农业经济利润进行追逐。近年来，许多地区都在发展现代特色农业，苗圃、乔木及热带水果的栽培以及特色农作物的种植等农业活动导致耕地非粮化严重。2020年，国务院接连发布《关于坚决制止耕地"非农化"行为的通知》《关于防止耕地"非粮化"稳定粮食生产的意见》等，坚决遏制耕地"非农化"以及防止"非粮化"。随着政策的相继出台，要求我们要协同"非粮化"和"藏粮于地"之间的关系，坚守严基调，"长牙齿"的硬举措，实施最严格耕地保护制度。

2022年俄乌冲突所导致的危机给全球安全带来了诸多影响，粮食安全问题表现得尤为明显。俄罗斯、乌克兰是谷物、油料出口大国，对世界粮食供给起着举足轻重的作用。据联合国贸易数据库统计，两国小麦、大麦、葵花籽、玉米出口量居世界前5位。具体而言，俄罗斯小麦、大麦和葵花籽出口量占全球贸易总量的24.1%、14.2%和19.6%。而乌克兰小麦、大麦和玉米出口量则分别占全球贸易10%、12.6%和15.3%。此外，两国还是葵花籽油的重要出口国，乌克兰葵花籽油出口占据了全球市场的49.6%，而俄罗斯则占据了23.1%。尤其，令人关注的是俄罗斯小麦出国规模居全球第一，乌克兰居第五位。这表明两国粮食出口在全球市场上具有重要影响。另外，俄罗斯还是全球肥料供应格局的主要生产国之一，欧洲及中亚很多国家50%以上的肥料供应来自俄罗斯。在全球需求端，大约50个的国家依靠从俄罗斯及乌克兰进口30%及以上小麦以确保其粮食供应，大多数为北非、亚洲及近东地区最不发达国家或者低收入缺粮国家。粮食安全形势对这些国家来说特别严峻。乌克兰同时是欧盟、中国、埃及以及利比亚等多个北非国家的重要玉米供应国。总之，俄罗斯与乌克兰是世界粮食供应格局的重要组成部分，对很多地区粮食供给影响深远。所以俄乌冲突所带来的安全危机对全球粮食安全至关重要。各方面需共同努力找到解决路径，保障粮食稳定供给，从而保障全球粮食安全。

全球粮食安全面临俄罗斯与乌克兰的矛盾尖锐，这一矛盾已成为警示。从短期看，俄罗斯与乌克兰的矛盾会给全球小麦市场稳定带来不利影响，还会扰乱天然气与化肥市场。从长远来看，季节性种植农业生产会受到一定冲击，从而加大国际粮食市场稳定供应的不确定因素。另外，不加区别地对主要粮食进口国滥施暴裁，使缺粮地区人道主义危机雪上加霜，贫困地区人民将是饥饿的主要受害者。

当前，我国主要粮食供应与储备充裕，粮食价格基本稳定，没有受全球粮食通胀明显影响。国际市场粮价的波动对于中国粮食安全的影响较小，但随着俄罗斯与乌克兰矛盾日益激化，全球粮食安全系统面临越来越大的危险，对中国构成重大挑战。我国作为世界上粮食进口大国之一，正面临大豆、玉米等粮食品种对外依存度高、进口来源地较为集中等严峻考验，特别是受全球性抢粮风潮及粮食贸易限制措施冲击，我国粮食储备压力更大。与此同时，国内农业供给侧结构性改革也在进行中，粮食需求增长趋缓，粮食库存居高不下。尽管当前的粮食供应暂时处于安全状态，但在错综复杂的国际形势下，中国必须提前做好准备，警惕未来可能出现的进口限制所带来的粮油供应短缺问题，重新评估利用国际市场来维护粮食安全的风险和难度，在确保粮食自给自足的前提下，进一步开拓贸易渠道，多元化进口来源，牢牢掌握粮食进口的主动权，构建安全韧性的供应链，以应对全球粮食市场风险的溢出。世界经济虽然相互联系，相互依存，但必须以"打铁还需自身硬"为目标，新时代中国需充分利用内外资源强化粮食安全，筑牢"大国粮仓"之根，既要重视塑造自身硬实力，又要主动参与全球粮食安全管理。在确保粮食"量"绝对安全的同时，必须高度重视粮食"质"的提升；推进农业现代化进程中，既要重视农业资源整合与统一大市场建设，又要积极推进农业科技创新与市场主体保障，才能以坚实步伐向农业强国迈进。

在俄乌冲突背景下，中国作为粮食进口大国，需要进一步保护和发掘国内的资源，提升粮食生产潜力以抵消外部粮食危机所带来的风险挑战。党的十八大以来，党中央及地方政府高度重视粮食安全问题，并采取了一系列举措。在2013年12月的中央经济工作会议上，习近平总书记强调："中国人的饭碗任何时候都要牢牢端在自己手上。我们的饭碗应该主要装中国粮，一个国家只有立足粮食基本自给，才能掌握粮食安全主动权，进而才能掌控经济社会发展这个大局。" 2014年中央一号文件提出，要完善粮食等重要农产品价格形成机制，逐步建立农产品目标价格制度，随后取消了对东北大豆实行多年的临储政策，改为目标价格补贴。2015年1月，国务院出台《关于建立健全粮食安全省长责任制的若干意见》，明确了政府的粮食安全责任，完善粮食补贴政策、提高种粮比较收益，以调动农民的种粮积极性。2016年1月，中央更加重视农业保险对粮食种植的保护作用，加大财政对粮食作物保险的保费补贴比例，提高了7.5个百分点。2019年10月，国务院新闻办发表了《中国的粮食安全》白皮书，全面总结了我国粮食安全取得的历史性成就，重点阐述了党的十八大以来我国在保障粮食安全方面实施的一系列方针政策和举措办法，介绍了中国积极参与全球粮食安全治理的具体做法。其中，严守耕地红线、提高耕地质量，保障农民种粮收益等举措，对保护我国粮食生产、维护我国粮食安全提供了重要政策支撑。2021 年 2 月，粮食和储备局印发《政府储备粮食质量安全管理办法》，对于粮食储备安全管理明确提出强化质量管理，在入库、存储、出库和检验机构上提出质量保障要求，确保政府储备粮食质量安全，提出及时做到监督检查。

由于工业化、城镇化的推进以及资本下乡的深入，经营主体利用永久基本农田违规种植、工商资本流转耕地改种非粮作物的情况陆续出现，耕地"非粮化"现象日益严重。耕地"非粮化"趋势的扩大，会导致粮食种植面积大幅减少，进一步压缩粮食生产空间，使粮食产量、粮食价格出现大幅波动，并且会对耕地质量产生影响，为耕地保护和粮食安全带来严重威胁。为防止耕地面积的持续减少，2015 年中央一号文件对农作物种植结构提出了进一步要求，倡导粮食、经济作物、饲草料三元种植结构协调发展；2016 年中央一号文件对高标准农田数量进行了具体规划，提出要确保到 2020 年建成 8 亿亩、力争建成 10 亿亩集中连片以及稳产高产的高标准农田；2019 年中央一号文件则首次对粮食播种以及永久基本田的总面积作出明确要求。为进一步防治耕地"非粮化"，2020 年 11 月，国务院办公厅印发了《关于防止耕地"非粮化"稳定粮食生产的意见》，对耕地"非粮化"问题的认识、应对措施以及监管提出了明确要求。文件指出，不能把农业结构调整简单理解为压缩粮食生产，需要充分认识到防止耕地"非粮化"对粮食安全生产的紧迫性，明确耕地利用优先顺序、加强粮食生产功能区监管，以及有序引导资本下乡，并要强化粮食生产的激励机制。2020 年中央一号文件提出要稳定粮食生产，完善粮食安全省长责任制考核，稳定农民基本收益。2021 年中央一号文件提出要提升粮食和重要农产品供给保障能力。在 2022 年中央一号文件对于抓好粮食生产和重要农产品供给，提出要稳定全年粮食播种面积和产量，确保粮食播种面积稳定，再次强调严守 18 亿亩耕地红线，落实"长牙齿"耕地保护硬措施。2023 年中央一号文件目标为多措并举、综合发力，全方位夯实粮食安全根基，重点强化藏粮于地、藏粮于技的物质基础，统筹做好粮食和重要农产品调控。

当前，我国粮食领域的主要矛盾已不再是总量问题，而是结构性问题。耕地"非粮化"的持续发展，不仅会破坏我国农业种植结构的平衡，还会对我国农业供给侧结构性改革的深入推进产生一定影响，水稻在我国粮食生产和消费中占主导地位。在我国的水稻优势区，94% 以上的地区适宜种植双季稻。但近年来，随着农业经济快速发展，各地加快推进农村土地流转，使得我国耕地"非粮化"现象日益突出。调查研究表明，由于种粮收益偏低，农村劳动力外流严重，导致我国部分城市出现经济作物大量占用农田，粮食、水稻种植面积减少等"非粮化"现象，对我国粮食产业链产生一定冲击，也对我国粮食生产与安全形成一定隐患。

防治耕地"非粮化"，不能仅靠粮食生产相关部门的约束，需要政府多部门的协同治理。为此，需要对我国当前耕地"非粮化"的演变趋势有总体把握，对我国耕地

"非粮化"所产生的影响有清楚的认知，才能对症下药防患于未然。基于此，从国家粮食安全的视角出发，研究我国耕地"非粮化"的演变趋势、影响因素和治理路径，对耕地"非粮化"治理以及进一步优化粮食生产布局、制定科学合理的生产政策具有一定的理论价值和实践意义。

1.1.2 研究意义

1.1.2.1 理论意义

研究的理论意义在于，丰富我国有关耕地"非粮化"的研究，为完善我国粮食安全理论体系、保障粮食生产安全作出理论贡献。研究基于国家粮食安全视角，通过文献梳理，筛选出可能影响我国耕地"非粮化"的影响因素，并运用 ArcGIS 软件进行地理加权回归，探究各影响因素对各省耕地"非粮化"的作用程度，为耕地"非粮化"相关研究提供新的研究视角和运用方法。此外，通过梳理国内外保障耕地稳定与粮食安全的相关案例，归纳、总结其中的理论与实践经验，为我国相关地区开展耕地"非粮化"防治提供理论支撑。

1.1.2.2 实践意义

研究的实践意义在于，在当前阶段我国粮食安全问题与耕地资源减少的双重压力之下，科学、合理地提升耕地资源利用效率，协调耕地生产的社会、经济、生态三重效益显得尤为重要。在耕地保护上，应协同耕地"非粮化"与"藏粮于地"的关系，坚持从严基调，以"零容忍"的态度、"长牙齿"的硬措施落实最严格的耕地保护制度。从各地农业生产实际看，广大优质耕地存在利用方式不够合理的普遍现象。适时开展其耕地非粮化情况、耕地质量及产能的影响分析、做好基于第三次全国国土调查的耕地及基本农田拥有量分配工作、加强耕地的保护和利用，有利于科学指导国土空间规划、基本农田划定及其他自然资源管理工作。对我国耕地"非粮化"的演变趋势及现状进行分析，并为我国耕地"非粮化"防治提供可行的治理策略。通过对我国各省耕地"非粮化"的演变趋势及影响因素进行探究，掌握各省耕地"非粮化"的现状及发展趋势，并结合调研资料，阐述耕地"非粮化"现象对粮食生产安全产生的实际影响。此外，通过梳理国内外保障耕地质量以及粮食安全的具体实践案例，结合我国耕地"非粮化"的实际情况，构建出遏制耕地"非粮化"的具体治理路径，为我国防治耕地"非粮化"和保障粮食生产安全提供理论支撑和实践依据。

1.2 研究内容与方法

1.2.1 研究内容

本书总共用八章来论述国家粮食安全背景下我国农村耕地"非粮化"的演变趋势、

影响因素与治理策略等问题，主要内容如下：

第一章介绍研究背景、研究意义、研究内容、研究方法与技术路线。通过介绍我国当前对国家粮食安全的重视程度以及耕地"非粮化"对粮食安全所产生的威胁，阐述耕地"非粮化"研究的理论价值与实践意义，介绍主要的研究方法，并绘制技术路线图以呈现本书的研究思路。

第二章对文献进行回顾并介绍研究的理论基础。通过对国内外保障粮食安全与耕地"非粮化"研究的相关文献进行梳理，分析了国内外研究取得的成就及存在的不足，为后续研究的论述奠定坚实的学术依据。参照现有理论，为后续研究提供理论支撑。

第三章主要阐述了我国耕地"非粮化"的演变趋势。在对我国耕地"非粮化"现状进行初步分析的基础上，运用统计分析、空间分析方法，利用所收集的我国各省耕地情况的有关数据，对我国十年来粮食作物、经济作物种植面积以及粮食产量的变化进行描述，重点分析我国2009—2019年耕地"非粮化"的演变趋势及其时空分布特征，为后续影响因素研究奠定基础。

第四章论述农村耕地"非粮化"对粮食安全影响以及分析耕地"非粮化"产生的原因。其中，对于粮食安全影响是从耕地种植面积、粮食产业链条、粮食种植结构以及粮食质量等四个方面进行分析；再次，对于耕地"非粮化"的成因主要从气候生态、农田水利、政府绩效、社会资本、粮食种植收益以及农村人口老龄化等方面展开，为后续制定有针对性的治理策略提供现实指引。

第五章分析我国耕地"非粮化"的影响因素。首先，运用回归分析方法，对我国耕地"非粮化"的影响因素进行初步分析，探究各影响因素对我国总体耕地"非粮化"的相关性以及作用程度；随后，以统计资料、数据为基础，运用ArcGIS中的地理加权回归方法，进一步探究在空间格局上的城镇化率、农业人口、气候、粮食产播比和农业机械总动力等各影响因素对我国各省耕地"非粮化"的影响程度及地区差异，为后续治理策略的构建提供参考。

第六章通过归纳、总结国外耕地"非粮化"防治的实践经验。耕地"非粮化"是多种因素共同作用的结果，原因多样化也使得耕地"非粮化"防治具有一定的复杂性。由于各个国家的经济发展水平、农业发展程度、历史背景、资源禀赋优势、自然地理环境以及政策法律制度环境均有所不同，从而产生了不同的防治效果，因此参照国外耕地保护与"非粮化"治理的现有模式与案例，能够进一步为我国农业发展以及耕地"非粮化"防治提供启示。

第七章基于对我国耕地"非粮化"现实状况、演变趋势以及影响因素的分析，结合国内外防治耕地"非粮化"的实践经验，从主体行为规范、政策设计、市场环境规制、配套设施建设、农业服务体系、生态防护机制以及责任监督机制等方面提出我国耕地"非粮化"的治理策略，实现全方位、多角度地治理路径构建。

第八章结语梳理归纳章节结论，以期为后续研究提供经验借鉴。

1.2.2 研究方法

1.2.2.1 文献研究法

文献研究法，是指在搜集与整理研究领域相关文献的基础上，对文献进行研究之后形成新的认识的一种研究方法。在确定研究主题后，通过搜索、整理国内外文献、资料并进行研究，有助于研究者系统全面地了解研究有关领域的情况、形成文献综述来陈述个人观点、归纳和总结研究重点以及寻找出研究主题的切入点与具体研究方向，并为后续的整体研究工作提供理论支撑，从而解释研究内容，形成研究结果。本书运用文献研究法，通过梳理国内外有关粮食安全和耕地"非粮化"的文献资料，可以掌握我国粮食安全与耕地"非粮化"的研究进展与现实情况，归纳、总结相关学者对耕地"非粮化"的概念内涵、影响因素以及治理对策等学术观点，从而找到研究切入点。

1.2.2.2 回归分析法

回归分析法是指运用统计学原理，对所获取的大量观察数据进行数字处理，利用统计方法建立回归方程，探究因变量与某些自变量之间相关关系的研究方法。由于耕地"非粮化"问题的成因较复杂，运用回归分析进行量化研究可以大致找出影响耕地"非粮化"的主要因素，为后续对策建议的提出奠定了本书基础。本书基于我国农村固定观察点的面板数据，通过指标筛选、数据处理、描述性统计、回归分析、稳健性检验等研究步骤，对我国耕地"非粮化"的总体影响因素进行分析，探究各影响因素对我国耕地"非粮化"的作用程度，并对其中介效应进行检验，为后续耕地"非粮化"成因的具体分析以及治理策略的构建提供现实指引。

1.2.2.3 空间分析法

空间分析方法是指借助 GIS 等空间分析工具，通过研究客观事物的地理空间构成和结构，以及之间的关系和影响，揭示空间数据库中隐含的信息和空间事物之间的相互关系。由于"非粮化"问题的表现形式为耕地粮食种植面积的变化，因此，运用空间分析方法能够更好地揭示耕地"非粮化"的演变趋势。本书收集了近年来各省粮食作物、非粮作物的播种面积数据，运用 ArcGIS 等空间分析软件对其进行刻画，以研究我国各省耕地"非粮化"的时空分布特征及其差异性。此外，运用地理加权回归的空间分析方法，探究各省耕地"非粮化"的具体影响因素，以及各影响因素对耕地"非粮化"的影响程度和区域差异，为各省耕地"非粮化"的防治提供相对应的治理策略。

1.2.2.4 比较研究法

比较研究法是指基于条件集合和结果集合之间集合关系的因果推断，通过遵循一定的标准，把彼此有关联的问题或现象放在一起进行考察、归纳、总结，辨别其异同之处，以揭示事件的性质、规律的研究方法。本书通过研究我国及我国保障耕地、粮食安全以及遏制耕地"非粮化"的相关立法规范、政策文本的内容，运用比较研究的方法，总结相关政策文本的政策发展脉络，与我国地区粮食安全及耕地"非粮化"政策进行对比，以分析我国遏制耕地"非粮化"政策的阶段特征与具体措施。此外，通过研究国内外保护耕地、遏制"非粮化"的具体实践案例，凝练国内外地方政府在耕地"非粮化"研究中的优秀成果和经验，以对我国地区耕地"非粮化"现象的防治提供经验借鉴。

1.2.3　技术路线

本书在明晰研究背景、目的和意义的基础之上，通过文献梳理与回顾，找到研究的切入点，并阐述相关的理论基础；随后，运用统计分析、空间分析方法对我国耕地"非粮化"的演变趋势进行全面分析，并运用传统回归方法与地理加权回归方法探究我国耕地"非粮化"的影响因素；基于量化分析，结合现实情景对我国耕地"非粮化"产生的问题以及成因进行分析，在借鉴国内外耕地"非粮化"防治的实践经验的基础上，构建我国耕地"非粮化"的治理策略。研究的技术路线如图 1.1 所示。

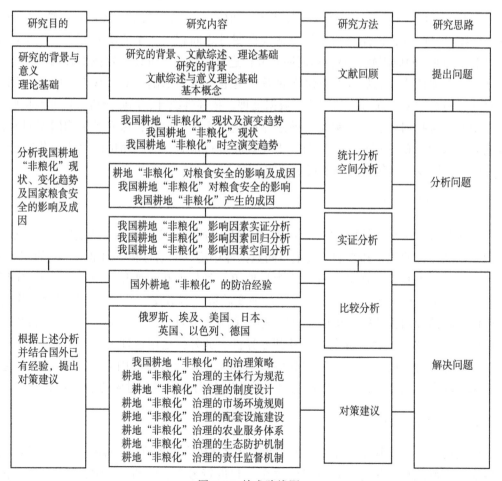

图 1.1　技术路线图

本章小结

　　本章着重阐述了维护国家粮食安全以及我国耕地"非粮化"研究的相关背景以及主要的研究思路。本书首先介绍了我国保障粮食安全以及耕地"非粮化"的相关背景情况，指出我国历来重视粮食生产的安全与稳定，自党的十八大以来更是高度重视粮食安全问题，制定并实施了多项政策举措来进行粮食安全治理，为国家发展以及社会长治久安提供了保障。针对我国近年来由于土地流转、城镇化推进等原因造成的耕地"非粮化"现象，阐述了耕地"非粮化"对粮食安全产生的影响，指出我国耕地"非粮化"治理策略研究的必要性，不仅可以在理论上丰富我国粮食安全以及耕地"非粮化"的理论体系，而且能够为我国耕地"非粮化"防治提供参考意见。此外，本章还介绍了主要的研究内容与研究方法，并绘制了研究的技术路线图，为后续研究阐明了清晰的研究路线。

第二章 国家粮食安全与农村耕地"非粮化"
研究综述与理论基础

2.1 粮食安全与耕地"非粮化"研究综述

2.1.1 国外研究综述

2.1.1.1 国家粮食安全有关研究

在有关粮食安全的概念以及内涵方面，1974年联合国粮农组织将粮食安全认定为人类的一种基本生活权利，即"应该保证任何人在任何地方都能够得到未来生存和健康所需要的足够食品"。联合国粮农组织总干事 E. Saouma（1983）认为，粮食安全是能够保证任何人在任何时候既能够买得到又能够买得起为生存和健康所必需的足够食物。

在粮食安全的研究现状方面，在国外，由于20世纪70年代的全球粮食减产危机爆发，"粮食安全"这一问题引起了各国各领域的高度关注[4]，该阶段的研究重点是对该概念的内涵进行了大量讨论。普遍认为，粮食安全至少涉及粮食供应的充足性（availability）、消费者的可获得性（accessibility）、粮食利用（食用）的安全性（safety）以及价格的稳定性（stability）四个方面。如今，国际上对"如何保护粮食安全"的探讨广度和深度上达到新阶段，从地理气候[5][6]、环境保护[7]、生物链[8]、生产技术创新[9]，进一步延伸到供应链安全[10][11]、文化习俗[12]、市场营销管理[13]、公共卫生安全管理[14][15]、社会治理[16]等角度，研究领域涵盖了农业科学、地理科学、环境科学、生态学、经济学、社会学、管理学等，并逐渐呈现出多学科交叉融合的特征。多年以来，粮食安全问题得到了无数专家学者的深入探究，国外专家学者对粮食安全的研究也日益深入，粮食安全的内涵也在不断地发展、充实和完善。尽管国内研究粮食安全的内容与国外的粮食安全内涵存在较大差异，但相关研究仍可为我国粮食安全问题提供重要的启示。

在粮食安全的影响因素方面，Biswas通过对埃及耕地的作用进行分析，指出农用土地对埃及发展具有基础性地位，并认为埃及的城市化会对耕地流失造成影响，而土地开垦行为会对耕地流失起到缓解效果[17]；Parker等进一步研究了城市化对农业用地和粮食进口所产生的影响，指出城市化进程的加快会使得农业用地被不断侵占，并且对政府政策对粮食产量的影响进行了分析[18]。Ahmed 分析了经济危机对埃及粮食安全所造成的影响,认为经济环境的不稳定会造成粮食价格的持续上涨,而粮食补贴确实能够在一定的程度上缓解粮价的上涨所带来的粮食安全危机[19];Gerbens Leenes 对苏丹粮食安全进行了相关研究,发现由于对自然灾害的抵抗力较低,苏丹粮食生产受季节影响程度较大,且政治不稳定和经济制裁也会对其粮食生产造成影响。Maros Ivanic 对印尼的粮食安全能力进行研究,发现基础设施投入、农业机械化水平、农业技术水平会对印尼的粮食安全能力产生影响,为此需要积极对接国际市场,降低粮食的交易和供给成本以保障粮食安全[20]。

关于粮食安全的保障方面的研究,Kathryn T. Morrison 等提出了有关计算区域粮食生产能力的方法,并且指出政府的支持与引导可以保障粮食产能长时间稳定发展;Ian Scoones 指出农业功能背后体现着地缘政治的利益,要树立地缘政治观念,基于国家间的比较优势,探索利于双边或者多边的农业合作模式,共同提升粮食安全保护能力[21]。John Dyck 对韩国的农业政策进行研究,发现对农业过分保护会降低粮食市场的自我调节能力,政府应该尽量放开粮食市场,实行保持粮价稳定、平衡城乡工资、限制政府消费等政策,确保粮食自给自足[22]。Gerald E. Shively 等对非洲粮食市场进行有关分析,认为玉米、大豆等粮食作物价格波动和产量下降是由于生产者的利益得不到满足,为此一定要建立健全保障粮食生产稳定的利益补偿机制[23];Iassussan 等指出,在对农户利益补偿过程中,需要继续增加对农业基础设施的投入,降低农户从事农业的生产成本,提高农户的种植粮食的积极性,达到进一步缩小城乡收入的目的[24]。

2.1.1.2 农业种植结构有关研究

在有关于农业种植结构的影响因素方面,Robin Naidoo 研究了经济因素对农作物种植结构的影响,发现土地租金、机会成本以及各农作物的成本效益会对农业种植结构产生影响,应该充分按照市场规律来调节农作物的种植结构[25];Happe K 通过构建动力学模型模拟丹麦农业政策对种植结构的影响,发现环境立法的实施会对农作物种植结构调整产生显著影响,并且由于存在委托代理关系,农作物的经济效益会影响农民的投资决策,进而对种植结构产生影响[26]。Lobell 等分析了全球气候变化影响下全球作物种植结构的时空分布特征[27],发现受全球变暖影响,粮食作物如小麦、玉米等产量在全球呈下降趋势,并且对部分国家来讲,其负效应能够抵消农业种植技术提升所产生的正向效果;Ramirez villegas 等通过模拟气候变化来对各农作物产量增减及粮食种植业的影响进行评估,发现随着气候变化,位于各大州边缘国家的粮食生产会表现出脆弱性[28];Ostrowski 等分析了在未来气候情景下全球气候变暖对欧洲小麦种植的地理位置分布影响,而且评估了小麦种植和草属物种分布的保护性问题[29]。

在农业种植结构的调整策略方面,有学者对美国农业结构调整进行相关研究,指出美国通过提高机械化水平、农业生产率以及借助国家政策和外交地位优势,对农业种植结构进行调整,有效地解决了美国国内的农产品产能过剩的问题[30];日本通过推行统购统销的粮食政策、创建农民协会等社会经济组织、发展区域特色产业等实践来维护农民利益，实现了各地区农业经济的良好发展[31]；英国则先通过实行"圈地运动"，促使农业人口向工业转移，加速了工业革命的开展，而工业革命的经济和科技成果又反过来推动农业产业的集约化经营，促进了农业种植的快速发展[32]。

2.1.1.3 耕地"非粮化"有关研究

在对"非粮化"的研究方面，有学者指出，所谓"非粮化"，是指农民在种植业生产过程中减少对粮食种植的一种行为倾向，并且这一现象不同于农业多元化[33][34]，因为这种行为选择过程发生在耕地种植内部，特指用于种植粮食的土地发生减少的趋势，而并不包括茶叶等种植园和其他经济作物[35]。

在耕地"非粮化"的影响因素方面，Klein Reganold 对美国农业种植情况进行研究，发现小型农业经营者更倾向于种植水果、蔬菜等具有较高经济价值的非粮作物，并且华盛顿西部的农用田地也面临"非农化"的巨大压力[36]。Su 等学者运用空间分析方法，对中国 2000—2015 年桐乡市"非粮化"趋势进行研究，发现不同时期的"非粮化"扩张与地方和中央政府的政策导向有很大的相关性，且"非粮化"生产表现出较强的空间自相关性，不同非粮作物的"非粮化"程度也存在明显的区域差异[37]；对不同时期桐乡市耕地"非粮化"的驱动力进行进一步研究，发现土壤类型、河流距离等耕作条件对"非粮化"的作用程度更为明显，耕地"非粮化"也会产生持续显著的邻里效应，促使周边种粮农户进行非粮生产，并且基本农田、标准化耕地等政策的实施未能起到对耕地"非粮化"的抑制作用[38]。Zhao 等分析了中国 2000—2014 年地级市耕地"非粮化"的时空格局，发现各省耕地"非粮化"的面积与占比均为先增加后减少再增加的趋势，并且呈现出显著的空间集聚格局；此外，城镇化与农地流转的区域差异显著影响了"非粮化"的空间格局[39]。

在耕地"非粮化"的现实影响方面，Yang 等分析了"一村一品"产业政策对关中平原耕地"非粮化"的影响，发现"一村一品"产业政策扩大了关中平原的耕地"非粮化"，说明农业产业政策可能会对耕地保护产生负面影响[40]；Strutt 认为，农民为提高自身收入会改变耕地用途，会导致粮食自给率不足，对国外农产品的依赖性也会增加，导致国家粮食供需不平衡[41]；Rae 则对印尼粮食生产进行研究，发现印尼的粮食安全会受到非粮食种植产业的影响，如畜牧业较为低下的生产效率会传导到粮食生产部门，进而导致粮食生产效率的降低[42]。此外，还有学者指出"非粮化"趋势的扩大会对当地环境造成破坏，不仅会加速土壤侵蚀，威胁当地的生物多样性，还会加剧面源污染和二氧化碳的排放[43]。

2.1.2 国内研究综述

2.1.2.1 粮食安全有关研究

在我国学者关于粮食安全的概念以及内涵方面，大致基于联合国粮食与农业组织对于粮食安全的定义：随着我国人民生活水平持续提高，粮食安全内涵从"满足膳食需要",转变为对于粮食的供给关系、稳定性以及可持续等方面的安全[44]。高鸣和赵雪对于粮食安全内涵认为是多层次、高水平的,提出对于农业强国视域下粮食安全的内涵在数量、质量、结构、生态以及供给等方面的安全保障[45]。

在国内粮食安全研究现状方面,我国已经将粮食安全上升到国家安全层面,备受学术界的关注,这些年来,涌现了大量的研究成果,为我国实施粮食安全战略提供理论支撑。21世纪之前,相关研究主要围绕制度创新[45][46][47]、提高农业投入[48]等议题展开。21世纪后、党的十八大前,随着我国改革开放不断深入、经济社会的不断发展,相关研究主要集中在完善土地制度[49][50][51]、提升农业资源使用效率[52][53]、强化农业信贷[54][55]、加强政府支撑[56][57]等措施保障粮食安全,还有从供求量[58][59]、消费习惯[60]等需求侧因素出发,探讨了粮食的生产效率与供给稳定性。粮食安全是"国之大者",一头连着国家战略,一头连着百姓生活,是人民幸福生活的最基本保障。党的十八大以来,随着国内外环境的深刻变革,粮食安全的相关研究重点逐步发生转移。主要集中在:耕地"非粮化",生态安全,以及安全指数与保障能力。曹宇等人指出耕地"非粮化"不仅关乎粮食安全,也成为影响农业发展、农村环境、农户生计的重要因素,阐述了从粮食安全到多维安全的演化逻辑[61];邵喜武运用空间计量模型,对粮食主产区与非主产区粮食增产对生态污染的影响,进一步探讨了粮食增产与农业生态的演化关系[62];孙才志与阎晓东对我国"水资源—能源—粮食"耦合系统进行安全评价及空间关联分析,研究结果表明我国多数省份水资源安全指数、能源安全指数以及粮食安全指数均呈现出上升趋势[63]。

在影响粮食安全因素方面,国内学者近年来主要集中在粮食生产以及国际市场对于我国粮食安全的影响研究。在粮食生产方面,主要是面临着粮食生产动力不足、供需结构失衡、粮食产业竞争力不强和生产效率低的问题[65];首先是土地流转"非粮化"对于我国粮食种植和粮食安全的影响是十分明显的[66]。李秀春等人在对我国粮食安全深入分析之后,总结出我国粮食安全存在生产与供应环节上产能提升难、自给率低等问题[67]。另外,我国不同粮食产区也存在不同情况的粮食安全影响因素。我国粮食产区分为粮食主产区与粮食主销售区,粮食主产区面临的主要是生产要素的投入与生产能力不匹配[68]、耕地损耗严重[69]等问题;而主销区面临粮食自给率过低[68],粮食经营主体种粮积极性不高[70]等问题;在生态环境上,面临资源约束[70]、水土资源和粮食消费空间不匹配[71]等问题。在国际上,学者通过对于粮食安全研究发现,我国主要存在营养安全以及环境可持续发展方面的不足[72]。此外,受国际环境影响,对于我国粮食安全也造成一定的影响。国际市场复杂性与不确定性影响了我国粮食安全[73],俄乌冲突使得我国部分农产品面临进出口风险[74]。

有关粮食安全保障层面,国内学者主要是在政策方面提出相关建议。首先,提倡农业保障制度,通过财政支农稳定国家粮食安全[69],从政府、企业以及农户三个层面进行补贴,保障粮食安全战略稳定实施;提出完善粮食安全省长责任制促进粮食安全[75];其次,是通过从提高城乡融合水平,缓解农村耕地压力,构建绿色可持续农业[76];以及深化市场经济体制改革,改变粮食供给以市场化方式保障粮食安全[77]。在国际视角下，我国应对粮食安全问题应该强化粮食市场治理以及完善国际粮食价格监测预警机制[78]。针对国家粮食安全要素资源约束、内生动力不足、传统产业转型升级困难、区域协同发展不充分等问题提出完善资源要素保障体系、发挥政策引导扶持作用、推动粮食产业转型升级、构建区域协同发展机制等对策建议[79]。

2.1.2.2 耕地"非粮化"概念界定及内涵

界定并厘清耕地"非粮化"概念是认知并管控耕地"非粮化"现象的重要前提。"非粮化"一词，最早由付少平提出，指的是农民在种植业生产过程中的行为倾向，其表现为粮食作物种植面积的不断减少[80]。当前，学者们倾向于认为耕地"非粮化"具有狭义和广义两种内涵。从狭义上讲，有学者认为耕地"非粮化"是指在耕地上种植蔬菜、水果、花卉等经济作物的行为[81]。从广义上讲，朱道林、孔祥斌等认为，广义上的耕地"非粮化"则是指在耕地上从事一切"非粮化"种植的行为[82]，而黄伟、彭小霞、高宏伟指出，耕地"非粮化"广义上仍属于农业生产，其本质上是农户从种植粮食作物改种经济作物的一种行为倾向[83][84][85]。

在概念界定的基础上，学者对"非粮化"与"非农化"进行了辨析。匡远配等通过土地用途改变的可逆程度区分，对农地"非粮化"和"非农化"影响土地生产率和粮食安全程度等进行了辨析[86]。自然资源部在《关于区别对待耕地"非粮化"和"非农化"保障我国粮食"立足自给"的提案复文摘要》中明确指出，耕地的"非粮化"实际上可以理解为农业生产结构的调整，由原来种植粮食调整为种植经济作物和发展林果业、养殖业等，而"非农化"则是指将耕地转为非农建设用地等行为。

2.1.2.3 耕地"非粮化"分析及测算方法

由于"非粮化"现象的发生和演变与耕地息息相关，故与"非粮化"有关的研究方法除传统的量化研究、定性研究外，还加入了空间分析方法进行研究，呈现出非常多样化的趋势。在量化分析方面，多数学者运用实证分析，基于问卷调查的样本农户数据对"非粮化"进行描述性统计，并考察了农地流转、成本收益、农户类型等影响因素对"非粮化"所产生的影响；也有学者运用量化数据探讨了"非粮化"对种植结构调整[87]以及粮食安全[88]所产生的影响。在定性研究方面，有学者从研究尺度、研究内容、研究方法等方面对当前我国"非粮化"研究进行了系统梳理，并对未来"非粮化"的研究方向作出了展望[89]；有学者通过定性分析，阐述了农地经营过程中"非粮化"及"趋粮化"的形成逻辑[90]；有学者通过构建多方动态博弈模型，探讨了土地规制对"非粮化"的抑制作用[91]；有学者则运用案例分析方法分析了地区"非粮化"现象及其产生的原因[92]。在空间分析方法上，多数学者基于空间计量模型，对我国整体[93][94]、部分省域[95]及城市[96]、个别地域[97]"非粮化"的时空格局、演变趋势及影响因素进行了分析，有学者还对利用遥感技术监测"非粮化"变化趋势的优化提出了建议[98]。

不同于概念界定的相对统一，耕地"非粮化"的测算方法则呈现多元化特点。在衡量"非粮化"的标准方面，张宗毅等学者使用"非粮比"即非粮食作物的播种面积占农作物总播种面积或耕地总面积的比例来衡量"非粮化"[99]；罗必良、易小燕等学者采用"流转后非粮食作物播种面积占流转总面积的比例"来反映耕地流转后"非粮化"的状况[100]；此外，陈菁采用了"粮食收入占总收入的比重"来衡量"非粮化"[101]，王勇采用"种粮农户占种植大户的比"的变化来判断"非粮化"现象[102]，张茜则采用"种植经济作物的家庭农场个数占比"作为"非粮化"的衡量指标[92]。

2.1.2.4 耕地"非粮化"对粮食安全的影响

在对"非粮化"的概念内涵进行界定与辨析后，学者们进一步研究了"非粮化"对粮食安全所产生的影响。从相关文献内容中来看，主要分为对耕地质量、耕地保护主体，以及粮食生产功能区的影响。在耕地质量方面，陈美球通过实地调研，发现种植茶叶果树、根系发达树种、花卉苗木以及挖塘养鱼对土壤的破坏程度依次加深，其中挖塘养鱼会造成耕作层的彻底破坏[103]；Su 等学者也指出，将耕地长期用于种植速生桉等根系发达树种，会容易导致土壤贫瘠、酸化等土壤退化现象的出现[104]；刘润秋认为，耕地的"非粮化"会使得耕地的地类发生变化，其复垦成本和难度也会大幅度增加[105]。李超认为，"非粮化"现象会对耕作层产生严重威胁，但目前尚未建立一定的认定手段与机制以鉴别"非粮化"对耕作层的破坏程度[106]；孔祥斌也指出，要加强对养分、土壤质地、构型、pH 值等指标的监管和预警，确保优质耕作层不被破坏[107]；郝士横等则拟定耕层质地、耕作层厚度、土壤环境质量、pH 值、盐渍化程度等十项指标作为"非粮化"对耕作层破坏的诊断标准[108]。

在耕地保护主体方面，郭珍指出，对中央政府而言，耕地"非粮化"会对国家粮食供给产生威胁，若任由"非粮化"趋势发展可能需要支付巨大成本来治理由此衍生的诸如经济波动、社会动荡等问题[109]；张华泉等通过动态博弈模型分析，发现土地流转用途规制是多方对收益成本进行权衡后的行为选择，其中地方政府主要受中央政府的补贴额度、监督强度的影响，农户主要受"非粮化"收益和补贴之间的差异影响[91]；匡远配认为，由于种植经济作物能够取得较高收益，地方政府可能因政绩需求而放任甚至鼓励耕地"非粮化"，农业经营主体则会迎合政府的政策导向，在种粮与经济作物间做出选择[86]。蔡瑞林等从成本收益视角指出，农地流转模式下粮食生产的收益明显低于"非粮化"种植，而农户作为理性经济人也会选择收益较高的种植方式[110]。从中可以看出，"非粮化"的发展在一定程度上迎合了地方政府和农户的短期利益需求，但从长远角度来会对国家粮食安全和长治久安产生影响。

在对粮食生产功能区的影响上，马彪发现，粮食主产区与主销区之间存在耕地利用不平衡的现象，粮食主产区超额负担了粮食生产的义务，而粮食主销区为获取高额收益将耕地用于其他产业的发展[111]；陈璐等认为，粮食主产区仍然是保障国家粮食安全的关键，需要通过加大利益补偿力度、完善利益补偿机制以防止耕地"非粮化"的发生[112]；辛翔飞等则指出，粮食主产区往往是经济不发达的传统农业区，而粮食补贴政策对产粮大县财政收入的影响微乎其微，不能仅将粮食生产的重任寄希望于粮食主产区[113]。宋戈等分析了粮食产销平衡区耕地"非粮化"的负外部效应，发现种粮面积减少会对粮食安全以及生态环境产生负外部效应，且具有一定的空间分布特征[114]；彭小霞研究指出，河南、山东、河北等粮食主产区存在土地流转"非粮化率"过高的现象，不仅会对我国粮食安全产生影响，也会使农业生物多样性发展受到威胁[115]。

2.1.2.5 耕地"非粮化"的影响因素

在"非粮化"影响因素的探究上，学者们大多运用量化研究方法来分析"非粮化"的驱动机制。在农户自身因素方面，齐元静认为，农户种植行为受土地资源、家庭特征、社会资本、政策及市场因素影响，且人和土地矛盾更为明显的地区的农户更为倾向于种植经济作物[116]；冷智花等发现，女性在粮食种植面积、粮食收入等方面较男性存在劣势，而农业机械化及专业化分工能够缓解这种差异[117]；何福平运用 Probit 模型，发现种粮机械化程度、粮食价格、家庭情况、社会保障以及自身状态等因素均会对老年农户参与种粮积极性产生一定影响[118]；杨进等指出，农村劳动力价格上涨以及女性劳动力比例的提高，均会对粮食种植比例产生负面影响[119]；檀竹平等则发现，农业劳动力转移距离越远、务工收入占比越高以及农业外包服务的出现会使农户更倾向于种植粮食作物，形成种植结构"趋粮化"[120]。

在自然环境因素方面，郝海广等发现耕地质量会对农户种植结构产生影响，农户更倾向于在质量更高的土地进行粮食种植[121]；杨伦等指出，不同发展类型的村落其种植结构也存在差异，农业生产型以及旅游发展型村落更倾向于种植粮食作物，而普通村庄经济作物的种植比例较高[122]；董晓霞等证实了地理因素对种植结构的影响，发现越靠近消费地区，经济作物的种植比例越高，但交通基础设施的建设能够在一定程度削弱地理区位的影响[123]；王善高等发现在农村劳动力呈现老龄化的背景下，由于平原地区更适合机械耕作，使得老年农户在平原的种粮意愿高于丘陵地区[124]；谢花林运用 Probit 和 Tobit 模型，发现土壤肥力、耕地分散程度、土地梯田占比、村庄到县城的距离以及机械化的程度也是影响耕地"非粮化"种植意愿的重要元素[125]。

在社会经济因素方面，蔡瑞林发现土地流转模式下过高的土地流转成本使农户难以维持种粮收益，是导致"非粮化"现象的根本原因[110]；常媛媛等从市级尺度分析了耕地"非粮化"的成因，认为常住人口、农业人口、农业收入、土地流转率、农业机械总动力是"非粮化"的主要驱动因素[126]；易小燕运用 Logit、Tobit 模型探究"非粮化"的影响因素，发现农户年龄、耕地面积、流转租金与非农收入是影响耕地"非粮化"种植的主要因素[127]；曾雅婷检验了农地流转对"非粮化"的影响，发现农地流转面积与"非粮化"呈倒"U"形关系，与"趋粮化"呈正"U"形关系，农地租金、劳动力禀赋、资金禀赋、农地固定资产投资额等变量与"非粮化"呈正相关，自有地面积、农户年龄等变量与"非粮化"呈负相关[128]；罗必良等则发现，在劳动力充裕和缺乏农业社会化服务的情景下，转入小规模农地的农户会更容易出现"非粮化"倾向[100]；耿鹏鹏检验了农地租约对耕地"非粮化"的影响，发现政府租约的稳定会促进农户"趋粮化"种植，而市场、租期租约的不稳定会造成农户种植的"非粮化"[129]。此外，冷智花认为，城镇化失衡所带来的城乡差异与区域分工转变也会促进"非粮化"趋势，通过对粮食数量与价格的影响，进而对我国粮食安全产生威胁[130]。

土地流转现象的发生与工商资本下乡密不可分，故学者从资本下乡视角探究其对"非粮化"的影响。戚渊等探究了农地资本化对耕地"非粮化"的影响，发现当土地过度资本化时，会导致耕地价格上涨，进而促进耕地"非粮化"[131]；江光辉通过实证分析，发现工商资本下乡会促使农户将农地转出造成耕地"非粮化"的现象，但资本下乡所提供的生产性服务也能够促使农户"趋粮化"生产[132]；高晓燕通过分析发现，相关政策不成熟、农租制度不完善、资本运作机制缺失是"非粮化"现象的政策因素，种粮成本收益以及粮食市场需求的变化是"非粮化"现象的市场因素[133]。

2.1.2.6 耕地"非粮化"的防治对策

对于耕地"非粮化"的防治措施，学者们主要从政府政策、市场环境和农户利益角度提出对策建议。在政府政策方面，有学者认为，政府部门应该进一步细化粮食功能区，规范耕地用途；还有学者指出要建立"非粮化"预警机制和督查制度，完善土地管理法，从而遏制耕地"非粮化"的发生。在市场环境方面，有学者认为要加强粮食市场的宏观价格调控，平衡区域粮食产销市场，引导市场粮价良好发展；也有学者认为要加强信贷支持，降低融资成本，为农业企业大规模流转土地种粮提供资金支持。在农户利益方面，有学者基于农户分化视角，认为需要对不同类型农户进行分类指导，并要重视人才储备与技术支持，以保障农户的种粮收益[134]；也有学者指出，需要完善粮食补贴政策，切实保障农户利益；还有学者强调要创新农业保险的种类，提供农业保险的普及，以降低农户的种粮风险。

2.1.2.7 耕地"非粮化"的成因及研究现状

粮食生产的基础在于耕地资源，而影响粮食产量的因素众多，其中耕地面积是最直接的影响因素之一。随着社会经济快速发展，粮食安全问题越来越受到人们的关注，因此保护有限的土地资源显得尤为重要。当前，耕地过度非粮化的趋势已经对粮田数量构成了严重的威胁。因此，如何保护好有限的耕地资源已成为我国目前面临的重大问题之一。在流转耕地的过程中，许多外来承包者选择种植高附加值的经济作物，如蔬菜、瓜果和药材等，尽管他们从事农业生产活动，但只有极少数与粮食生产有关联。在这种情况下，如果农民不改变耕种方式就无法获得收入和收益，甚至可能会丧失生存的基础，从而导致粮食安全问题更加严重。在目前农村大范围推行土地流转情况下，有经营权的流转主体反而更愿意依据收益高低选择最佳种植方式，而不是最小或者最少量种植。因此，在农村土地流转中出现了大量的"非粮化"经营。在土地流转过程中，一些大型工商企业或经济组织的参与，使得非粮化经营的倾向更加显著。目前我国农村土地承包经营权流转规模不断加大，但是由于缺乏有效监管和政策支持，农地非农化现象仍然比较严重。许多基层民众对于土地流转后出现的大量粮田非粮化经营趋势深感忧虑，呼吁政府高度重视此事。同时，随着工业化和城镇化进程加快，农业劳动力转移速度不断加快，导致我国粮食生产出现了结构性矛盾突出、资源浪费严重等问题。在此背景下，保障有限的耕地面积，防止其过度"非粮化"，已成为学术界日益关注的重要议题。本书首先介绍了耕地非农化和粮食生产问题，然后提出我国目前耕地"非粮化"现状及其存在的主要问题，最后针对这些问题提出相应的解决措施。耕地"非粮化"的成因错综复杂，学者们也从多个角度对其进行了深入探讨。一些学者从土地流转的视角，对耕地非粮化现象进行了深入剖析。还有一些学者从粮食生产结构方面分析耕地"非粮化"机制。近年来，随着土地流转规模的不断扩大，由于流转成本和经济效益的双重吸引，许多地区的耕地已经经历了转型。本书主要研究土地流转对我国农业生产结构影响，以及如何利用土地流转实现农业现代化问题。朱新方认为，土地流转虽然有利于增加转出方农民收入，提高转入方经营规模产业化水平，但是大部分粮食作物生产成本和收益并不成正比，使得种子、化肥等价格始终处于上升状态，粮食价格却处于相对平稳状态。结果是大多数农户放弃了种粮。为谋求最大的利润，很多农户与企业已经逐步弃种粮食而改种经济作物乃至超出农业的范围。所以对土地流转之后的耕地非农化的研究就显得尤为重要。黎磊等认为，虽然各地一直在探索符合各自特色的土地流转模式，但是忽视了严格划定流转耕地的使用范围。实际工作中很多耕地并没有用来种粮食，而选择种其他效益比较好的作物。在这一形势下，土地虽然仍属农业范畴，但是它的职能已发生很大变化，有悖初衷。所以，为更好地对耕地资源进行保护，需要明确在不同条件下耕地流转的行为及其影响因素。大多数学者认为种植效益低下是导致耕地"非粮化"现象的主要原因。

种植经济作物产生的经济效益显著提高，而土地价值不断提高，使经营者更加偏向非粮作物种植。陆红生指出，我国农地利用比较效益较低，耕地生产效率与其他类型土地比较，耕地生产效率至少比城乡工矿用地和商业用地生产效率低10倍，且这一差距仍在不断加大。邱道持等认为制度不健全是造成耕地非粮化的重要原因。现行条件下的土地流转是建立在家庭联产承包责任制的基础上的。不管是耕地流转过程中，还是流转之后的运营中，都需要完善相关法律法规完备性，很多具体措施都在积极地探索当中。但在实践中，转入方利用耕地时因没有明确限制或者没有严格按规定法规开发利用而造成粮田比例降低，而土地承包方行为会给耕地质量带来不利影响。另外，政府干预过频和政策缺陷也使耕地"非粮化"情况严重。易小燕等对现行的土地流转模式进行研究，认为一些流转模式对耕地的"非粮化"起到推波助澜的作用，比如龙头企业主导的流转模式和大户大规模集中流转模式。这些流转模式就是把农业生产环节转向非农业领域，在提高非农就业机会的同时，实现部分劳动力由第一产业向第二、三产业的转移。在这几种模式中，农民即使没有种地也能得到相当大的收益，但转入方一旦得到大量的土地后，往往偏向于种效益较好的农作物，这一耕地"非粮化"方式所带来的负面影响要大于农民个体非粮化方式。

有学者以农户生产行为理论为视角，对其进行了深入剖析。认为我国农民的经济行为是以追求利润最大化为目标的，其农业生产经营行为具有趋利性特点。陈佑启等[140]指出，尽管种植习惯与资源条件各不相同，农民经营行为均有明显逐利倾向。由于目前粮食生产效益并没有达到经营者所期望的水平，而农民们又正在从事生产活动，于是就开始缩减用来种粮的耕地而转向发展经济作物来增加粮食生产带来的收益。据杨瑞珍[141]等所述，高昂的种植成本是导致农户减少粮食种植的主要因素。种植规模小，技术差以及对市场信息反应迟缓则成为影响粮食种植面积降低的重要因素。对于规模较小的农户而言，种植粮食的成本较高，由于化肥种子等的价格不断攀升，导致粮食生产所需的成本不断攀升，从而引发了这一问题。目前，国际上对于粮食安全概念已经形成了较为完整的理论体系。随着粮价无法实现大规模增长，种植粮食的盈利变得越来越困难，农户更倾向于采取非粮化的发展策略。因此，如何解决种粮大户问题成为政府和学者关注的热点之一。施令同[142]指出由于城乡二元经济结构的存在，农民的收入增长缓慢，城乡居民之间的收入差距不断扩大，导致大量农村居民涌向城市，这进一步削弱了农业自身的发展能力，同时也加重了"非粮化"的问题。因此，必须加快推进现代农业建设进程，促进农民增收，解决"三农"问题，保障我国粮食安全。陈靖[143]以种粮大户为视角，对"非粮化"现象进行了深入研究，他指出我国农民家庭中普遍存在着"种粮大户"，这种模式是指从事粮食生产，以获得高额利润为主业的农民群体。尽管大户经营相较于小农经营在资金、规模等方面具有优势，但其难以实现真正的"粮农"身份，这不仅违反了粮食安全的初衷，而且排挤了小农经营和家庭经营这些真正的粮农，导致国家的农业政策效果出现偏差。农户作为粮食生产活动中的微观主体，他们的利益受到国家的保护。因此，对于农户而言，粮食生产是其最为重要的利益所在，是他们在农业生产中不可或缺的支柱。一些学者以政府行为为视角，对耕地非粮化的根源进行了深入剖析。李晓俐[144]指出，一些地方政府对"非粮化"认识还不到位，对农户种植行为有一定误导。另外，在粮食生产中，土地流转不畅，导致了小规模家庭农场大量出现，而大规模家庭农场难以建立，从而造成了粮食供给短缺。在当前形势下，为了促进高效农业项目的发展，许多地方纷纷出台政策，鼓励耕地用于种植蔬菜、苗木花卉、畜禽和特种养殖等领域，并通过财政补贴的方式予以支持，从而推动这些地区的快速发展。这对农户而言是一种误导，他们片面地将农用地视为建设用地，而忽略了耕地必须种植粮食作物的概念，从而导致了对农业生产的限制。同时，也忽视了土地本身具有的经济价值，导致一些地方出现"重生产轻保护"现象。朱珊[145]表示，一些区域在惠农政策的实施上存在偏差。他指出，实行种粮补贴政策有利于增加农民收入，也符合中央"三农"工作方针。为解决种粮比较效益低、鼓励农民种粮的问题，国家采取了实施种粮补贴政策这一重要举措。这一制度有利于提高粮食生产效率和保障粮食安全。但在执行中却存在着偏差，很多地方实行普惠制，按农民名下耕地面积而不是实际耕种面积进行补贴，这一做法使真正种粮的农民得不到有效激励，因而给发展粮食适度规模经营带来负面影响，也使耕地"非粮化"更加严重。

2.1.2.8 耕地"非粮化"的影响及对策研究

对于耕地"非粮化"，钱忠好等[147]指出，耕地"非粮化"问题无论是从农民还是从很多地方政府的角度来看，都是由于农业收益低，尤其是种粮收益低所致。耕地的这种状况直接导致了耕地资源和粮食生产在数量上的不匹配，以及质量上的恶化，从而使农民失去了从事其他产业的机会，最终使得粮食安全受到威胁。许多学者正在探究"非粮化"倾向对粮食安全所带来的影响，这一问题备受关注。周怀龙[148]举例说，"非粮化"在不同区域会造成耕地扭曲错位，"非粮化"土地常常难以扭转。因此，要实现粮食安全就必须改变目前不合理的耕地利用模式，使之朝着有利于粮食安全方向转变。盛利[149]与苏纪涛[150]就土地流转中的非粮化现象对粮食安全带来的不利影响进行分析，针对现状提出解决措施。他们主张优先保障耕地总量，以确保基本线不被侵犯，其次则是维护农民权益，以确保农户在粮食种植中获得合理的回报。侯胜鹏[151]认为，在目前粮食种植效益不佳时，农民与乡村集体耕地"非粮化"趋势非常严重，必须从土地产权、耕地增产增收及土地流转监测与指导几个方面着手来破解这一难题。

　　研究耕地保护机制的起源可以追溯到国外，这一领域的探索为后来的研究奠定了基础。目前，世界上许多国家都非常重视土地资源的保护工作，并且建立起一套行之有效的耕地保护措施和制度。尽管国外的耕地现状与我国不尽相同，但经过多年的不断完善和实践验证，有的国家耕地保护政策已经达到了相当完备的程度，这为防止我国耕地过度"非粮化"提供了有益的启示。美国耕地保护研究比较完善，如 Thomas L. Daniels[152]于 1997 年提出 4 种有助于促进耕地保护的方法：耕地基本面积保护；维护一定数量的耕者，以确保农业生产的可持续性；制定可行且长远的防护方案；建立一套合理而高效的制度以确保所有的农户拥有充足的可支配收入。确保农民的各项收益得到充分保障，是世界上许多国家制定土地利用政策所遵循的基本原则之一。在欧洲，各国政府对工业和农业土地的占用实行严格的管控，任何与土地相关的行为都必须严格遵循本国政府的规划和实施，以确保土地资源的合理利用和保护。为了避免因不合理利用而造成对环境和资源的破坏，一些国家建立了相应的法律体系以加强对土地的管理。相较于欧洲和北美洲，亚洲地区因其人口密集和土地紧缺的特点，更加迫切地需要采取措施来保护耕地并防止"非粮化"。

　　目前，我国在防止耕地过度"非粮化"和提高农户种粮积极性方面，主要实施的政策是向种粮农户提供补贴，然而，针对具体的农业补贴政策，不同的学者持有不同的观点。在众多学者关于如何解决粮食安全问题时，多数都是将目光集中在直接补贴上。柯炳生[153]主张提高直接补贴资金的比例，减少对粮食流通环节的补贴，并积极推进粮食流通环节的市场化进程，以促进经济发展。这一观点得到了程国强等[154]的研究的支持，进一步证明了其正确性。另一些学者则持相反意见，例如林毅夫[155]认为，当前，中国不应加大对农业的补贴力度，因为这类补贴的成本较高，且其效果不尽如人意。这些都是值得商榷的问题。此外，众多学者对我国农业补贴政策的改革方向进行了深入的理论分析和探讨，以期寻求更为创新的解决方案。为了更好地维护农民的权益，叶兴庆[156]提出了一种间接补贴的方案。李瑞锋[157]主张对农业补贴政策进行进一步完善和规范，以实现从间接补贴向直接补贴的转变，这是我国农村改革进入新阶段的一项至关重要的任务。彭腾[158]指出，当前我国的农业补贴政策存在一些问题，特别是在补贴力度不足、补贴总量巨大的情况下，平均分配到每个农户时，补贴效果并不尽如人意；补贴方式单一且缺乏灵活性。由于补贴机制的缺陷，导致所有生产者的积极性未能得到充分的激发；农业生产所需的成本增速过快，导致农业补贴被原材料价格的上涨所抵消，从而降低了农业生产的成本；政府对农民的直接补贴较少，而通过其他渠道获取的收入占比又过高，这些都影响了农民增收和农村经济发展；由于缺乏完善的法律体系，补贴资金的外流导致了政策效果的削弱。

除了现有的补贴政策，专家学者还提出了多项措施，以激发农户种粮的积极性，避免"非粮化"现象的发生。一些学者主张为规模化的种粮者提供全方位的支持，以促进农业的可持续发展。王勇等[159]主张，为了推动农业的可持续发展，国家应当积极介入为种粮大户或规模化提供资金支持，并提供相应的保险等保障措施，以确保农业生产的可持续性。张五钢[160]主张，在实施惠农政策的过程中，除了依靠财政补贴，还必须采取相应的法律和行政支持措施，以规范基本农业生产资料的价格，避免不法厂商对市场秩序造成干扰，并坚决依法打击各种危害农民的行为。侯胜鹏[151]认为，促进粮农增产增收，是确保耕地种植粮食的一个重要因素。因此，在制定粮食补贴时应该把增加种粮收入作为主要目标之一。为确保耕地的安全性和避免"非粮化"现象的发生，必须确保种植粮食的农民获得相对较高的收益，至少不能低于种植其他农产品的农民，这样才能使农户从种植粮食中获得实际效益，从而提高他们的种粮积极性。对于那些坚定不移地坚持种植粮食的农户，或者对于种粮大户，我们可以考虑给予相应的激励措施。这些措施都能使耕地种植粮食产量有较大增加。朱忠贵[161]等提倡将耕地转移至种粮大户，并高度重视科学技术在粮食种植中的作用，以促进种粮农户培育高品质的粮食作物品种，从而缩小粮食与经济作物之间的收益差距，确保粮食产量逐年攀升。

2.1.3 文献述评

通过文献回顾可以发现，国内外学者从不同的研究视角和研究问题出发，对于粮食安全研究以及对耕地"非粮化"问题进行了大量研究，产生了丰富的研究成果，下面进行简单的述评。

从粮食安全的研究现状来看，国内外对于粮食安全问题十分重视，并且进行了大量的研究与讨论。国外学者在粮食安全的研究上主要侧重于对于粮食的保护，涵盖了多种学科，侧重于对粮食的种植技术研究以及环境保护的研究。对于国内，已经将粮食安全上升到国家安全层面。对于如何保障粮食安全，主要集中于对耕地"非粮化"的研究，对于粮食安全不仅仅涉及粮食安全，更是影响着农业发展以及乡村振兴。

从粮食安全的有关研究来看，国内外学者对于粮食安全的相关概念都较为一致，基本认同联合国粮食与农业组织对于粮食安全的定义。我国学者在此基础上，根据我国国情对粮食安全的内涵上进一步提出更深层次的理解，从数量、质量、结构等方面进行相关定义。在影响粮食安全因素方面，国内外学者高度统一，分别是耕地流失或是耕地流转、经济影响粮食安全、生态环境造成粮食下降以及国际市场对于粮食安全的影响。从粮食安全保障方面，国外学者主要是对政府提出引导、开放粮食市场以及增加农业投入与补贴；我国学者提倡农业保障保险制度、完善粮食安全省长责任制、改变粮食供给市场、提高城乡融合等方式来保障粮食安全。

从耕地"非粮化"的概念内涵来看，国内外学者虽然对耕地"非粮化"的定义有所差别，但其概念的内涵具有较高的一致性，概括起来主要包含以下几方面：一是指出耕地"非粮化"是农业生产过程中出现的现象，具体表现为农民减少粮食种植的行为倾向；二是耕地"非粮化"的研究场域为农村中的耕地，而不包括种植园地等土地的种植结构变化；三是耕地"非粮化"的研究范围指从种植粮食作物到种植蔬菜、水果等经济作物，而并非从农业生产到非农用地的转变。

从耕地"非粮化"的研究方法来看，国内外学界都呈现出了多样化的研究方式，概括起来主要包括以下几种研究方法：一是实证研究方法，通过运用回归分析方法，来对耕地"非粮化"的影响因素以及各影响因素的作用程度进行量化分析；国内学者主要运用该研究方法进行耕地"非粮化"相关研究，近年来国外学者也对该研究方法进行了尝试；二是案例研究方法，通过对某一地区耕地"非粮化"现象进行案例分析，基于调研数据阐述研究地区的耕地"非粮化"现状，并为当地耕地"非粮化"防治提出对策建议；国内学者通常沿用上述研究思路进行耕地"非粮化"相关研究，并且大多采用单案例研究方式，而国外学者则对不同地区粮食安全及种植结构问题进行分析，主要采取的是多案例的对比分析方式；三是空间分析方法，通过运用空间分析工具，来对耕地"非粮化"的时空分布、演变趋势、影响程度进行时间与空间上的分析，能够较为直观地反映出研究地区存在的耕地"非粮化"问题；从文献梳理中可以看出，由于耕地"非粮化"具有地域性的特征，国内外学者常常采用空间分析方法来分析耕地"非粮化"中的时空分布与演变趋势的相关问题，并且取得了较可观的研究成果。

从耕地"非粮化"的影响因素方面，通过对国内外文献进行梳理，其影响因素概括起来主要包括以下几个方面：一是农户自身因素，学者们主要探究了性别、年龄、劳动力转移、家庭结构、社会资本、机械化程度等自身禀赋对耕地"非粮化"的影响；二是自然环境因素，学者们主要探究了耕地质量、耕地距村庄距离、种植空间布局、自然气候、地形等环境场域对耕地"非粮化"的影响。三是社会经济因素，学者们主要探究了工商资本、土地租金、耕地流转、成本收益、政策补贴、基础设施投入等因素对耕地"非粮化"的影响。

从耕地"非粮化"的治理策略方面，学者们主要基于耕地"非粮化"所产生的现实问题，对"非粮化"防治提出了具有针对性的对策建议，概括起来主要包括以下几个方面：一是政策制度设计，主要阐述了对完善粮食补贴政策、粮食种植激励政策、监督管理政策等方面的意见建议；二是粮食市场环境，主要阐述了对稳定粮食市场价格、提高种粮收益以及金融信贷支持等方面的意见建议；三是种植环境整治，主要阐述了对提高耕地质量、保护生态环境、打击"非粮化"行为、提高农民种粮积极性等方面的意见建议。

当前耕地"非粮化"研究正处于起步发展阶段，虽然已产生了较丰富的研究成果，但还存在一些不足：第一，虽然对耕地"非粮化"的研究方法较多，但目前运用多种研究方法来综合研究耕地"非粮化"问题的文献较少，研究视角也大多局限于农户自身以及社会经济环境，学科方法的交叉融合有待提高。第二，虽然部分文献运用空间分析方法探究了我国耕地"非粮化"的总体时空分布与演变趋势，但由于各省份地理位置、经济发展等情况不尽相同，其耕地"非粮化"的成因、变化趋势、影响因素等会存在地区差异。而从目前已有研究来看，基于省域视角来探究地方耕地"非粮化"时空分布、演变趋势以及影响因素的研究不多。第三，虽然现有文献对耕地"非粮化"的时空分布、演变趋势、影响因素、现存问题等进行了广泛研究，但遏制耕地"非粮化"、保障粮食生产安全需要各区域、各部门的共同参与，也需要制定相应的协同治理策略。而当前研究大多是对耕地"非粮化"的防治提出意见建议，未设计出具体、可行的治理策略。

本书基于国家粮食安全视角，从省域尺度出发，采用多种学科方法相融合的研究方法，对我国耕地"非粮化"的演变趋势、时空分布、影响因素以及现实问题进行阐述，并在对国内外耕地"非粮化"防治经验进行梳理的基础上，构建我国耕地"非粮化"防治的治理策略，以期为遏制我国耕地"非粮化"、维护我国粮食生产安全提供理论参考和经验借鉴。

2.2 国家粮食安全研究的理论基础

2.2.1 公共经济学理论

从性质上看，各类社会商品可分为"公共商品"和"私人商品"。美国经济学家保罗·萨缪尔森（Popula Paul Samuelson）于1954年在其《公共消费理论》（*Economics of Popula*）一书中首先提出了"公共物品"这个概念，它对于人们更好地理解市场与经济活动之间的关系，科学地定义政府的作用具有十分重要的意义，是西方经济学的核心理论之一，该理论系统详细阐述了公共产品的运行机制，确保了公共物品的最优供给具有三个显著特征，即：非竞争性的消费行为、不可分的效用行为和不可排他的收入，这些特征与私人物品截然不同。非竞争性是指公共物品具有私人无法代替或不能消除的特性。当某一商品的消费者数量不断增加时，其消费的非竞争性表现为新消费者对该商品的边际费用为零，而原有消费者对该商品的消费不受影响，同时社会成本也不会增加。这种消费方式可以使消费者得到与其他消费者一样高的收益，而社会成本则会大大降低。增加一个消费者并不会对该产品的消费数量和质量造成任何负面影响，因此，即使增加一个消费者，也不会对其他人对该产品的消费产生任何额外成本，也就是说，增加消费者的边际成本为零。就拿国防和治安来说，虽然人口一直在增加，但谁也不会因此而降低自己的国防和安全。这包括四个方面的意思：一种公共物品可以由多个人使用，并且该物品对一人的供应不会降低对另一人的供应；一个人从这一公共物品中获得的利益不会降低另一个人从这一物品中获得的利益，即完全没有产生"拥挤成本"；当公共物品被提供后，更多的消费者不会引起更多的生产成本，即不需要额外的资源投入就能更多地供应以及竞争。效用不能被分割，这意味着在"谁出钱，谁获益"的基础上，私有物品可以被分割，但公共物品不能被分割。公共物品是一种对全社会开放的货物，其特点是利益分享与消费，其效用为全体社会成员所分享。一群人的共同财产，不能分割开来，只为一人或一群人所拥有。举例来说，国防就是一项典型的公共产品，它为这个国家的每个人都提供了一个没有人可以反对的安全。同时，没有得到这些服务的人与从市场中买东西的人是无法区别的。受益的非排他性意味着，它不能被禁止，所有人都可以免费和平等地享受它。相反，它能被某个消费者所独占，并具有竞争消费、可分割的功用和排他性，收入的各项项目都是私有的，而"准公共物品"则是介于"公私"中间的一种商品。

如果政府建立了粮食储备制度，以确保粮食安全和稳定粮食市场价格，那么这种具有公共物品性质的食品就可以被视为一种纯公共产品，作为保障国家粮食安全的粮食储备，它应该被视为一种公共产品，为每个公民提供安全保障。非竞争性是指公共物品具有私人无法代替或不能消除的特性。在战乱、灾荒等特殊情况下，为民众提供的食品不仅是一种公共物品，更是一种不可或缺的公共资源。为人民提供食品公共品，保证食品安全，是国家义不容辞的责任。在这样的情况下，政府为保障民众正常的生活而采取了多种措施和政策，比如实行粮价补贴、实行粮食收储政策等。而为了保证食品供应，政府也采取了相应措施，比如建立中央和地方两级储备粮制度等。

2.2.2　弹性理论

在经济学中，弹性是一个经济变量（因变量）对于另一个经济变量（自变量）变化的响应能力。商品价格的弹性可划分为两个方面：一是需求弹性，二是供应弹性。在一般情况下，我们会着重研究一种产品的需求量和供应量的价格弹性。一般情况下，我们采用弹性系数来描述商品供需价格的弹性程度。商品的弹性可根据其弹性系数的大小分为五类：无弹性、无限弹性、单位弹性、缺乏弹性和富有弹性。在这些类型中，缺乏弹性和富有弹性的商品在我们平时比较常见。在一般情况下，农业特别是食品是一种缺乏弹性的货物，其突出的特点就是由于生产过剩而引起的粮价下跌，从而造成了"谷贱伤农"的局面。说白了，就是农民就算有好的收成，也没有什么油水可捞，他们的积极性受到了影响，自然就会减产，导致粮食减产，进而影响到国家的粮食安全。所以，政府一定要将缺少弹性的粮食商品作为目标，用政策扶持和稳定收购价格等方式，来实施保护和支持措施，以保证粮食的产量能够稳步提升，从而达到保证粮食安全的目的。

2.2.3　外部性理论

通常情况下，外部性指的是在市场上，一方经济行为主体对另一方产生了非市场的影响，但这种影响并未得到充分的体现。在经济学意义上，外部性主要表现为一种资源稀缺程度或使用效率低下所导致的资源配置扭曲现象。在正常的价格体系中，并未反映出某一行为者对其他行为者福利的影响，这一点需要特别注意。外部效应包括自然的或人为的、局部的或全局的。根据外部效应的特性，我们可以将其划分为具有积极影响的外部效应和具有消极影响的外部效应。在经济生活中，我们所说的外部性就是指由市场失灵而导致的市场外的影响，包括自然垄断、公共物品等方面。在经济学领域，正向外部性指的是经济主体在经济活动中所产生的社会效益高于其私人收益，尽管未获得任何报酬，但却为社会其他成员带来了益处，这种对他人的影响是有益的，因此被称为外部经济。在这个过程中所发生的社会成本超过了其私人效益，即外部不经济性。相对而言，负外部性指的是在一项经济活动中，当一个经济主体没有支付任何费用，但对社会上的其他人造成了一定的损害时，所导致的社会费用超出了其自身应承担的费用，这种现象被称为外部不经济。

在农业经济活动中，尤其是作为农业基础的食品生产，具有显著的外部性特征表现为：尽管粮食生产的经济效益不尽如人意，但其所带来的社会效益是巨大的，既能够维护国家和社会的稳定，同时也能够满足人民的生活需求。通过出售其所生产的粮食，农民不仅为自己带来了收入，同时也满足了城乡居民的食物需求，从而保障了国家的粮食安全。在这种情况下，农民的社会效益比其自身的经济效益更为显著，体现为正向的外部性。

农业和工业之间存在着一种名为"剪刀差"的现象，这种现象表现为食品生产所带来的负面外部性，即收入溢出效应。由于食品生产的成本较高，因此，食品生产者将生产的产品卖给消费者，从而得到相应的回报。在进行与工业界的交易时，食品生产所带来的收益是完全免费的，不会对工业界造成任何负担。因此，如果不考虑食品生产的负外部效益，则会产生"剪刀差"。尽管"剪刀差"一词源于食品生产活动，但其并未被纳入食品价格计算范畴。归根结底，是由于我国农产品的市场结构不合理、流通体制不健全以及农民种粮积极性不高等原因，导致了"剪刀差"，使得粮食加工环节产生的剩余不能得到有效利用而形成的隐性亏损。为了消除工业和农业之间的"剪刀差"，必须对从事粮食生产的人进行合理的补偿。

2.2.4 产业关联理论

里昂惕夫提出了一种全新的衡量工业关联度的方法，即工业关联度，它是研究工业关联度之间相互关系的重要工具之一。在经济学意义上，外部性主要表现为一种资源稀缺程度或使用效率低下所导致的资源配置扭曲现象。该研究以"数量"为基础，以"产出"和"投入"的比例为主线，以静态的方式探究了相关行业之间的经济和技术联系。由于工业生产过程本身具有复杂性和动态性，因此其结果必然带有一定的主观性和片面性。不同行业的生产投入，或许呈现出质的差异，抑或是缺乏质的差异；产业关联的内容包括数量方面和质量方面两部分。产业关联是一种经济技术联系，它以不同行业之间的投入和产品为纽带，通过不同的价值形式和实物形式来实现。产业关联分析的基本任务在于揭示产业内部各部门之间的内在联系及其变动规律，从而制定有效的产业政策，促进国民经济持续、稳定、协调地向前发展。通常情况下，对于产业关联分析而言，最广泛应用的是对价值形式和经济技术联系的定量研究，而非那些无法通过计量学方法精确测量的实体形式联系。产业间相互关系及相互作用构成了一个复杂的系统——

产业体系或产业群。产业间的多种相互关联方式会对其他相关产业产生影响和波及,从而引发某一产业的发展变化。

粮食的生产是人类生存的基石,它是农业的根基,而农业则是国民经济发展的基石,同时也与其他产业紧密相连,为多种产业的繁荣提供了不竭的动力。因此,研究粮食市场的变化,特别是食品价格的变动情况,对于我国整个国民经济的健康运行有着重要的作用和意义。食品价格的波动对相关行业的生产成本产生直接影响,从而引发国家整体经济的波动,从价值形式的角度来看,这种影响不容忽视;一方面将通过影响食品消费和供给等方面间接地改变整个市场供求关系;另一方面,它将直接对人们的日常生活产生深远的影响,从而对社会的稳定产生重要的影响。

在物质形态方面,粮食生产的提升不仅能够为食品加工业提供更多的原材料,同时也为食品加工业的进一步发展提供了坚实的保障;从另一个角度来看,为了满足每个工业生产者的基本生活需求,必须提供最基本的食品。因此,粮食生产和食品工业是密不可分的,为了实现国民经济中各个行业之间的协调发展,必须在确保食品安全的前提下,采取相应的措施。

2.3 农村耕地"非粮化"研究的理论基础

2.3.1 公共选择理论

公共选择理论是由"公共选择理论之父"英国经济学家邓肯·布莱克(Duncan Black)1948 年出版的《论集体决策原理》为公共选择理论提供了依据。此后,公共选择理论得到广泛关注和深入发展。詹姆斯·布坎南,作为公共选择理论的领袖人物,以其在该领域的杰出研究成果而荣获 1986 年度诺贝尔经济学奖。我国对这一问题的研究起步较晚,但发展很快,并已成为一个独立的学科体系。公共选择理论的学术殿堂坐落于美国弗吉尼亚州的乔治·梅森(George Mason)大学,这里汇聚了众多公共选择理论的拥趸。

布坎南总结了公共选择理论的研究方法,其中涵盖了经济学中的交易模式以及方法论中的个人主义倾向以及基于理性自利所假设的经济人。他认为,公共选择是一个由多种因素相互作用产生并影响着人们行为的复杂系统。他提出了三种独具匠心的分析方法,分别是社会比较分析法、历史研究法和综合分析法。这些分析对于公共选择理论的发展具有重要意义。在公共决策研究领域,这三种经济学研究方法是公共选择理论的一项重大创新,它们不仅颠覆了其他理论研究者对传统经济学和传统政治学的认知,更有效地避免了公共研究在跨学科研究方面因理念上的不协调而导致的研究悖论。同时,公共选择理论也为分析各种政治现象提供了一个全新的视角。公共选择理论的核心在于平衡交易成本和社会成本,以实现效率和公平之间的平衡,从而达到最优化的结果。公共选择理论所关注的问题不是如何设计一个最优制度安排以减少交易成本,而是如何降低市场失灵或政府失败带来的损失,使整个经济社会都能获得最大程度的发展。公共选择理论主张，经济学的研究对象并非资源配置，而是探究交易市场的理论。在市场体系下，交易可以成为配置资源的重要手段，但也会使资源的使用受到阻碍。在经济学的范畴内，交易的概念被广泛地运用于阐释社会现象、政治进程以及经济活动等多个领域之中。在经济学领域里，交易可以理解为人们通过市场交换产品或服务以获取收益的行为。在《国富论》一书中，亚当·斯密深入探讨了分工所带来的利益最大化问题，并对分工产生的根源进行了深入剖析。他认为，分工是一个自然历史过程，分工并非人类智慧的产物，而是一种缓慢而逐渐形成的人类倾向，即通过"互通有无、物物交易、互相交易"来推动社会的进步。这种思想对于我们今天研究经济生活具有重要的借鉴意义。因为经济活动的参与者之间存在着相互交织、相互渗透的关系，所以它们之间的互动和影响也是不可忽视的。在这种关系中，每个人都有自己的权利、义务，以及与之相适应的行为方式。在公共选择理论中，亚当·斯密对经济学和政治经济学的定义进行了深入地探究和分析，从而得出了一系列重要的结论。他认为，经济学是一个关于如何使个人、家庭或者企业能够有效地获得资源的知识体系。在此意义下，公共选择理论实质上是经济学的一部分。在西方古典自由主义传统中，经济学家们主要是把自己的观点集中到如何通过市场机制来达到资源配置效率这一问题上来。在布坎南看来经济学家应当研究的特定主题就是人们在市场关系中的行为，这种行为反映了交易物品的倾向，并研究这些市场关系在结构上能采用的多种变化形式。他把市场看作一个具有一定规模、有明确边界的组织体系，即由一系列相互联系又相互作用的要素所构成的网络，它包括各种生产部门、交换部门及消费部门等。因此，公共选择理论认为，在市场经济的背景下，政府、企业和个人之间的竞争呈现出多层次、多维度的复杂性。在这一领域，政府可以通过制定公共政策来影响市场主体，从而实现社会福利最大化。在政治市场中，公共产品的供给方是选民和纳税人，而政府官员或公职人员则是供给方，这种基本活动类似于经济市场。由于政治市场具有信息不对称等特点，公共选择问题就表现为博弈过程。当一项集体活动的决策所带来的回报超过其实际成本时，个人倾向于支持该决策，而不是投赞成票。这种情况就称为博弈行为。双方在进行交易时，均会进行成本效益分析，以评估其决策的可行性。在经济学领域中，存在一种被称为"个人主义的方法论"的现象。在西方经济学研究中，"方法论的个人化"被视为一种理论假设或方法原则。"方法论上的个人主义"这一提法最早由约瑟夫·熊彼特（Joseph Alois Schumpeter）使用。他在《经济发展学说》一书中首次提出这一概念，指出个人主义就是对资本主义生产方式下私人生产和市场交换过程所做的一种哲学描述。他主张，个人主义是对公共行政领域中官僚制、委托代理等重要现象的归纳，其强调了社会个体的价值追求，并将这种价值取向称为个人主义。他认为，政府作为一种组织机构应该有一套自己独特的价值观来指导其决策活动，而不是像传统观点那样只是从国家利益出发去考虑问题。在公共选择理论中，个人主义的方法论以微观经济学研究为基础，将个体视为集体行为的起点，个体在集体行动中扮演着至关重要的角色，既是决策者和选择者，也是行动者，公共选择理论的目标是建立一种经济和政治相互融合的个人行为模式。

在此模型中，个体被视为最终的决策者或评判者，而群体行动则由多个个体行动所构成,因此在探讨政府的决策过程时,必须首先对参与这些决策过程的个人行为进行分析。在此模型下,政府可以从不同角度出发制定政策,而不是仅考虑自己利益最大化,从而实现公共利益最大化。公共选择理论主张,政治问题的研究不应以政府作为理想中的无私奉献的整体为前提,而应探讨其在公共事务中的行为公共选择,即为人们提供何种公共物品,以及如何提供和分配公共物品,并制定相应的匹配规则。它不仅涉及政治系统内部各主体间关系,而且还包括政治系统外部各种社会因素如政治经济环境,等等。公共选择理论运用经济学方法,对选民、政治家和官僚等公共选择者进行严格的"经济人"塑造,以揭示市场过程的本质和政治制度相关框架,从而解决市场决策问题。公共选择理论是现代政治学中最重要的理论之一。公共选择者的行为特征源于不同规则下的政治决策,因此需要通过民主政治活动的运行方式来设计和选择制度和政策,以提高公共决策的效率。在公共选择领域中存在着许多经典模型,其中包括古典自由主义和新古典自由主义两种基本类型。公共选择理论的研究对象为公共选择问题,即通过民主决策的政治过程来决定公共物品的供给、需求和产量,将个人的私人选择转化为集体选择,并利用非市场决策的方式对资源进行配置。在西方,公共选择理论经历了由古典经济学家到现代经济学学派再到新自由主义学者三个发展阶段,并形成了比较完整的理论体系。根据公共选择理论,任何政治决策都是一种经济行为,而消费者和政府则会根据个人的"成本-收益"计算,以选择对个人利益有利的政策和方案。

根据粮食经济发展的实践经验和公共选择经济学理论,我们可以将粮食视为一种具有强烈公共品性的特殊商品,尽管其内在具有一般商品性和私人性,但其外部性和社会公共性却是显而易见的。通过分析我国不同时期耕地利用情况,发现目前在耕地数量与质量关系方面认识上仍有不足。作为一种独特的公共品,粮食产品的生产性质、数量和方式必须依赖于政治决策过程中的公共选择和参与粮食安全的不同主体,同时,中央政府和非粮食生产者之间的分摊也可以根据公共选择理论来确定。因此,在粮食产业中政府应该通过一系列政策措施来引导农户提高对农业生产要素的投入比例。为了维护农户的种粮利益并创造一个有利于粮食种植的环境,政府部门必须进行相应的政策规划和制定;政府要在保证粮食供给总量安全的前提下,实现粮食市场价格稳定、农民增收等多重效益目标。为了实现遏制耕地"非粮化"的目标,必须建立一个多部门协同治理、多元主体共同参与的耕地"非粮化"防治治理体系。因此,在国家推进农业供给侧结构性改革背景下,粮食补贴制度的变革成为必然要求。在学术界,已有学者运用公共选择理论对粮食政策的演变和部门转型进行了案例研究,同时也有学者通过评估粮食直补政策的绩效,运用公共选择理论中的"同意一致性"程度。本书则是采用公共选择理论对粮食补贴制度进行分析。运用公共选择理论作为研究的理论基石,可为相关领域提供有益的理论指导。

2.3.2 农户行为理论

研究农户行为理论表明,农户作为一个集经济和社会功能于一体的组织单元,其形成和发展历史悠久,一直是农民在从事生产活动或生活交往时的基本组织单元。公共选择是一个由多种因素相互作用产生并影响着人们行为的复杂系统，农户行为研究的理论基础涵盖了农户行为理论和行为经济学，然而现有的农户行为理论无法预测多种经济决策，因为农户在生产与消费过程中会产生各种不同的需求，这些需求可能对农户的经济和社会变化产生深远的影响。因此，农户行为理论研究必须要考虑到这些复杂因素以及它们之间相互关系的影响。对于农户行为的理论研究，目前已经形成了三种主要学派，分别是形式经济学派、实体经济学派和历史学派，这些学派的研究成果已经相当成熟。其中，传统的农业生产经营理论就是基于这种认识而提出来的。形式经济学派，作为理性小农学派的代表，由西奥金·舒尔茨和波普金两位美国经济学家所塑造。

农户行为理论的最终落脚点是农户的生产决策。农户自身条件、认知因素等内部条件和土地租金、生产资料价格进行调控及对粮食生产进行补贴政策等外部因素通过影响粮食种植的生产利润，进而影响农户的种植决策，造成耕地"非粮化"现象的发生。而国家通过实施粮食直补政策、调节农作物市场价格等措施，能够向种粮农户传递积极的鼓励信号，使其更偏向于做出积极的生产决策，如扩大粮食种植面积、提高粮食种植效率、提升粮食种植质量等，有利于遏制耕地"非粮化"现象的发生。以农户行为理论作为理论基础，能够为本书的研究起到一定的理论指导作用。

2.3.3 土地经济理论

根据农户行为理论的研究，农户作为一个融合了经济和社会功能的组织单元，其形成和发展历史悠久，一直是农民在从事生产活动或生活交往时不可或缺的基本组织单元。因此，对市场失灵的探讨也主要集中于如何消除这些缺陷上，并试图通过各种手段来弥补市场本身存在的不足，农户行为研究的理论基础囊括了农户行为理论和行为经济学，然而现有的农户行为理论难以预测多种经济决策，因为农户在生产和消费过程中会产生各种独特的需求，这些需求可能对农户的经济和社会变革产生深远的影响。农户行为理论研究必须要考虑到这些复杂因素以及它们之间相互关系的影响。对于农户行为的理论研究，目前已经形成了三种主要学派，分别是形式经济学派、实体经济学派和历史学派，这些学派的研究成果已经相当成熟。其中，传统的农业生产经营理论就是基于这种认识而提出来的。

在《改造传统农业》一书中，舒尔茨反驳了两种长期以来对传统农业产生深远影响的观点，其中一种认为农民在传统农业中的生产资源配置效率低下。另一种备受瞩目的理论则是关于隐蔽失业的。这两个论点都有其片面性，但都没有脱离经济学和社会学领域的一些基本原则和方法。舒尔茨主张，传统农业作为一种经济概念，其分析研究不能仅仅依赖于经济相关特征的考虑。因此，他把现代技术作为解释传统农业发展停滞不前的一个重要因素，而不是主要原因。运用"收入流价格"理论，深入剖析了传统农业经济滞后停滞的深层次原因，并在假设为理性小农的前提下，探究了传统农业停滞的本质原因。在此基础上提出了自己关于现代工业社会中劳动力转移规律的观点。他主张经济现代化的必要前提之一是科技和制度的激励，但最根本的变革在于对人力资本的投资。因此，他提出了教育改革和发展农村劳动力市场等措施来推动传统农业向现代农业转变。波普金在分析越南农民时认为，农民是一个理性的人，其所在的村是一个空间概念，没有利益纽带，农户各家各户都在追求自身利益的最大化，尽管他们偶尔也会照顾邻近村全村利益，但是通常都是以家庭自身利益为中心。

作为一种生产组织，农户的行为呈现出有组织的群体生产特征，农户在追求自身利益最大化过程中产生了一系列复杂而又重要的生产决策行为，这些决策行为直接关系到农户收益和社会资源的合理配置。学术界对农户的生产决策行为进行了深入探究，从而构建了一个系统完备的农户行为理论框架。以舒尔茨和希普金等人为代表的经济学派认为，农民和企业家一样都是理性经济人，他们的生产要素配置行为遵循帕累托最优原则，农户的行为反应是基于其理性选择的结果，目的在于最大化个人或家庭福利；当现代技术要素被注入以确保在现有价格水平上获得利润时，农户们会毫不犹豫地追求最大化的利润，这是他们的必然选择。在这样的假设前提下，农户的最优选择就是增加投入以提高利润水平，从而实现个体效用最大化。实体经济学派的代表人物恰亚诺夫认为，农民的生产目标在于满足家庭消费需求，而非追求最大化利益，而是追求生产过程中的低风险；企业家则是以实现社会财富最大化为目标，追求的是企业规模的扩张和利润的最大化。在此情形下，农民的最佳选择应考虑自身的劳动投入和消费水平之间的平衡，而非简单的"成本-回报"比较。

农户的生产决策是农户行为理论的最终归宿，它为农户提供了决策支持和指导。政府通过对粮食价格进行调控及对粮食生产进行补贴等手段干预粮食生产，并以此为基础提供公共服务，从而实现对粮食生产及其相关产业的调控。农户的内部条件和外部因素，如土地租金、生产资料价格和补贴政策等，对粮食种植的生产利润产生影响，从而影响农户的种植决策，导致耕地出现了"非粮化"的情况。目前我国粮食播种面积减少与耕地面积下降并存、农民种粮积极性不高以及农业劳动力老龄化加剧等问题使得我国部分地区出现了耕地"非粮化现象"。通过实施粮食直补政策和调节农作物市场价格等措施，国家能够向种粮农户传递积极的激励信号，促使他们更加倾向于采取积极的生产决策，例如扩大粮食种植面积、提高粮食种植效率和提高粮食种植质量等，从而有效地遏制了耕地"非粮化"现象的发生。基于农户行为理论的理论框架，为本书的研究提供了有益的理论指导。

2.3.4　委托代理理论

根据农户行为理论的研究，农户作为一个融合了经济和社会功能的组织单元，其形成和发展历史悠久，一直是农民在从事生产活动或生活交往时不可或缺的基本组织单元。农户作为一种特殊的群体存在，具有明显的个体特征和群体行为特征。在20世纪70年代，随着委托代理理论的广泛应用，学者们开始深入研究公司治理的"黑匣子理论"，以解决企业内部信息不对称和激励等问题，从而开创了委托代理理论。因此，农户行为理论研究必须要考虑到这些复杂因素以及它们之间相互关系的影响。随着生产力的不断提升和大规模生产的兴起，委托代理关系逐渐形成。由于所有权与经营权相分离，所有者与经理人之间形成一种特殊的委托-代理关系。由于专业化分工的实施，一批具备专业知识的代理人应运而生，他们拥有充沛的精力和卓越的能力，能够有效地代理并行使所委托的权利。由于委托人与代理人之间存在着目标差异，委托人需要通过一定的制度安排来实现其自身利益的最大限度化，即通过契约形式将双方的目标联系起来，使之达到最优状态。在委托代理的关系中，委托人追求个人财富的最大化，而代理人则追求个人工资、津贴、奢侈消费和闲暇时间的最大化，这必然会引发双方利益的冲突；在委托人和代理人之间，存在着信息传递不对称的难题。信息不对称是指代理人无法全面准确地了解到自己的努力程度以及委托人对其所做出的决策是否合理，从而做出错误判断。在缺乏完善的制度安排的情况下，代理人的行为可能会对委托人的权益带来不可逆转的损害。因此，建立合理的激励机制来解决委托人与代理人之间的利益冲突成为必要。在当前的经济和社会领域中，委托代理关系已经成为一种广泛存在的现象。

应用委托代理理论于耕地"非粮化"研究，可深入探究中央政府、地方政府、企业和农户在粮食种植过程中所采取的各自行动策略。在我国当前农业发展面临诸多问题的背景下，研究耕地"非粮化"对农户种植决策的影响具有重要意义。根据委托代理理论，经济资源的所有权归属于委托人，而使用和管理这些资源的人员则被视为代理人。中央政府作为代理人，其行为目标在于实现自身效用最大化，同时要保证自己的效用得到有效发挥，因此中央政府必须制定相应的激励制度来约束地方政府和农户。在信息不对称的情况下，中央政府、地方政府和农户之间的激励监督存在着一种双重的委托代理关系，即中央政府鼓励农户种粮的目的是保障国家粮食安全，而农户种粮的目的则主要是满足家庭需求和增加收入。由于这两者的利益诉求点存在差异，中央政府无法直接对接农户，因此需要地方政府的协助；同时，地方政府为了实现其政绩目标，往往会加大对粮食生产投入以促进粮食产量增加。此外，中央政府难以对地方政府和农户的行为绩效进行有效监测。当中央政府对地方政府和农户的激励和监督力度不足时，可能会引发道德风险问题，导致农户更倾向于选择收益更高的非粮作物，从而导致耕地的"非粮化"现象。同时，中央政府通过对地方政府、企业和农户的激励约束可以促进三者增加投入，提高生产效率，进而保证粮食供给安全。在地方政府、企业和农户之间，存在着一种委托代理的关系，即为了促进地区经济的发展，地方政府引入了大规模的工商企业进入农业市场。然而，由于农户主体地位的弱化和谈判能力的弱，很难与资金雄厚的企业抗衡，最终导致农户失业或沦为工商资本的雇用；农户因生产效益低，无法获得足够资金用于购买化肥农药等生产资料，从而影响了粮食种植规模。

本章小结

本章着重阐述了国内外有关粮食安全与耕地"非粮化"的研究现状与本书的相关理论基础。首先，本书对国内外耕地"非粮化"的相关研究进行了文献梳理。在国外相关文献中，主要介绍了与国家粮食安全有关的研究、与农业种植结构有关的研究以及与耕地"非粮化"有关的研究，内容包含了保障粮食安全、种植结构调整与耕地"非粮化"出现的影响因素、耕地"非粮化"产生的现实影响等方面。在国内相关文献中，在粮食安全上，主要介绍了我国在粮食安全相关概念界定、对于粮食安全影响因素的文献梳理以及保障粮食安全方面的研究成果等。在耕地"非粮化"层面，对耕地"非粮化"的概念内涵、研究及测算方法、现实问题、影响因素以及防治对策等方面的研究成果进行了介绍。其次，对现有研究进行了简单的文献述评，将国内外学者在耕地"非粮化"的概念内涵、研究方法、影响因素与防治对策等方面的研究内容进行了总结与归纳，并指出当前研究在学科方法的交叉融合、研究尺度的区域差异以及治理策略的制定构建上存在不足之处。最后，提出了本书的研究理论基础，包括公共选择理论、农户行为理论、土地经济理论与委托-代理理论，并对相关理论与耕地"非粮化"之间的内在联系进行了阐述，为本书的后续研究提供研究思路与理论参考。

第三章　我国农村耕地"非粮化"现状及时空演变

3.1　我国农村耕地"非粮化"现状

3.1.1　我国农村耕地资源基本情况

从 2018 年 9 月开始，国务院进行了第三次全国国土调查，并以 2019 年 12 月 31 日作为汇总数据的标准时间节点。到 2021 年 8 月，全国国土调查数据被正式公布，显示我国的耕地总面积为 12786.19 万公顷（191792.79 万亩），其中水田所占的比例为 24.55%；灌溉土地的比例为 25.12%；旱地的比例为 50.33%。在第一次全国国土调查中，由于没有对农业用地进行详细调查和登记，所以无法掌握耕地质量状况、数量分布情况及变化等信息，因此不能全面反映当前土地利用状况。这与十年前的第二次全国国土调查数据（耕地 203077 万亩）相比，我国的耕地面积减少了 11284 万亩，而人均耕地面积仅为 1.36 亩，这还不到世界平均水平的 40%，这表明人均耕地资源仍然非常紧张。

根据第三次全国国土调查所提供的资料，我国的耕地资源在空间上的分布呈现出明显的不均衡性。在全国范围内，有 64% 的耕地位于秦岭–淮河的北部地区，尤其是黑龙江、内蒙古、河南、吉林和新疆这 5 个省、自治区，它们的耕地面积占比较大，占据了全国耕地的 40%。同时还发现，随着工业化和城镇化进程的加快，人口的增加和经济发展对土地需求越来越大，使得耕地减少速度越来越快。耕地资源的分布情况进一步地揭示了我国粮食生产的重心正在转移。此外，拥有丰富耕地资源的地区往往也有较高的粮食产量，这样的资源分布背后反映了我国粮食生产的地理中心正在发生变化，粮食生产的方向也从南部逐渐向北部转移。在人口发展方面，随着经济的发展和人口数量的增加，我国总人口不断增长，这使得耕地数量逐渐降低。根据第三次全国国土调查的数据，在过去的 10 年里，我国的人均耕地面积资源分布显示，全国的耕地面积减少了 1.13 亿亩。关于年均耕地面积的变动，其减少的速度稍微加快了一些；在过去三十年的人均耕地面积变动中，从首次的"1.59 亩/人"调查，到第二次的"1.52 亩/人"调查，再到第三次的全国土地调查，这一数字已经下降到"1.33 亩/人"，这占到了全球人均耕地面积的 31%。此外，从各省的耕地面积来看，仅内蒙古、新疆、黑龙江、吉林和辽宁这五个省、自治区的耕地面积在增长，而其他 26 个省、直辖市、自治区的耕地面积都在减少。例如，黑龙江省的耕地总面积为 2.579 亿亩，大约是全国耕地总面积的13%，与上一次调查相比，增长了近8%；内蒙古自治区的耕地总面积为1.7255亿亩，包括水田237.93万亩，这占了总面积的1.38%；灌溉的土地面积为8274.28万亩，这占据了47.95%的比例；旱地面积为8743.22万亩，占总面积的50.67%。西辽河平原、松嫩平原嫩江右岸、河套平原和土默川平原是耕地的主要分布区域，与上一次的调查相比，这些地区的耕地面积增加了25%；与首次的调查相比，新疆的耕地面积增加了37.4%，达到了1.06亿亩，这使其在全国耕地面积中排名第五；吉林省在全国排名第四，占据了全国耕地总面积的5.86%。另外，在第三次调查中，耕地面积迅速减少的省份，如海南省，其减少的比例最为显著，高达33.3%；在福建省、四川省、贵州省和广西等地区，都呈现出20%以上的下降趋势。可见，近年来我国耕地面积有明显减少。从这一点来看，我国的可耕地面积在总体上显示出逐渐减少的态势。

在耕地资源的质量方面，依据2019年发布的《全国耕地质量等级情况公报》，我们将耕地按照其质量等级从高到低分为十个等级，其中平均等级为4.76等，这比2014年提高了0.35个等级。本书主要从以下几方面分析和阐述了当前我国耕地质量现状以及存在的问题，并提出相应对策与建议。首先，关于我国耕地的整体质量状况，质量等级评定为一至三等的耕地占据了总耕地面积的31.24%；评定为四至六等的耕地面积占到了总耕地面积的46.81%；评定为七至十等的耕地面积占到了总耕地面积的21.95%，这说明了我国耕地整体上处于优质水平。接着，不同地区的耕地质量状况如下：《公报》将全国的耕地分为九个不同的区域，东北区的耕地质量相对较好，主要是一至三等耕地，占总面积的52.1%，其中包括众所周知的"黑土地"；黄淮海区（其平均等级达到4.2等）、长江中下游区（其平均等级为4.72等）、西南区（其平均等级为4.98等）、华南区（其平均等级为5.36等）以及甘新区（其平均等级为5.02等）都是耕地质量中等的区域。这些地方主要是四至六等的耕地，拥有基本的农田设施，土壤中的养分含量属于中等水平，其灌溉和排水能力也基本达标；在耕地质量偏差方面，内蒙古和长城沿线区（平均等级为6.28等）、黄土高原区（平均等级为6.47等）以及青藏区（平均等级为7.35等）是主要的区域。这些区域主要以七至十等的耕地为主导，农田基础设施相对不足，土壤中的养分含量普遍偏低，同时灌溉条件也不尽如人意。再者，关于耕地质量的主要性状变化，现有文献主要总结出以下几个显著特点：土壤中的有机质总体呈上升趋势、全氮含量总体上保持稳定，并略有增加、有效磷含量明显上升、速效钾在稳定的基础上有所增加、耕地土壤明显酸化以及大多数微量元素存在缺乏。通过对影响我国耕地质量因素进行综合分析后发现我国的耕地资源面临以下几个挑战：首先，我国有71.24%的耕地深度不超过20cm，这意味着耕地的浅层会降低水肥的使用效率，同时，这些耕地上的农作物对逆境的抵抗力也相对较弱；其次，我国的耕地土壤中养分的不平衡问题依然非常显著；此外，全国的耕地质量下降和障碍的比例相当高，尤其是酸化问题显得尤为严重；最后，水土流失以及东北黑土地的侵蚀和退化情况日益严重。在过去的60年中，黑土的耕作层土壤中的有机质含量减少了1/3，某些地区甚至下降了50%。辽河平原的大部分地区的土壤有机质含量已经降至20g/kg以下；在西北地区，土壤的盐渍化问题非常严重，这种盐渍化状况使得农作物难以发芽并导致产量下降;非粮种植区域耕地地力普遍降低;华北和黄淮海地区的耕作层逐渐变浅,同时也出现了地下水过度开采、局部次生盐渍化和土壤酸化等一系列问题;西南地区的石漠化问题日益加剧,这也是西南地区耕地退化中最为显著的问题;设施农业区的土壤退化情况非常严重;在退耕还林还草政策实施后,林地面积下降明显。除以上问题之外,如用高质量的耕地来补充低质量的耕地,或者用水田来补充旱地等问题都导致了耕地质量的下降。

在讨论耕地后备资源时,我们指的是那些满足耕地需求、拥有优越的耕地条件和土地资源,并且还未被开发的土地。目前我国耕地后备资源总量十分短缺,其中主要包括了未开发利用的盐碱地和沙地以及部分干旱缺水地区的荒地。根据调查数据,我国的备用土地资源大约有 1 亿公顷,只有超过 1300 万公顷的土地满足耕地的条件,而剩下的则是如沙漠、戈壁和荒漠等难以开发利用的土地。我国的耕地储备资源是有限的,适合耕作的土地主要分布在稀疏的林地和草地上,这些土地是我国重要的生态建设用地,主要集中在东北和西北地区。因此,这些耕地储备资源很难被充分利用,我国的耕地潜在增长量不超过 800 万公顷。随着经济快速发展,对耕地需求也越来越多,如何合理开发耕地后备资源成为目前迫切需要解决的问题。中国农村发展研究院的学者指出,多年来,各个地区都在通过开发和利用备用耕地资源来有效补充或增加耕地。目前我国每年有大量人口向城市转移,其中相当一部分就是由农业生产转向非农业产业,这就要求我们必须重视并充分利用好这部分耕地后备资源。尤其在非农建设项目占用耕地的情况下,开发和利用耕地后备资源成为实现耕地占补平衡的关键保障。随着国家对耕地保护重视程度不断提高,未来几年,全国将有更多的县开展新一轮耕地后备资源调查工作,并逐步建立耕地后备资源数据库,以确保耕地质量安全和粮食安全。然而,我们也必须认识到,中国在耕地后备资源的开发和利用方面还存在许多挑战,这需要我们给予高度的关注和重视。一是开发潜力不足,部分地区存在"占一补二"现象,导致后备土地资源利用率偏低。根据最近一轮的全国耕地后备资源的调查和评估,到 2018 年底为止,全国的耕地后备资源总面积达到了 8029.15 万亩,这比之前的一轮减少了近 3000 万亩。在这之中,有 2832.07 万亩的耕地后备资源是集中连片的,而 5197.08 万亩的耕地后备资源则是零星分布的。从数量和质量方面看,我国现有耕地后备资源总体状况良好。从地域分布的角度观察,上一次的调查评估显示,中西部的经济欠发达地区是耕地后备资源的主要集中地。随着新一轮全国土地整治规划实施,我国新增建设用地占用耕地将更多向西部地区转移,因此,未来几年全国耕地后备资源总量呈明显下降趋势。观察全国各个省份,新疆、黑龙江、河南、云南和甘肃这 5 个地区的后备资源面积几乎占据了全国的一半;全国的 15.4% 是由东部的各个省份和中部的省份共同构成的;东部和西部的省份合计所占的比例只有 14%。可见,我国后备资源总量巨大且后备耕地资源数量不足,但后备耕地质量较差。根据现有的调查数据,我国后备耕地资源面临着可供利用的耕地面积有限和资源分布不均的问题。在经济快速发展的地区,后备耕地资源明显减少,同时可用的后备耕地面积也呈现出碎片化和高开发成本等一系列挑战。

综合考虑,我国目前仍然面临着人均耕地资源的紧缺、耕地资源在空间上的分布不均以及耕地质量逐渐下降等多个问题。这些问题直接影响着人民群众生活水平的提高和社会经济可持续发展能力,威胁着我国的粮食安全与社会稳定。耕地资源是确保粮食安全的关键,而粮食安全也是我国生存和发展的基本保障。因此,党中央根据现实情况提出了国家粮食安全战略,即严格遵守18亿亩耕地的红线,采取有力的措施坚决防止耕地"非粮化",以确保我国的粮食安全。

3.1.2 我国农村耕地"非粮化"的概况

从广义上讲,"非粮化"描述的是农业用地内部土地使用模式的转变,涵盖了从农业用地到林地和园地的过渡。基于土地资源学理论和经济学理论,分析"非粮化"现象产生的原因及其影响,以期能够更好地认识我国当前耕地利用现状以及未来可能面临的问题。根据调查数据显示,"在过去的十年中,土地类型发生了变化,耕地向林地的净流量是1.12亿亩,而向园地的净流量是0.63亿亩。从改革开放开始,我国的粮食生产经历了两个阶段的变化:首先是"非粮化"的扩张阶段,其次是"非粮化"的稳定阶段,从1978年的80.34%到2005年的67.06%,"非粮化"的趋势逐渐稳定。从2005年开始,粮食种植面积占全国粮食种植面积的比重逐渐稳定,达到了70%左右。但是,从2016年开始,"非粮化"的现象再次出现,从71.42%降到了2020年的69.72%。在这些地区中,浙江、青海等9个省份的粮食播种面积数据显示,除了粮食种植面积下降外,其他省份的粮食播种面积也存在差异。但是,既有研究对于"非粮化"的测量方式存在差异,同时考虑到夏粮种植和早稻播种的耕地在收获粮食作物之后可以继续种植粮食作物,即秋粮在耕地使用上会覆盖当年前期的种植面积,且面积更广,于是采用秋粮种植面积来估计实际粮食种植面积,所以相关研究采用非粮食作物播种面积占总耕地面积比例的统计方式。按照这种统计方式的2021年各省非粮化情况见表3-1,可以看出2021年全国耕地非粮化的平均水平为33.2%。根据《2022年中国自然资源统计公报》调查的数据,全国耕地面积为12760.1万公顷,且2022年的秋粮面积为8704.7万公顷,可以得出2022年全国耕地非粮化率为31.8%。有学者与多个省市县的自然资源和农业农村主管部门进行座谈,对大量的村镇和农户进行了深入访谈,通过实地调查并结合统计数据初步判断目前我国耕地"非粮化"率约为27%。综上所述,可以初步判断我国耕地"非粮化"水平在30%左右。

表3.1 **2021年中国各省耕地非粮化面积及非粮化率统计（不包括港、澳、台）**

	耕地面积 （万公顷）	全年粮食播种总面积 （万公顷）	秋粮面积 （万公顷）	非粮化面积 （万公顷）	非粮化率 （%）
北京	9.35	6.09	4.78	4.57	4.89
天津	32.96	37.35	25.50	7.46	2.26
河北	603.42	642.86	415.78	187.64	3.11
山西	386.96	313.81	260.13	126.83	3.28

续表

	耕地面积 （万公顷）	全年粮食播种总面积 （万公顷）	秋粮面积 （万公顷）	非粮化面积 （万公顷）	非粮化率 （%）
内蒙古	1149.65	688.43	688.43	461.22	1.01
辽宁	518.21	354.36	354.36	163.85	3.16
吉林	749.85	572.13	572.13	177.72	2.37
黑龙江	1719.54	1455.13	1455.13	264.41	1.54
上海	16.20	11.74	10.56	5.64	3.48
江苏	408.97	542.75	296.59	112.38	2.75
浙江	129.05	100.67	73.85	55.20	4.28
安徽	554.69	730.96	429.21	125.48	2.26
福建	93.20	83.51	68.29	24.91	2.67
江西	272.16	377.28	248.34	23.82	0.88
山东	646.19	835.51	435.96	210.23	3.25
河南	751.41	1077.23	508.02	243.39	3.24
湖北	476.86	468.60	326.00	150.86	3.16
湖南	362.92	475.84	342.49	20.43	0.56
广东	190.19	221.30	121.65	68.54	3.60
广西	330.76	282.29	189.94	140.82	4.26
海南	48.69	27.14	13.64	35.05	7.20
重庆	187.02	201.32	164.14	22.88	1.22
四川	672.27	635.77	526.73	145.54	2.16
贵州	347.26	278.77	190.41	156.85	4.52
云南	539.55	419.14	319.22	220.33	4.08
西藏	44.21	18.72	18.72	25.49	5.77
陕西	293.43	300.43	189.96	103.47	3.53
甘肃	520.95	267.68	180.96	339.99	6.53
青海	56.42	30.24	30.24	26.18	4.64
宁夏	119.54	68.93	61.56	57.98	4.85
新疆	703.86	237.17	123.24	580.62	8.25
全国	12935.74	11763.15	8645.96	4289.78	3.32

我国农村的耕地"非粮化"现象可以从以下几个关键方面进行总结：

第一，在耕地逐渐"非粮化"的过程中，非粮作物的种植面积有所增加。随着农村产业结构的调整，种植业中经济作物和果树种植面积在不断增加。自 1995 年起，我国的果园和茶园面积经历了显著的扩张，两年时间里总共增加了 9985.5 万亩，增幅达到了 72.31%。种植业结构发生显著变化：蔬菜、中草药以及水果的种植面积所占的比例都呈上升趋势。非粮食种植的种类增多，附加值提高。在过去的五年里，蔬菜的种植面积从 14272.5 万亩增加到 2020 年的 32227.5 万亩，这表明在"非粮种植"中，蔬菜、水果、茶叶、中药材等高附加值的农作物品种呈现出了显著的发展趋势。同时，随着种植业结构调整步伐加快和人们对农产品品质要求越来越高，一些大宗农产品的生产结构也发生了相应变化。依据 2017 年及之后各省（市、自治区）的第三次全国农业普查修订数据显示，在各地的非粮作物中，蔬菜、油料和瓜果类作物在当地农作物播种面积中所占的比例有所上升。尤其在蔬菜种植领域，25 个省（市、自治区）中，蔬菜的种植面积增长最为显著。其次是水果，再次是药材，而在经济作物中，种植面积变化最小的是棉花。从整体上看，我国非粮种经济作物种植面积总体呈现上升趋势。在过去的 4 年里，我国的茶叶种植区域扩大了 552.0 万亩，湖北、云南和四川的增长尤为显著；总共有 26 个省（市、自治区）的果园面积呈现出增长趋势，其中贵州、新疆、广西和四川等地的果园面积也有了显著的扩大。

第二，随着城市的工业化进程，耕地的"非粮化"问题变得更明显。我国正处于经济高速增长期，工业企业数量不断增加、规模不断扩大，而与此同时，由于人口红利消失以及劳动力成本提高等原因，导致大量农村剩余劳动力向城市转移。进入新的发展时期，工业化和城市化在一段时期内依然会带来相当大的土地需求，这无疑增加了对耕地资源的占用风险。农业生产效率提高导致农村劳动力向非农部门转移，从而影响到农民的粮食消费需求，进而影响耕地的可持续利用。在这样的背景下，耕地面积呈现出刚性的递减趋势，特别是对于高质量耕地的利用，预计将在一定程度上继续扩大，从而引发了耕地"非粮化"的问题。城乡建设用地扩张速度过快也是一大问题。根据《第三次全国国土调查主要数据公报》的数据，2019 年的建设用地面积为 6.13 亿亩，这比 2009 年的第二次国土调查增加了 1.28 亿亩，增长率达到了 26.5%。在新的发展时期，伴随着环境管理规定的进一步完善，城市对生产企业的入驻要求变得更高，导致更多的生产企业向乡村地区扩展，占据了大量的高质量耕地，从而引发了耕地的"非粮化"现象。从目前看，我国农村人口转移到城市的趋势明显加快，农业劳动力大规模进城务工，使得农民失去土地后，将面临着更大的就业压力。与此同时，在城市化的进程中，有些地方违背了乡村的发展模式，随意增加了征用土地的面积。在进行住宅区和相关基础设施的建设时，这也增加了村庄附近的肥沃土地被转化为建设用地的风险。这不仅会造成土地资源浪费、破坏生态环境、引发社会矛盾等问题，而且还会影响到农村劳动力就业与转移，不利于城乡统筹发展。因此，在工业化和城市化的进程中，我们必须加大农用地审批的力度，并加强农用地的监管。

第三，由于不恰当的生态建设，导致了耕地的"非粮化"现象。长期以来，我国农业发展主要是追求产量和产值，而忽略了资源环境问题。在过去的几年中，我国对生态环境的关心逐渐增加，但与此同时，也涌现出了一些不适当的推广策略。有些地方盲目追求经济利益，不顾生态效益和社会效益，随意改变土地利用方式，造成了耕地大量流失。例如，在永久性的基本农田上进行的绿化造林、湖泊景观挖掘、人造湿地的建设，以及铁路和公路两旁的耕地占用，还有超出标准的绿化带建设，某些地方甚至将自然保护区附近的连片耕地纳入了生态保护红线。还有一些地方，为了避免占用永久基本农田，擅自调整了县乡的国土空间规划。这种做法不仅破坏了土地资源和生态系统平衡，而且造成了严重的水土流失。根据《第三次全国国土调查主要数据公报》的数据，在过去的 10 年里，中国的耕地净流向林地的面积为 1.12 亿亩，净流向园地的面积为 0.63 亿亩，并且有超过 6200 万亩坡度不超过 2 度的平坦土地被用于植树。同时还存在着大量违法占地现象。关于非法占用耕地进行绿化造林的各种原因，既包括基层政府在决策和执行方面的失误，也与国家主管机构与实际情况脱节，直接通过行政命令下达造林任务有关。当前我国土地违法现象屡禁不止，不仅破坏生态环境，而且损害农民利益。在对国家主要粮食产区进行调查研究的过程中，我们发现某些地区为了建设绿色城市，特别是在区域内的国道和省道两侧，都需要种植宽度分别为 100 米和 50 米的林带。这不仅增加了交通成本和运输成本，还造成了土地浪费。由于规划和设计的不合理性，大量的耕地被转化为"非粮化"状态。

到 2021 年为止，从中国各省的非粮化统计数据来看，粮食主产区的 13 个省份的平均非粮化率达到了 22.7%。特别是在产粮大省如湖北、河北、辽宁、山东和河南，非粮化率甚至超过了 30%。这些产粮大省的生产和供应对于确保我国的粮食安全至关重要，因此，对这些产粮大省进行非粮化治理显得尤为重要。从另一个角度看，某些地区由于其独特的地理位置，如海南、广西等地，其非粮化率相对较高，如海南主要种植热带果蔬，新疆以棉花为主，而云南则以茶叶为主。

综合考虑，我国的"非粮化"现象是由多个因素共同导致的，其中包括非粮种植的增长，这进一步引发了"非粮化"的问题；城市化进程加速了耕地面积的缩减，从而引发了"非粮化"现象，同时，不恰当的生态建设也导致了耕地的"非粮化"。这些问题都将影响到粮食生产安全和国家粮食安全。"非粮化"的耕地问题已经成为我国粮食安全面临的重大挑战，与全球各国相似，我们在土地使用方面也实施了严格的管理和控制。归根结底，问题的核心在于耕地的数量和其质量。随着经济发展和人民生活水平提高，"非粮化"问题已经引起了人们越来越多的重视。保障我国的食品安全在战略层面上具有至关重要的作用，鉴于我国当前耕地资源的稀缺，我们不能过度依赖市场力量来实现耕地的"非粮化"。随着社会经济的快速发展，人们的饮食结构发生了改变，粮食作为人类生存所必须的必需品，其需求量日益增加，这就要求我们提高粮食产量。对于一个拥有超过十亿人口的庞大国家来说，缺乏充足的粮食生产实力可能会对企业成长产生负面影响，甚至有可能妨碍国家的整体发展。所以必须重视粮食安全问题，尤其是要关注我国耕地面积不断减少的现实。无疑，粮食安全对于国家和人民的生活稳定至关重要，而耕地则是粮食生产的关键区域。因此，对耕地进行"非粮化"的整治，使粮食作物恢复到其原始状态，对于确保粮食产量的稳定和保障粮食安全具有不可估量的价值。因此，在当前形势下如何做好"非粮化"治理成为一项紧迫任务。在过去的几年中，党中央和国务院对耕地质量给予了高度的关注，并出台了一系列旨在保护和提升耕地质量的政策。各地区的市委和市政府也对粮食生产给予了高度的重视，并将确保粮食安全作为"三农"工作的首要任务，严格遵守耕地保护制度，并推动各种增加粮食产量的措施得到实施。

3.1.3　我国农村耕地"非粮化"的表现

2022 年中央一号文件中明确提出了"牢牢守住保障国家粮食安全和不发生规模性返贫两条底线"，并对粮食生产、耕地保护以及农业技术研发等领域做出战略规划。可见，在新时代下加强耕地管理已刻不容缓，必须以科学发展观为指导，坚持把耕地作为最基本的资源要素来对待。我国作为一个农业强国，农业发展历史悠久，农耕文化底蕴浓厚。如今，对耕地的种植和保护已经超越了传统家庭观念，成为涉及国家安全和社会稳定的重要战略。近年来，随着我国经济持续高速增长，农村人口不断向城市迁移，耕地面积逐年减少，农民增收缓慢，土地问题日益凸显。从 2006 年国家取消农业税以来，政府颁布了一系列旨在提高农民的种粮意愿，增加农民经营性收入的惠农、利农政策。家庭联产承包责任制的核心思想是将农田的经营权返还给农民，让他们自行选择种植作物，这一制度极大地激发了农民的生产热情。但实际上城镇化进程加快，数字经济、电商网络的迅猛发展，种粮比较收益逐渐降低，种植成本不断攀升，致使农民种粮"非粮化"实践与国家政策"趋粮化"意愿逐渐背离，形成耕地经营"非粮化"与"趋粮化"的二元悖论格局。作为理性经济人的农户，其首先关心的是种植粮食的经济回报，综合考虑到粮食市场的价格和个人种植偏好，他们会做出与效用最大化原则相符的决策，即以追求最大利润为最终目标。对于农民而言，扩大粮食种植的策略并不是为了拟合国家的"趋粮化"政策目标，而是以经营粮食为主要手段，以获取农业的经营收益为最终目的。在这种情形下，农户会根据自身利益最大化原则选择是否扩大耕地面积进行种粮。然而，随着农业生产要素的现代化和社会化进程，农业生产的成本迅速上升，主要以粮食为基础的农产品价格上涨不太明显，并且容易受到国际事件的影响。这导致农产品价格波动较大，种粮不仅不盈利，还可能出现亏损，致使大量农村剩余劳动力涌入城镇。因此，耕地的"非粮化"反映了农户对经济效益的追求，而这种"非粮化"更有可能为农户带来经济收益。同时由于土地资源有限，在国家粮食安全问题上，耕地"非农化"利用越来越多，导致耕地面积不断减少，耕地保护难度加大。我国的耕地正在经历"非粮化"的过程，具体的表现形式如下：

第一，要注意的是，经济作物的种植面积在不断扩大，而用于粮食种植的土地面积则在持续减少。2021 年，我国的粮食作物种植面积达到了 1.6 亿公顷，我国粮食单产水平逐年提高，主要粮食作物单位面积产量不断提升。但实际上，在 2019—2021 年，我国的耕地中"非粮化"的比例是 27%。从目前来看，我国的粮食产量已经连续多年稳定增产，但是由于粮食生产成本高，导致我国粮食市场价格波动频繁，严重影响着农民的种粮积极性。一方面，尽管国家为耕地生产设定了粮食收购的价格，但与同类型商品的价格相比，粮食的生产价格仍然偏低。在粮食生产的全过程中，需要从种子、农业机械、人工劳动、农药、化肥和农膜等多个方面进行投入，农业生产的总成本远高于国家提供的粮食补贴价格。此外，粮食生产本身具有"脆弱性"，容易受到极端气候、病虫害和国际事件的影响。一旦出现上述问题，可能会导致巨大的经济损失。另一方面，与经济作物相比，粮食作物在种植收益方面的差异正在逐渐扩大。从总体来看，我国粮食生产已进入新常态阶段。目前，随着居民的经济收入增加、健康观念的转变和市场供需关系的调整，居民的消费结构正在逐步从"量"向"质"的方向转变，人民的食品消费结构不再是单一的温饱，而是向多元化、营养型转型。人们对食物品质的要求已经从过去单纯追求数量转向质量和营养并重。随着人们对美好生活需求的持续增长，背后的驱动因素是物质消费的多元化。在这一总体趋势的推动下，粮食种植的比例将逐渐减少，而经济作物的种植比例将逐步增加，并且更有可能转向种植水果、蔬菜等非粮食农产品。经济作物作为一种特殊的农作物，其自身具备着较强的生产周期和市场需求弹性。曾经需求不大的经济农作物，现在呈现出了强烈的市场需求，这种需求的变动也标志着经济农作物价格的增长，并对农田向"非粮化"转变的推动作用也将逐步加强。需要特别指出的是，经济作物在交通、加工、品牌推广等多个环节都能获得相对较高的销售价格，而粮食作物在这些环节的平均销售价格所带来的利润相对较低，有时甚至会出现亏损，这与过去的薄利多销模式有所不同。因此，从经济逻辑的视角看，受到经济作物利益的推动，理智的农户往往会主动选择放弃粮食种植，转而选择种植经济价值较高的作物，使得经济作物种植面积和粮食播种面积之间呈现出"此消彼长"的关系。正因如此，我国的经济作物种植面积在近几年里持续扩大，而用于粮食种植的土地面积则在逐渐减少。经过实地考察和计算，与其他经济农作物相比，水稻的净收益相对较低，限制了广大农户种植粮食的积极性。在农业现代化发展进程中，传统农业已逐步被现代农业所取代。农户们更偏向于种植其他的经济农作物，有的甚至将耕种的土地转化为鱼塘或池塘，这进一步加剧了耕地与基础农田之间的"非粮化"问题。因此，在未来相当长一个时期内，"非粮"作物仍将是主要的农业发展方向之一。根据《中国统计年鉴》的数据，2000—2017年，我国的"非粮"农作物种植面积从7.18亿亩增加到了7.26亿亩，实现了0.08亿亩的净增长。在2017年，蔬菜和水果的种植面积持续增长，占据了"非粮"农作物种植面积的64.38%。"非粮化"现象普遍存在并呈逐年加剧态势，对粮食安全构成严重威胁。由于某些地区特有的地理环境，"非粮化"的问题可能会变得尤为严重。特别是在新疆这样一个耕地"非粮化"率较高的地区，从2000年的56.71%增长到了2017年的61%。新疆的耕地中，"非粮化"的比例相对较高，这主要与新疆独特的地理和气候条件有关。优质的土壤和适宜的气候条件促进了果蔬的生长，而这种独特的果蔬生产条件也使得农民减少了用于粮食生产的土地。随着经济增长及工业化进程加快，人口不断增加，耕地面积锐减。另外，在政治和经济高速增长的一线和二线城市中，耕地的种植面积正在逐渐减少，从最初的农用地逐步转变为城市发展用地，导致耕地种植面积进一步缩小。

第二，种粮人口老龄化、妇女化越来越严重。随着我国人口不断增加，粮食需求压力加大。农民对耕地种植的热情不足已经成为社会关注的焦点问题。由于我国人口众多、资源匮乏、土地辽阔，在人口不断增加的同时也出现了人地矛盾突出和粮食安全问题日益突出等一系列新情况和新特点。由于现代化、工业化和城镇化的快速发展，城乡之间的发展差异逐渐加大，城市提供了更多的就业机会，教育和医疗保障体系也相对更加完善。城市的虹吸效应也在逐步加强，导致农村的青壮年劳动力大量转向城镇，从原先从事农业生产的青壮年逐渐转变为城镇的非农劳动者。由于农村人口结构不断调整，传统农业生产方式和经营方式逐渐被现代工业文明所取代，大量的年轻和中年农村劳动者的迁移，农民工流动导致了农村的"老龄化"和"空心化"现象"。同时，由于农村土地制度改革滞后，导致土地流转困难。由于老年妇女和妇女群体的滞留，粮食种植人口呈现出老龄化和妇女化的趋势，这导致了"男工女耕"和"少工老耕"的家庭分工模式的形成。此外，由于我国农民长期处于传统农耕文化中，对农业耕作缺乏积极性和主动性，且城市与农村的生活习惯存在显著差异，导致居民之间的收入差距日益扩大。因此，许多农村的剩余劳动者不再从事"靠天吃饭"的农业活动，这有了导致了"70后不愿意耕种，80后不耕种，90后也不讲耕种"的说法。一方面，与种植粮食相比，农户进入城市从事非农化工作可以获得更高的薪资回报。在这种背景下，农村出现了一种新的经济现象——兼业型农民，从事兼业的农户通常会选择"抽空务工"的方式，即在农忙季节回家收集粮食和务农，而在农闲时期则选择外出务工以赚取更多的收入，从而实现家庭收入的最大化，且以青壮年劳动力外出打工时间较长，大部分以男性为主。随着时间的推移，这种情况逐步转变为男性和女性共同外出，而老年群体则选择留在家中从事农业活动。值得一提的是，非农就业能够有效促进农民增收，但由于农业生产周期长，投入成本较多等因素限制，农业劳动生产率低下，难以形成规模效益。随着非农业工作机会的逐渐增多，农村的劳动力开始大量流失，这导致了乡村出现了所谓的"空心化"状况，进一步加重了农业劳动力的老龄化问题。在这种背景下，传统村落中大量青壮年劳动力纷纷涌入城市寻找新工作。与此同时，由于人口的流动和家庭构成的转变，造成部分老人空巢问题突出。这些因素使得传统村落中大量土地闲置浪费，农民对农业生产缺乏积极性，从而引发一系列社会矛盾与冲突。另一方面，信息时代迅猛发展，农村剩余劳动力的思维方式加速转变，已经不同于他们的父辈，文化认知能力进一步加强，不愿意继续留守乡村进行农业生产，耕地种植意愿大幅度降低。一些落后偏远地区，农业基础设施严重不足，农业发展严重落后，农村剩余劳动力更倾向于进城务工。真正留在农村的只有上了年纪的老年人，而他们精力有限，只能从事擅长的农业生产，且仅能够自给自足，粮食生产产出相对较低。

第三，在产业融合的背景下，其他产业的发展挤占了粮食产业发展空间。产业融合与现代农业的关系紧密，促进了现代农业的转型升级，同时又能有效推动其他相关产业的进步和发展。在我国主要矛盾发生转变的大背景下，产业融合的发展也伴随着新的供求关系而发生转变。从当前来看，我国正处在工业化与城镇化加速推进时期，同时我国农村劳动力向城镇转移速度加快。在国家政策的推动下，工业、服务业和数字化产业得到了迅速的发展，出现了大量的"互联网+"和"数字经济+"产业，这对农业的生产和经营产生了一定的挤压效应。

　　第四，一方面，随着人们对于乡村旅游的热情不断高涨，乡村旅游和休闲农业的结合促进了乡村产业融合发展。通过将传统农耕文化融入现代乡村旅游中，可以使农民得到精神上的满足。结合这两种方式，当地的农户开始种植以花卉和树木为主导的观赏绿植，这不仅增强了乡村生态旅游的吸引力和自然感，还提高了当地农户的经济收益。二者的结合促使当地农户种植以花草树木为主的观赏性绿植，来增加乡村生态旅游的趣味性与自然性，进一步提高了当地农户的收入水平。但实际上，大量种植的观赏性绿植对粮食生产具有一定程度的挤出效应，粮食种植面积进一步减小。另一方面，我国人多地少的矛盾日益突出，土地流转政策也逐渐完善，越来越多农民将目光投向城市周边的农田进行非农经营，导致耕地面积逐年减少。为了确保农业和农村的持续发展，必须在维护耕地资源的基础上推进乡村生态旅游的发展。因此，要通过合理规划、科学布局等方式促进乡村旅游业快速发展，带动农民增收致富。随着都市居住者对于"一日游"以及"周边游"需求日益增长，乡村生态产业观光园建设已逐渐演变为新时代乡村振兴的关键路径。同时，乡村生态旅游也是农民增收致富的有效途径之一。近年来，我国的很多地区把乡村生态旅游视为关键的开发和建设项目。乡村生态旅游是一种新型的经济模式，它能够带动区域内农民增收致富，也能满足广大市民回归自然、亲近大自然的愿望。为了促进乡村旅游和休闲农业的持续发展，以及推动当地特色产业的兴盛，一些农村地区依据其独有的生态环境和景观特色，创建了以旅游为核心的乡村生态产业观光园，园区综合了体验、创意、文化旅游、商业旅游、养老养生、娱乐和教育等多个方面。这种新型的旅游模式不仅满足了游客追求个性化、特色化、多样化的消费心理，也丰富了乡村文化内涵。通过对自然生态系统和人文景观资源的开发利用，形成独具特色的生态型田园综合体，成为新时期乡村振兴战略下美丽宜居乡村建设的亮点工程。尤其是各地流行的休闲娱乐活动，主要包括采摘、捕鱼、农耕和露营等，这些活动与农家乐和民宿等设施相结合，为大众带来了丰富多样的休闲娱乐体验。与此同时，也出现了一些新型的休闲农业模式，如稻渔共作、稻田种养以及生态农业园区等，成为一种新的经济增长点。与传统农业相较，这些创新的休闲农业模式具有较低的投资成本、更快的效益和更高的回报。同时也给农民带来可观的收入。贺兰县的"稻渔空间"乡村生态产业观光园成功地融合了水稻种植、餐饮、旅游和艺术体验，从而有效地促进了当地特色产业的产量增加，并实现了第一产业、第二产业和第三产业的有机结合。乡村生态产业观光园的崛起需要大量的农田，这也导致了粮食作物的种植面积进一步缩小。另一方面，鉴于工商资本固有的追求利润的特性，其在农村的运营成本进一步推动了耕地向"非粮化"方向的扩张。在这种双重压力之下，部分农民为了获得更大的经济效益而选择放弃原有农作物的种植。尤其是当城市的工商资本进入农村后，他们更有可能选择那些资本增长迅速的行业，这也使得农户更偏向于选择收益较高的非粮食种植行业。在此背景下，发展具有地方特色和优势的农作物生产就成为当前农业产业结构调整的一个重要内容。以广西为例，广西属亚热带季风气候区，全区大部地区气候温暖，热量丰富，雨水丰沛，干湿分明，季节变化不明显，日照适中，冬少夏多。孕育了大量珍贵的动植物资源，尤其盛产水果，被誉为"水果之乡"，主要品种有火龙果、番石榴、荔枝、金橘、蜜橘、龙眼等经济作物。据走访了解，以水果产业为主农村，均有城市工商资本支持，"农户+合作社+企业""农户+村集体+企业"等经营模式层出不穷。值得一提的是，产业融合及其经营模式的转变极大地提高了农户的收入水平，耕地种植效益逐步上升。但部分乡村存在完全种植经济作物的情况。此外，城市工商资本特别是城市人力进入乡村，在一定程度上加速农业规模化、专业化以及现代化发展的进程，但大多数情况下，规模下经营下的粮食单产可能会低于小农户种植产量，造成工商资本的浪费，进而退出规模化种植的"舞台"。

第五，现阶段的粮食种植补助主要是为了支持规模化和产业化的农户，这导致了两大核心问题的出现。一是补贴资金无法及时足额到位；二是对种粮大户和农业企业来说，其获得的收益难以维持家庭农场的发展。首先，规模化经营的面积与粮食种植面积并不完全相同，因此，大部分从事规模化经营的农户倾向于选择间种方式，这样做是为了提高耕地种植的风险性。因此，如果没有足够的资金进行规模生产，则无法获得相应的补贴。因此，在粮食补贴的金额方面，不同种类的粮食种植品种在补贴金额上存在差异，一些补贴不能直接发放给种植农户，这大大降低了种植的积极性。同时，部分农民因缺乏资金而无法购买种子，影响了水稻和玉米的生产。关于种粮的补助，有些小型农户并未受益于国家提供的补贴。在对广西那坡县进行实地考察和研究的过程中，部分农户明确表示他们对国家的粮食补贴政策一无所知，并且更有可能选择外出打工。

第六，随着时间的推移，土地撂荒闲置的现象不断加剧，这是因为老年人无法胜任从事耕作等体力劳动。随着我国城镇化程度的不断提高和民营经济的快速发展，小微企业的大量涌现为农村提供了大量就业机会，这也导致了农村劳动力的大量涌向城市，人们对城市生活的向往日益增加，同时也促使越来越多的人选择在城市扎根。于是，农村土地的抛荒现象十分明显，形成了一种"有地无人种，有人没地种"的不平衡发展格局。这对现代农业和农民来说是一个巨大挑战，同时又是机遇。随着城市化和市场化进程的加速，农业发展面临新的瓶颈，传统的小农经营已经无法适应市场的变化和现代化市场的需求，因此需要进行转型升级。尽管我国对粮食的需求并未减少，但农地流转中出现的"非粮化"现象却直接影响了粮食生产，对我国粮食安全构成了威胁，甚至引发了一系列经济、社会、生态问题。就区域而言，中西部地区的耕地撂荒闲置比例高于东部地区；从时间来看，全国范围内闲置耕地呈现逐年增加趋势。从耕地面积来看，中国闲置耕地比例从2002年的0.32%增加到2020年的5.72%，闲置面积显著增加。在城镇化进程加快的背景下，农村大量劳动力外出务工造成了农业人口锐减，而留守在家的老人和妇女成为农村最主要的两个群体，导致土地细碎化程度增加。此外，随着农民生活水平的提高，他们对于居住环境的舒适度和宽敞程度的要求也越来越高，这导致了农村自建住房的普及程度不断扩大。这些都增加了耕地资源的需求量。另一方面城市居民渴望远离城市所带来的嘈杂和空气污染，因此他们选择了前往一个干净、宁静的乡村。土地资源紧缺与需求旺盛之间产生矛盾。在资本的介入下，耕地被转化为"小产权"住房，而一些养老院和疗养院则不断向农村迁移，导致大量粮食和耕地被占用。这些现象都是由于农村宅基地流转不规范引起的。以宁夏回族自治区为例，设施农业用地被

"非农"建设所占用的土地面积达到了 190.35 亩，而康养综合体则占据了 453 亩的耕地面积。

综合考虑，耕地"非粮化"必须考量粮食种植的双重属性与功能价值，即粮食在战略上的保障作用与其在经济上的实际应用价值。一方面，在新冠病毒疫情、俄乌之间的冲突、全球经济的不稳定和国内农产品贸易模式的转变这些大背景下，为了确保国家的粮食安全，"三农"问题成为关系党和国家事业全局的根本性问题。习近平总书记多次强调"必须把饭碗牢牢端在自己手中"。另一方面，为了推动农业和农村的现代化进程，与经济作物种植相比，粮食作物的生产并没有带来太高的产业附加价值。同时，它还需要大量的劳动力，产业链还未完全扩展，因此能够带动的就业人数非常有限。这在很大程度上制约了粮食产业的多样化发展，也限制了粮食种植产业的市场盈利空间，因此缺乏较强的竞争优势。因此，过度抑制耕地"非粮化"同样也会降低农业农村发展的可持续性与发展活力，与农户的理性选择是相悖的，从而导致农业的经济效益降低。另外，"非粮化"现象是由多种因素综合作用而形成的结果，其本身并不是一种必然现象。目前我国各地区耕地"非粮化"问题都较严重，且呈现出不同特征。因此，有必要对全国各个省市的耕地"非粮化"现象进行全面的科学评估，以进一步促进粮食种植和经济效益之间的和谐平衡。

3.1.4 我国农村耕地保护的立法现状

防止耕地"非粮化"的一个重要途径就是立法保护耕地，通过强制的立法手段来确保土地的合理利用。在工业化高速发展与城市化不断扩张的时代背景下，我国的耕地保护问题遇到了前所未有的危机：一方面，国家的工业化和城市化需要，导致我国耕地面积呈现刚性减少，且其质量也在退化。另一方面，我国紧张的人均耕地面积背后庞大的人口基数又需要基本耕地面积的保证，所以要严守 18 亿亩耕地红线以此保障国家的粮食安全问题。为解决这一现实问题，加强对耕地的有效保护，我国先后出台了多部相关法律法规，并由此形成了一整套耕地保护法律体系：首先，根据《宪法》"一切使用土地的组织和个人必须合理地利用土地"的条款，明确了我国耕地保护的基本原则，即"合理利用"原则。其次，我国于 1986 年制定了《土地管理法》，随后又分别于 1988 年与 2004 年对其内容进行修订，并于 1998 年颁布了《土地管理法实施条例》。根据《土地管理法》及《土地管理法实施条例》的相关条款，我国由此建立耕地保护制度，包括：用途管制制度、耕地总量动态平衡制度、占用耕地补偿制度、基本农用保护制度、农用地专用审批制度、土地税费制度、土地开发整理复垦制度和耕地保护责任制度等。除此以外，《农业法》及实施条例、《土壤环境质量标准》《基本农田保护条例》《刑法》中的破坏耕地罪、《耕地占用税暂行条例》《土地复垦规定》《闲置土地处置办法》等法律、法规也从多个侧面规范耕地保护行为。然而，伴随我国市场经济的迅速发展，土地要素市场化进程的不断推进，土地财产权价值的不断释放，多元化的土地市场主体利益诉求正日益凸显。实践中，为追求农地非农化利用带来的增值利益，违反现行法律法规，将耕地转为建设用地从事开发建设的违法现象有禁不止。从一定意义上讲，我国现行土地用途管制法律制度因其管制的低效率，而逐渐步入了制度运行失灵的困境。然而，2019 年修正的《土地管理法》对此并未作出实质性修改。法理上，基于权力与权利的逻辑关系，以限制耕地转为建设用地为内容的土地用途管制，其本质是对耕地开发权的管制，因而，土地用途管制的失灵，其实质乃是耕地开发权管制的失灵。

多年来，中国一直在实施"最严格的耕地保护制度"，其中最核心的措施便是对土地用途进行严格管制。随着我国经济发展进入新常态，现行的用地制度面临着诸多挑战，急需创新改革。在设计、优化和完善用途管制制度方面，地学界和管理学界已经进行了大量的研究工作。这些研究包括从规划实践的角度解释土地用途管制的传导机制，构建一个将刚性管制与弹性管控相结合的耕地政策框架，以及在土地用途管制向国土空间用途管制转型的背景下，构建一个更加科学的管制体系和方法。这些研究主要集中在技术和制度层面的具体设计上。在法学领域，专家们从用途管制的法律变革和土地发展权的视角，对耕地管理中的权利和权力进行了深入探讨。这些研究成果对于推动我国土地利用管理制度创新具有重要意义。

总体上看，虽然多学科的文献在上述领域已经取得了不少研究成果，但在耕地管理的法律基础、激励策略以及耕地的保护和补偿等方面，仍然需要进一步的深入探讨。其中，土地用途管制制度中最关键的问题就是"耕地"概念及其性质的确定问题。土地用途管制制度已实行 20 余年，时至今日，其基本问题已经从技术层面的科学性转向管制权力的合法性与多元利益配置的合理性。目前，制定《耕地保护法》需要解决一个尚未充分探讨的问题：耕地用途管制的合法性基础是什么？也就是说，为什么在法律上耕地会受到特殊的管制？如果将耕地作为一种自然资源加以规制，那么耕地用途管制就是基于公共利益而设立的。这涉及公共权力在耕地管理上的权利基础和界限，以及补偿的方式和其他相关问题。我国现行耕地利用管制体系主要包括征收征用、占用整理和复垦开发三个方面的内容，但其中涉及公共利益的部分却十分有限。

尽管已有多项法律法规出台，但耕地保护的法治化建设仍在进行中，根据 2022 年《自然资源法治建设工作要点》，耕地保护法已被列为自然资源领域的重点立法。从时间上看，全国范围内闲置耕地呈现逐年增加趋势。我国的耕地保护面临着三大质量风险隐患，即空间布局的不稳定性、气候灾害的抵抗力下降以及水土健康的支撑性下降。因此，应加强对耕地保护法律制度体系构建的研究。在制定耕地保护立法时，应特别关注如何激发农民的积极性，建立完善的激励机制，以实现对种粮农民精准的激励。通过建立以农民为主导的土地利益分配机制，包括耕地经济补偿和生态补偿，并对财政政策进行优化，以提高财政补贴的准确性和有效性。同时要重视对农民的教育培训工作，提升他们对政策执行效果的评价能力，从而使其真正成为耕地保护制度的受益者。其次，需要建立一套耕地生态保护的补偿机制，以明确"补给方、补给量、补给方式"等至关重要的问题。根据我国现有国情，应当构建以市场为基础，国家宏观调控下的多层次的耕地生态补偿体系。目前，尚未确立以生态系统服务价值核算为基础的补偿标准，因此可以通过法律手段确定耕地所有权人、承包权人、经营权人为法定贡献者，并建立"生态系统服务贡献加相关因素动态调整"的补偿标准，同时采用"政府转移支付为主加市场化"的补偿机制，以完善多元化耕地生态保护补偿保障机制。再次是明确耕地资源生态补偿主体与客体范围，以保障耕地生态环境保护和修复成果公平公正共享。为确保耕地保护立法的有效性，必须将党政同责纳入考核制度，并按照党委领导、政府负责、部门协同、公众参与、上下联动的原则，建立共同责任机制，以实现耕地用途管制。通过以上措施，实现耕地保护与经济发展同步推进、协调发展和可持续发展。将耕地保护工作纳入区县、乡镇政府、村委及相关部门年度工作考核目标，构建县（市）、乡镇、村三级管理网络，以实现全面、系统的管理。通过以上措施和途径，实现对耕地资源利用与保护过程中的经济利益关系进行有效调节和约束。此外，作为领导干部实绩考核、自然资源资产离任审计、生态文明建设目标评价考核的重要组成部分，耕地保护责任目标考核结果以及耕地用途管制执行情况等方面的考核内容，具有不可忽视的重要性。

3.2 我国农村耕地"非粮化"的时空演变

3.2.1 研究设计

3.2.1.1 研究地区概况

在中国广袤的土地上，矗立着雄伟的高原、起伏的山岭、广袤的平原和缓坡的丘陵，周围环绕着群山，地貌多种多样。目前关于耕地保护问题的研究主要集中于耕地数量和空间变化上，而对其背后深层次的原因缺乏系统梳理。中国的多种地形类型分布广泛，这为中国的工农业发展提供了丰富多彩的条件。由于各地自然环境不同，所以各地区之间生产力水平差异很大。我国的多样地形为农业生产提供了得天独厚的条件，同时也为工业生产的蓬勃发展奠定了坚实的基础。因此，对各种不同地区的地理环境进行研究，并从中找出其特点，这是很有意义的。山地、丘陵和崎岖的高原，因其广袤的面积，常被人们归为山区。中国的山区面积占据了全国总面积的2/3，这是中国地形的一个显著特点。在这个区域内，由于地质构造复杂、气候条件多变、生物多样性丰富以及历史上人类活动频繁等原因，形成了众多类型多样的自然综合体，其中以山间盆地最多。由于山区的广袤面积，交通运输和农业发展面临着相当大的挑战。

由于国土辽阔，横跨多个纬度，再加上地形高低、山脉走向多样等多种因素的影响，导致气温和降水的组合呈现出多种多样的形态，从而形成了多种多样的气候。从气候类型的角度来看，东部地区呈现出季风气候的特征，包括亚热带季风气候、温带季风气候和热带季风气候；而西北部则呈现出温带大陆性气候的特征，而青藏高原则属于高寒气候区域。根据温度带的划分，可将其归为热带、亚热带、暖温带、中温带、寒温带以及青藏高原等不同类型。根据干湿地区的划分，可将其归为湿润、半湿润、半干旱和干旱四类。同一气候带内还可以具有多种干湿分区。此外，在同一温度带内，存在着多种不同的湿度区域；同一干湿地区，也可以有一个或多个温度带。因此，在相同的气候类型中，也存在着热量和湿度的差异，这种差异可能会对环境产生影响。总之，随着人类活动强度不断加大，全球气候变化变得更加频繁和剧烈。地貌的错综复杂，也使得气候呈现出更加繁复多样的面貌。

中国的气候呈现出季风气候的特征，表现出夏季高温多雨、冬季寒冷少雨、和高温期与多雨期一致。这种特殊的自然地理环境决定了我国降水分布极不均匀。因为中国位于亚欧大陆东部，同时又处于太平洋西岸，且其地理位置靠近印度洋的西南方向，这使得其气候受到大陆和大洋的显著影响。在冬季，大陆向海洋的偏北风盛行，而在夏季，则更倾向于从海洋向陆地吹来的南风。冬季风产生于在亚洲内陆地区即西伯利亚等地区，这种寒冷和干燥气候条件下，中国大部分地区的冬季降水普遍较少，气温较低，尤其在北方地区表现得更加明显。来自东南太平洋和西南印度洋的夏季风，带来了温暖湿润的气候，同时也带来了普遍增多的降水和夏季的雨热。中国地域辽阔，深受冬、夏季风交替的影响，是全球季风较为典型、较为显著的区域之一。相较其他同纬度地区，中国的冬季气温呈现出偏低的趋势，而夏季则呈现出偏高的趋势，降水主要集中在夏季，这些都是中国大陆性气候的显著特征。由于我国地形复杂、地势西高东低，因而造成了降水量分布不均匀。因此，中国的气候呈现出明显的大陆性特征，表现为强烈的季风现象。

中国的复杂多样的气候条件为世界上大多数农作物和动植物提供了适宜的生长环境，从而使得中国拥有了丰富的农作物和动植物资源。我国有许多优良种植材料可以直接或间接地引进栽培，这些种植材料也是我们发展农业生产不可缺少的宝贵资源。尽管玉米的故乡在墨西哥，但引进到中国得到了广泛的栽培，成为中国重要的粮食作物之一。小麦、高粱等主要作物都是通过引进国外优良品种而获得高产。红薯最初在浙江一带被引种，如今已在全国范围内广泛种植。我国幅员辽阔，气候宜人，土壤肥沃，适于各种农作物的生长。由于中国季风气候的显著特征，以及夏季高温和优越的热量条件，许多对热量条件有较高需求的农作物在中国种植范围的纬度显著高于其他同纬度国家，例如水稻可以在黑龙江省呼玛县北纬52°的地区进行种植。同时，我国又有丰富的土地资源和水资源，因此可以充分利用这一优势，大力发展以小麦、玉米为主的粮食作物。在中国长江中下游地区，气候温暖湿润，物产富饶，属于亚热带季风气候，而与之同纬度的非洲北部、阿拉伯半岛等地则呈现出干旱、半干旱的荒漠景观，这为农作物的生长发育提供了有利条件，尤其是在夏季多雨、高温期与多雨期一致的情况下。

根据实地考察结果，我国耕地的"非粮化"现象正在逐渐扩大。本书将主要分析当前我国耕地"非粮"状况及影响因素。根据相关的实地调查和统计数据的综合分析，初步推断我国耕地的"非粮化"率约为27%，然而，不同地区的耕地"非粮化"类型和程度存在显著差异。在分析不同区域耕地"非粮化"率及其影响因素时发现，耕地"非粮化"率具有明显地域性和区域性特征。一种是以食物性生产的"非粮化"。在华东地区，茶叶、柑橘和油料等作物是主要的种植作物，且非粮化的比例约为21%；在华南地区，除了种植橡胶，热带水果如甘蔗、香蕉、菠萝和火龙果等也是主要的种植作物，该地区的非粮化比例大约为41%；华北地区以山区苹果、梨、板栗为主，非粮化率 10% 左右；在华中地区，稻田蟹、油料、茶叶等作物是主要的非粮化作物，其非粮化比例大约为 34%；在西南地区，花卉、茶叶、烤烟、柑橘等农作物的种植占据了主导地位，且"非粮化"的比例大约为 46%；在西北地区，苹果、香梨、哈密瓜等作物的种植占据了主导地位，其非粮化比例约为 32%；在东北地区，"非粮化"现象并未呈现出明显的趋势，其发生率约为 7%；在黄土高原地区，苹果是主要的农作物之一，其非粮化比例约为 30%。另一种是非食物性的"非粮化"，例如在北方种植杨树、景观林和草坪等；在南方，桉树的种植以及一些区域的景观化建设，已经成为当地的特点。于是本研究旨遏止我国的耕地"非粮化"，探究其时空演变趋势，以期为国家治理"非粮化"提供一定的参考。

3.2.1.2　研究方法

研究采用统计分析与空间分析方法对我国耕地"非粮化"的演变趋势进行分析。

首先，通过对 2010—2020 年我国农作物总播种面积、主要非粮作物播种面积、主要粮食作物播种面积、耕地面积、粮食产量等数据进行统计，并对复种指数、单位耕地粮食产量、粮食生产效率等指标进行计算，将其绘制成统计图进行分析，探究我国耕地"非粮化"的总体趋势。

其次，对我国各省市农作物总播种面积、主要非粮作物播种面积、粮食作物播种面积、耕地面积、粮食产量进行统计，并对各省的复种指数、单位耕地粮食产量、粮食生产效率进行计算，将其绘制为统计表格进行分析，探究我国各省份耕地"非粮化"的大致情况。

最后，对我国各省市农作物、主要粮食作物以及主要非粮作物在 2010—2015 年、2015—2020 年、2010—2020 年播种面积的变化率进行计算，并运用 ArcGIS 空间分析软件将计算结果绘制在中国行政区划图中，生成相应的可视化分布图，呈现 2010—2015 年、2015—2020 年以及 2010—2020 年我国各省耕地"非粮化"的演变趋势与"非粮化"程度，以此分析我国耕地"非粮化"在各地区间的差异。

3.2.1.3　数据来源与处理

研究采用《中国统计年鉴》《中国农村统计年鉴》以及各省份《统计年鉴》中的农业数据作为主要数据来源，包括农作物总播种面积，稻谷、玉米、大豆等粮食作物播种面积，油料作物、甘蔗、木薯等经济作物播种面积，蔬菜、果瓜等其他作物播种面积，各省份耕地面积以及粮食产量等指标。此外，研究还参考了 2009—2019 年各省份的《国民经济和社会发展统计公报》以及全国土地利用调查数据等资料对数据的完整性进行补充。

在对数据的处理方面，首先，将统计的各项指标数据进行汇总并进行单位统一化处理；其次，对于未获取到总体数值的指标，以各省数值的加总作为标准；再次，对于各比重及比率指标，是在相关基本指标的基础之上通过计算获得，各指标的计算方法在研究中会进行具体说明；最后，由于各省统计指标呈现出一定的规律性，由于通过对各统计资料进行补充后仍有缺失的指标数值，将采用插补法进行数据处理，以绘制完整的变化趋势图。

3.2.2 我国农作物播种面积变化趋势分析

农作物播种面积是指全年实际播种的谷类、豆类等粮食作物以及油料、糖料等经济作物的面积，是反映某一时期农作物播种情况的流量指标。其统计规则为：上一年秋冬播种加今年春夏播种面积之和，无论播种在耕地还是非耕地上，每播种一次统计一次。将农作物播种面积作为统计指标，以反映2010—2020年各省份主要农作物种植规模的时序变化，呈现全国耕地"非粮化"的总体情况。

3.2.2.1 农作物播种面积时序变化

对2010—2020年全国各省份农作物、粮食作物、非粮作物（包括经济作物、其他农作物）播种面积进行统计，结果如图3.1、图3.2所示。

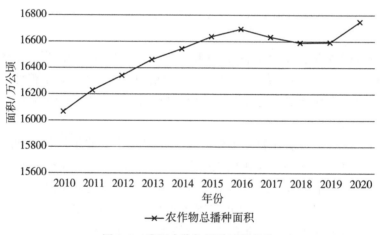

图3.1 我国农作物播种面积变化

可以看出，2010—2020年，全国的农作物总播种面积的变化趋势为早期先增加后减少，总体增幅大于降幅，在总量上有所增加，2020年比2010年增加681.22万公顷，增幅为4.24%。其中，2010—2016年农作物总播种面积呈上升趋势，6年内共增加626.4万公顷，增幅为3.90%，在2011年农作物总播种面积上升幅度最大，为160.82万公顷，较上年增长1.00%；而2016—2019年，三年内农作物总播种面积下降达100.8万公顷，降幅为0.60%，在2018年总播种面积降幅最大，单年减少60.71万公顷，降幅为0.36%。

全国的粮食作物播种面积在2010—2020年的变化同样呈现出先增后减的趋势，总体上保持了总量的相对稳定上升，但存在逐渐下降的趋势。2010—2016年，粮食作物播种面积呈上升趋势，6年内共增加935.39万公顷，增幅达到8.51%；而2016—2019

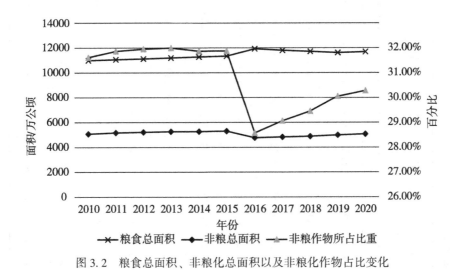

图 3.2 粮食总面积、非粮化总面积以及非粮化作物占比变化

年,粮食作物播种面积有较大幅度减少,6 年内共计减少 316.66 万公顷,降幅为 2.66%,其中 2017 年减少了 124.11 万公顷,与上年相比降幅达到了 1.04%。

而全国的非粮作物播种面积在 2010—2020 年总体呈现出先增加后呈断崖式下降后又开始逐渐反弹,全国非粮作物播种面积 10 年内共减少 7.98 万公顷,在 2010—2015 年,非粮作物播种面积逐步增加,五年间增加了 223.22 万公顷,其中,2015—2016 年非粮作物播种面积减少较大达到了 532.21 万公顷,减幅为 10.04%,而在 2016 年以后又开始逐步上升,2016—2020 年非粮作物的播种面积增加了 301.01 万公顷,增幅达到 6.31%,非粮化作物的种植面积在近些年逐步升高。

为进一步探究非粮作物播种面积占农作物总播种面积的变化趋势,将 2010—2020 年非粮作物播种面积占比绘制到图 3.2 中。从图中可以看出,2010—2015 年非粮作物播种面积占农作物的总播种面积保持平稳,并有缓慢上升的趋势,而在 2016 年下降得比较多,由 31.87% 下降到 28.58%,下降了 3.29 个百分点,但在 2016 年后开始呈现出上升趋势,从 2016 年的 28.58% 增加到 2020 年的 30.28%,总体增长幅度较为迅速。由此看来,自 2016 年后全国的耕地"非粮化"的扩张趋势开始逐渐明显。

总体来讲,2010—2020 年,全国的粮食作物播种面积始终保持比较高的水平,农作物总播种面积在缓慢上升的同时,粮食作物播种面积在前期也平稳上升,但随着非粮作物播种面积的迅速增长,所占农作物总播种面积的比重也在持续增加,粮食作物的播种面积开始呈下降的趋势。因此,从对农作物播种面积的统计分析可以看出,全国农作物的耕种中存在耕地"非粮化"现象,并且在近几年呈扩大趋势。

为对全国各省份的农作物播种面积的总体变化趋势进行分析,将 2010—2020 年全国各省的农作物总播种面积进行统计,如表 3-2 所示。

表3-2 全国各省、自治区、直辖市农作物总播种面积（不包括港澳台） （单位：万公顷）

年份	北京	天津	河北	山西	内蒙古	辽宁	吉林	黑龙江	上海	江苏	浙江	安徽	福建	江西	山东	河南
2010	31.73	45.93	871.84	376.39	700.25	407.38	522.14	1215.62	40.12	761.96	248.47	905.34	227.08	545.77	1081.82	1424.87
2011	30.26	46.8	877.37	379.74	710.99	414.57	522.23	1222.29	40.06	766.32	246.27	902.29	228.58	548.68	1086.54	1425.86
2012	28.27	47.9	878.18	380.81	715.4	421.06	531.51	1223.7	38.79	765.16	232.42	896.96	226.31	552.49	1086.7	1426.22
2013	24.25	47.35	874.92	378.24	721.12	420.88	541.31	1220.08	37.73	768.36	231.19	894.56	229.22	555.26	1097.64	1432.35
2014	19.61	47.9	871.31	378.34	735.6	416.41	561.53	1222.59	35.7	767.86	227.4	894.55	230.52	557.05	1103.79	1437.83
2015	17.37	46.9	873.98	376.77	756.79	421.99	567.91	1229.4	34.02	774.5	229.05	895.05	233.13	557.91	1102.65	1442.5
2016	14.55	44.37	846.75	359.15	895.72	424.27	606.32	1482.95	30.38	763.99	194.65	879.01	154.88	566.89	1127.86	1490.27
2017	12.09	43.95	838.16	357.76	901.42	417.23	608.62	1476.76	28.49	755.64	198.11	872.67	154.93	563.85	1110.78	1473.25
2018	10.38	42.93	819.71	355.52	882.41	420.71	608.09	1467.33	28.23	752.02	197.87	877.11	157.73	555.58	1107.68	1478.34
2019	8.86	41.03	813.27	352.44	888.5	421.71	611.71	1477.01	26.14	744.26	199.96	878.2	159.93	552.12	1093.31	1471.4
2020	9.82	41.92	808.94	354.15	888.28	428.78	615.1	1491.01	25.52	747.84	201.45	881.8	163.13	564.44	1088.91	1468.8

续表

年份	湖北	湖南	广东	广西	海南	重庆	四川	贵州	云南	西藏	陕西	甘肃	青海	宁夏	新疆
2010	799.76	821.61	452.45	589.69	83.37	335.94	947.88	488.91	643.73	24.02	418.56	399.52	54.69	124.79	475.86
2011	800.96	840.2	457.2	599.65	83.83	341.31	956.56	502.12	666.75	24.14	418.1	409.48	54.77	126.04	498.35
2012	807.89	851.19	462.96	608.26	85.46	347.77	965.7	518.29	692.04	24.4	423.83	409.98	55.42	124.12	512.39
2013	810.62	865.0	469.81	613.72	84.82	351.59	968.22	539.01	714.82	24.86	426.9	415.59	55.58	126.47	521.23
2014	811.23	876.45	474.49	592.99	85.96	354.04	966.86	551.65	719.44	25.1	426.21	419.75	55.37	125.32	551.76
2015	795.24	871.7	478.47	613.47	84.53	357.58	968.99	554.22	718.56	25.28	428.45	422.93	55.84	126.46	575.73
2016	790.85	834.15	418.16	596.67	73.19	333.31	949.38	560.48	678.66	26.31	416.02	374.92	55.77	111.88	592.13
2017	795.61	832.2	422.75	596.99	70.94	333.96	957.51	565.94	679.08	25.41	406.39	375.2	55.53	113.26	588.7
2018	795.29	811.11	427.94	597.24	71.29	334.85	961.53	547.72	689.08	27.04	409.1	377.36	55.73	116.46	606.89
2019	781.59	812.28	435.74	598.92	67.62	334.57	969.3	548.16	693.89	27.15	413.21	383.16	55.35	115.3	617
2020	797.44	840.01	445.18	610.73	67.69	337.25	984.99	547.53	698.97	27.21	416.08	393.18	57.14	117.42	628

从表3-2中可以看出，北京、天津、河北、山西、上海、浙江、福建、广东、海南、陕西、甘肃、宁夏2010—2020年农作物总播种面积呈现持续下降趋势，下降的幅度较大。其中，北京市2010—2020年农作物总播种面积减少了219.1万公顷，减少幅度为69.05%，2013年和2014年减少最多，分别减少了40.2万公顷和46.4万公顷，减少幅度为14.22%和19.13%。天津市在2010—2020年农作物播种面积减少较少，十年间减少了40.1万公顷，减少幅度为8.73%。河北省作为粮食大省，在2010—2020年农作物播种面积减少了62.9万公顷，减少幅度为7.21%，在2016年减少的面积最多，共减少272.3万公顷，减少幅度为3.12%。山西省2010—2020年共减少农作物播种面积222.4万公顷，减少幅度为5.91%，其中2016年减少最多，达到了17.62万公顷。上海市作为国际性大都市，城镇化速度较快，在2010—2020年农作物播种面积共减少了14.6万公顷，减少的幅度达36.39%，减少最多的年份也是在2016年，减少了3.64万公顷，减少幅度为10.7%。浙江在2010—2020年农作物播种面积共减少了47.02万公顷，减少幅度达到了18.92%，减少最多的年份是2016年，共减少了34.4万公顷，减少幅度为15.02%，同时浙江在2019年、2020年的农作物播种面积呈现上升的趋势。福建省在2010—2020年农作物播种面积共减少了639.5万公顷，减少幅度为28.16%，减少最多的是2016年，共减少了782.5万公顷，而在其他年份福建的农作物播种面积基本上呈现正增长的趋势。海南在2010—2020年农作物播种面积减少了156.8万公顷，减少幅度为18.81%，减少最多的是2016年，共减少了113.4万公顷。宁夏回族自治区在2010—2020年农作物播种面积减少了73.7万公顷，减少的幅度为5.91%，其中2016年是减少最多的年份，比上一年减少145.8万公顷，减少幅度为11.53%。

江苏、安徽、湖北、广东、陕西、甘肃农作物播种面积在2010—2020年呈现缓慢减少的趋势，减少的幅度较小，其中江苏减少141.2万公顷，减少幅度为1.85%，减少最多的年份为2016年，共减少了105.1万公顷，减少幅度为1.36%。安徽在十年间共减少了235.4万公顷农作物播种面积，减少幅度为2.60%，减少最多的年份也为2016年，共减少了160.4万公顷，减少幅度为上一年的1.79%。湖北在2010—2020年共减少了23.2万公顷，减少幅度为0.29%，农作物播种面积基本保持平稳。广东的农作物播种面积在十年间共减少了72.7万公顷，减少幅度为1.61%，在2016年减少得最多，达到了603.1万公顷，而其他年份都是增加的。陕西在2010—2020年农作物播种面积减少了24.8万公顷，减少幅度0.59%，其中2016年减少的面积最多，为124.3万公顷。甘肃在十年间的农作物种植面积减少了63.4万公顷，减少幅度为1.59%，其中2016年减少面积达到了480.1万公顷，减少幅度为上一年的11.35%，而其余年份都是呈现正增长的趋势。

内蒙古、辽宁、重庆、吉林、黑龙江、江西、山东、河南、湖南、广西、四川、云南、贵州、西藏、青海的农作物播种面积在2010—2020年的总体趋势是呈现上升的。具体来看，内蒙古在2010—2020年农作物播种面积增加了188.03万公顷，增加的比例为2010年的26.85%，而在2010—2015年播种面积是呈缓慢上升的，在2016年却呈爆发式上升，仅在2016年间内蒙古的农作物播种面积就增加了1389.3万公顷，而在2016

年以后农作物播种面积开始下降。辽宁的农作物播种面积在 2010—2020 年增加了 21.4 万公顷,增加的幅度为 5.25%,并且播种面积在大多数年份是增加的,只有少数年份是减少的。吉林的农作物播种面积在 2010—2020 年增加了 929.6 万公顷,相比于 2016 年增加了 17.8%,并且在各个年份基本是减少的,只有 2018 年是增加的,同时在增加最多的年份也是在 2016 年增加了 384.1 万公顷,增加的面积为上一年的 6.7%。黑龙江的农作物播种面积在十年间增加了 2753.9 万公顷,增加的比例为 22.65%,并且在 2016 年间增加了 2535.5 万公顷,增加的比例为上一年的 20.6%,而后在 2016 年以后的 2017 年、2018 年是减少的。江西的农作物播种面积在十年间共增加了 186.7 万公顷,增加的比例为 3.42%,增加的幅度较小;2016 年为增加最大的年份,一共增加了 89.8 万公顷,增加的比例为上一年的 1.61%,同时在 2016 年以后江西的农作物播种面积开始下降。

山东的农作物播种面积在 2010—2020 年增加了 70.9 万公顷,增加的比例为 0.66%,基本保持稳定;2016 年为增加面积最多的年份,共增加了 252.1 万公顷,增加的比例为 2.28%,而在 2016 年后山东的农作物播种面积开始下降,并且幅度较大。河南的农作物播种面积在 10 年间增加了 439.3 万公顷,增加幅度为 3.08%,并且在 2016 年增加了 477.7 万公顷,增加的幅度为上一年的 3.3%,而在 2016 年后播种面积开始减少。湖南的农作物播种面积在十年间增加了 18.4 万公顷,增加的比例为 2.24%,在 2010—2014 年是逐年增加,而在 2014 年后开始逐渐减少,并且在 2016 年减少最多,共减少了 375.5 万公顷,减少的比例为上一年的 4.3%。广西的农作物播种面积在 10 年间增加了 210.4 万公顷,增加的比例为 3.57%,在 2015 年增加面积最大,增加了 204.8 万公顷;而在 2016 年间减少了 16.8 万公顷,而后再缓慢增加;重庆的农作物播种面积增加了 13.1 万公顷,增加比例为 0.39%,除了 2016 年和 2019 年是减少的,其余年份是呈现增加的,并且 2016 年减少了 242.7 万公顷,减少比例为上一年的 6.78%。四川在 2010—2020 年农作物播种面积增加了 371.1 万公顷,增加的比例为 3.92%,除了 2016 年和 2014 年是减少的,在其余年份播种面积都是增加的;其中在 2016 年减少了 196.1 万公顷,减少的面积为上一年的 2%。贵州的农作物播种面积在十年间增加了 58.62 万公顷,增加的比例为 11.99%,其中增加最多的为 2013 年,共增加了 20.72 万公顷,而在 2018 年减少了 18.22 万公顷,并且继续呈现减少的趋势。云南在 2010—2020 年农作物播种面积增加了 552.4 万公顷,增加的比例为 8.58%,但是在 2016 年呈现大幅度减少,仅在 2016 年就减少了 39.9 万公顷的播种面积;西藏的农作物播种面积在十年间增加了 31.9 万公顷,增加的幅度为 13.28%,并且在 2016 年和 2018 年增加的面积最大,分别为 10.3 万公顷、16.3 万公顷,西藏的面积在近几年有减少的趋势。青海的农作物播种面积在 10 年间增加了 24.5 万公顷,增加比例为 4.48%,在 2020 年增加最多为 17.9 万公顷。新疆的农作物播种面积在 2010—2020 年增加了 1521.4 万公顷,增加的比例为 31.97%;在 2014 年、2015 年增加最多,分别为 305.3 万公顷和 239.7 万公顷。

可以看出,绝大部分城市的农作物总播种面积均呈现不同程度的下降趋势。在

2016 年以前农作物播种面积呈现上升的趋势，而在 2016 年各省份的农作物播种面积变化很大，这和 2016 年的第三次全国农业普查的数据有很大的关系，在《中国农村统计年鉴》中对相关数据的来源进行了说明，数据根据第三次和第四次全国农业普查的数据进行了修正，而 2016 年为时间节点，可能与全国农业普查前的数据有较大差异，而在 2016 年后各省份的农作物播种面积大部分呈现减少或者基本稳定的趋势，只有少数省份是增加的。减少的原因可能是各个省份的城市化进程，以及乡村的建设用地，而少数省份由于农业种植技术的提升，农作物的复种指数不断提高，使得播种面积保持上升趋势。

3.2.2.2　主要非粮作物播种面积时序变化

1. 我国主要非粮作物播种面积变化趋势分析

为进一步分析 2010—2020 年我国农作物总播种面积变化是否由耕地"非粮化"导致，首先对我国各个省份主要非粮作物播种面积的变化趋势进行分析。通过对我国主要非粮作物进行调查，选取油料作物、糖料作物、棉花、蔬菜、瓜果、青饲料六种非粮作物，对其 2010—2020 年播种面积与占比变化进行统计，如图 3.3、图 3.4 所示。

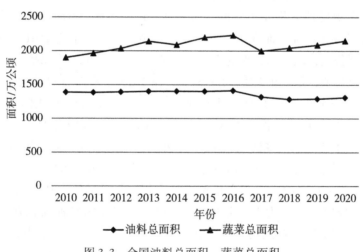

图 3.3　全国油料总面积、蔬菜总面积

从图 3.3 中可以看出，我国的油料作物播种面积在 2010—2016 年呈现平稳上升趋势，6 年间播种面积共增加 248.6 万公顷，增幅为 1.8%，而在 2016—2018 年，我国油料播种面积急剧下降，共减少了 126.6 万公顷，减少幅度达到了 9%，2018 年过后开始呈现上升的趋势，2019—2020 年我国油料播种面积增加了 25.6 万公顷，上升幅度为年的 2018 年的 2%，提升幅度较大。

糖料作物播种面积在 2010—2020 年则呈现平稳下降趋势，10 年间播种面积共减少 336.7 万公顷，降幅达到 18%，年均下降率为 1.8%。其中，在 2017 年播种面积降幅较大，达到 150.8 万公顷，降幅为 9%；其余年份播种面积变动幅度较为平稳，但在 2011

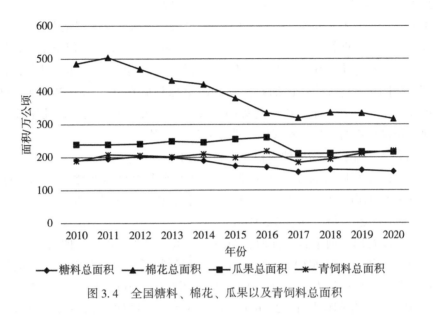

图 3.4　全国糖料、棉花、瓜果以及青饲料总面积

年、2012 年出现播种面积增加的情况，两年播种面积增加 125.4 万公顷，增幅为 7%。

蔬菜播种面积变化在 2010—2020 年总体趋势为先增加后减少，且增加幅度大于下降幅度的。在 2010—2013 年，蔬菜播种面积呈上升趋势，3 年内共增加 2405.1 万公顷，增幅为 12.7%，年平均增长速率为 4.2%；而在 2014 年下降了 505.7 万公顷，下降幅度为 2.4%；随后在 2015—2016 年蔬菜播种面积呈急剧上升趋势，两年内共增加了 142.851 万公顷，增幅为达到 2014 年的 6.8%，而在 2017 年蔬菜播种面积出现断崖式下跌，仅一年下降了 234.731 万公顷，下降幅度达到 10.5%，随后的 2018—2020 年我国蔬菜播种面积开始呈现逐年上升趋势，3 年间增加了 1504.7 万公顷，增幅为 7.53%，并且有继续上升的趋势。

我国棉花的播种面积在 2010—2020 年的变化幅度呈现出明显的下降趋势，从 2010 年的 4848.7 万公顷减少到 2020 年的 3168.9 万公顷，总体下降幅度达到了 34.64%，年均增长率达到 3.46%。从图中可以看出，棉花的播种面积除了 2011 年和 2018 年有略微上升外，其他年份都是稳定下降的趋势。

瓜果的播种面积在 2010—2020 年下降了 227.6 万公顷，下降幅度为 9.52%，在 2010—2016 年瓜果的播种面积是呈现缓慢增加的，而 2017 年突然出现较大的减少，仅 2017 年一年内减少了 48.315 万公顷，减少幅度为 18.8%；在 2017 年后瓜果的播种面积又开始缓慢增加。

青饲料播种面积在 2010—2020 年呈现波动上升的趋势，在 10 年间增加了 31.67 万公顷，增加幅度为 2010 年的 16.82%，除了在 2015 年和 2017 年有较大幅度的下降外，其余年份下降的幅度较小，其中仅 2017 年，青饲料播种面积下降了 34.23 万公顷，下降了 15.65 个百分点；在 2017 年之后，青饲料的播种面积呈现逐年爆发式增长，在

2018—2020 年,增加了 35.5 万公顷,增加幅度为 19.25%。

总体来看,我国主要非粮作物播种面积在 2010—2020 年呈上升态势,且 2016 年后上升趋势明显。虽然糖料作物、棉花、瓜果的播种面积有所下降,但由于糖料作物播种面积占比较少,而棉花只在少数的省份有大量种植,例如新疆、山东、湖北,其对我国"非粮化"产生的影响较小;而油料作物和蔬菜播种面积在 2018—2020 年增长迅速,且占比重较大,对耕地"非粮化"趋势的扩大具有较大影响,同时这几年瓜果和青饲料的播种面积也在逐渐增加,对我国"非粮化"产生影响。

2. 各省份主要非粮作物播种面积变化趋势分析

为进一步探究我国各省份对主要非粮作物播种面积总体变化的贡献,对 2010—2020 年各个省份的市主要非粮作物(油料、糖料、棉花、蔬菜、瓜果、青饲料)的播种面积进行统计汇总分析,如表 3-3 所示。

从表中可以看出,内蒙古、江西、湖南、广东、广西、重庆、四川、贵州、云南、西藏、陕西、宁夏、新疆 2010—2020 年主要非粮作物播种面积呈总体上升的趋势。其中内蒙古的非粮作物播种面积在 10 年间增加了 297.3 万公顷,增幅为 21.74%,增幅最大在 2016 年,仅一年间增加了 229.6 万公顷,比上一年增加了 14.69%。江西的主要非粮作物播种面积在 2010—2020 年增加了 56.6 万公顷,增幅为 3.8%,增加幅度较小,但是近两年有上升的趋势。湖南的主要非粮作物面积在 10 年间增加了 278.9 万公顷,增幅为 9.67%,总体上呈逐年上升的趋势,但在 2017 年仅一年间减少了 391.8 万公顷,减少幅度为上一年的 11.7%,2019 年、2020 年增加幅度较大。广东的主要非粮作物播种面积在 10 年间增加了 192.6 万公顷,增幅为 10.87%,并且除了 2014 年和 2017 年比上一年减少外,其余年份都在增加;在 2016 年减少了 24.42 万公顷,比上一年减少 11.85%。广西主要非粮作物面积在 10 年间增加了 448.4 万公顷,增幅为 18.72%,除了 2014 年有减少外,总体上呈逐年上升的趋势。重庆的主要非粮作物播种面积在 10 年间增加了 23.9 万公顷,增加幅度为 25.20%,除了 2014 年、2017 年有较少幅度的减少外,其余年份都比上一年有所增加。四川的主要非粮作物播种面积 10 年间增加了 540.8 万公顷,增幅为 20.07%,年均降幅 2%,2020 年为增幅最大的年份,一年增加了 116.8 万公顷,增幅达到了 3.75%。贵州在 2010—2020 年这 10 年间主要非粮作物播种面积增加了 970.8 万公顷,增幅为 72.08%,年均增幅达到 7.2%。云南的主要非粮作物播种面积在 10 年间增加了 499.5 万公顷,增幅为 33.63%,年均增幅为 3.36%,除 2014 年和 2017 年减少外,其余年份的非粮作物播种面积都比上一年有所增加。西藏的主要非粮作物面积在年间增加了 2.4 万公顷,增幅为 37.09%,年均增幅为 3.71%,除 2014 年和 2017 年减少外,其余年份的非粮作物播种面积都比上一年有所增加,其中 2018 年增加最多,仅一年增加了 15.9 万公顷,增幅为 23.45%。陕西的主要非粮作物播种面积在 2010—2020 年增加了 4.4 万公顷,增幅为 0.49%,而除了 2014 年和 2017 年外其余年份面积都是增加的,并且在 2017 年减少幅度较大,仅一年减少了 11.32 万公顷,减少幅度为 11.8%。宁夏的主要非粮作物播种面积在 10 年间增加了 2 万公顷,增幅为 5.89%,2019 年为增幅最大的年份,增加面积 71.3 万公顷,增幅为 25.45%;

表3-3 主要非粮作物播种面积

（单位：万公顷）

年份	北京	天津	河北	山西	内蒙古	辽宁	吉林	黑龙江	上海	江苏	浙江	安徽	福建	江西	山东	河南
2010	8.46	14.54	236.71	49.39	136.73	83.24	60.95	56.38	17.01	220.91	97.66	226.55	87.9	148.78	363.49	408.87
2011	8.38	15.56	242.44	48.16	131.95	91.66	54.78	58.26	16.89	222.22	96.78	222.74	89.27	151.86	362.5	403.46
2012	7.91	15.23	241.62	48.11	139.14	92.41	56.79	55.14	16.42	219.6	95.37	217.32	90.62	154.03	357.14	389.99
2013	7.06	13.77	238.0	47.13	144.57	90.95	54.64	49.37	15.07	222.72	92.22	217.48	94.1	156.83	361.53	383.66
2014	7.36	12.72	228.21	44.67	148.8	87.54	53.71	47.34	15.49	216.28	89.99	211.11	92.29	155.95	348.21	384.18
2015	6.36	11.3	225.06	43.81	156.29	87.01	51.91	41.23	13.3	219.5	88.817	214.15	97.46	157.62	345.11	380.47
2016	5.64	11.28	224.34	43.02	179.25	78.88	57.64	48.96	12.27	211.91	89.686	207.24	98.54	155.65	338.09	385.55
2017	4.89	8.15	156.17	32.35	183.38	65.891	51.56	38.95	10.6	188.91	88.35	131.7	63.17	155.45	258.06	350.04
2018	4.36	7.55	152.89	33.55	164.5	67.81	43.82	30.47	10.73	189.65	88.39	135.05	66.01	153.26	259.24	353.58
2019	3.77	6.99	151.65	33.08	169.06	68.211	42.88	27.87	9.83	191.27	90.2	137.4	68.46	154.0	253.44	361.57
2020	4.49	6.81	153.4	32.75	166.46	71.03	42.57	49.37	9.48	191.97	91.05	139.95	70.42	154.44	251.68	367.58

续表

年份	湖北	湖南	广东	广西	海南	重庆	四川	贵州	云南	西藏	陕西	甘肃	青海	宁夏	新疆
2010	306.2	288.34	177.37	239.5	34.75	94.81	269.47	134.68	148.51	6.47	89.19	95.27	25.99	33.95	229.55
2011	338.16	302.98	181.28	247.18	35.85	97.31	273.27	143.03	159.41	7.04	90.88	96.72	24.62	33.0	247.57
2013	349.22	308.87	185.1	256.49	36.5	101.93	278.19	152.45	168.38	7.19	91.93	99.43	24.82	35.33	254.36
2014	339.13	323.67	198.72	266.95	38.7	108.22	284.84	171.09	184.18	7.41	94.44	103.6	24.98	37.08	256.15
2015	340.38	319.62	194.55	257.54	37.45	107.49	283.02	164.94	179.34	7.26	92.08	100.43	24.22	35.52	274.4
2016	318.34	330.89	202.76	261.32	38.53	114.33	290.66	180.52	187.7	7.38	95.74	102.98	24.24	37.19	278.86
2017	308.83	334.82	206.04	265.08	37.3	114.58	294.2	188.07	187.37	7.44	95.79	106.15	24.1	37.15	274.77
2018	284.97	295.64	181.62	267.46	33.96	112.86	301.44	210.91	181.56	6.78	84.47	81.68	23.2	27.01	309.0
2019	281.39	295.52	187.47	273.37	34.33	114.84	307.23	228.19	191.03	8.37	86.79	82.63	22.83	28.01	332.13
2019	286.59	302.57	192.74	279.55	34.39	115.85	311.87	228.72	193.37	8.53	87.74	87.55	22.56	35.14	345.05
2020	295.69	316.23	196.66	284.34	34.71	118.71	323.55	231.76	198.46	8.87	89.63	89.3	23.39	35.95	343.07

2017 年减少最多，仅一年减少了 101.4 万公顷，减少幅度为 27.29%。新疆的主要非粮作物播种面积在 10 年间增加了 113.52 万公顷，增加幅度达到了 49.45%，年均增幅 4.945%，2017 年为增加最多的年份，一年间增加了 342.3 万公顷，增幅为 12.46%。

北京、天津、河北、山西、辽宁、吉林、黑龙江、上海、江苏、浙江、安徽、福建、山东、河南、湖北、海、甘肃、青海 2010—2020 年主要非粮作物播种面积总体上呈现下降的趋势。其中北京市 2010—2020 年主要非粮作物播种面积减少了 39.7 万公顷，减少幅度为 46.92%，年均降幅达到了 4.69%，但在 2020 年增加了 0.72 万公顷，增加幅度为 19.1%。天津市在 2010—2020 年主要非粮作物播种面积减少了 77.3 万公顷，减少幅度为 53.16%，年均减少幅度为 5.32%，在 2017 年减少了 31.3 万公顷，减少幅度为上一年的 27.75%。河北省的主要非粮作物播种面积在 10 年间减少了 833.1 万公顷，减少幅度为 35.19%，年均减少 3.52%，并且在 2017 年下降幅度最大，仅一年内减少了 681.7 万公顷，减少幅度为 30.39%，而在 2020 年增加了 17.5 万公顷。山西在 2010—2020 年主要非粮作物播种面积减少了 166.4 万公顷，减少幅度为 33.69%，年均减少 3.369%；2017 年为减少最多的年份，共减少了 106.7 万公顷，减少幅度为 24.80%。辽宁在 10 年间主要非粮作物播种面积减少了 122.1 万公顷，减少幅度为 14.67%，且在 2017 年为降幅中最大，减少了 12.989 万公顷，减少幅度为 16.48%，在 2017 年后，辽宁的主要非粮作物播种面积又开始呈现上升的趋势。

吉林在 2010—2020 年主要非粮作物播种面积减少了 183.8 万公顷，减少幅度为 30.16%，年均减幅 3.016%；2018 年为减少最大的年份，共减少 77.4 万公顷，减少幅度为 15.01%。黑龙江主要非粮作物播种面积在 10 年间减少了 70.1 万公顷，减幅为 12.43%，且在 2017 年减少最多，减少了 100.1 万公顷，减幅为 20.45%，而在 2020 年黑龙江的主要非粮作物播种面积增加了 21.5 万公顷，增幅为 77.14%，非粮作物面积出现了较大的反弹。上海的主要非粮作物播种面积在 10 年间减少了 75.3 万公顷，减幅达 44.268%，其中 2017 年是减少最多的，仅一年就减少了 16.7 万公顷，减幅为 13.61%。江苏在 2010—2020 年主要非粮作物播种面积减少了 289.4 万公顷，减幅为 13.1%，2017 年为减少最多的，仅一年就减少了 23 万公顷，减幅达 10.85%，但在 2018—2020 年开始逐渐增加，三年增加了 3.006 万公顷，有继续增长的趋势。浙江的主要非粮作物播种面积在 10 年间减少了 66.1 万公顷，三年增加了，减幅为 6.77%，但在 2018—2020 年有增长的趋势，三年内增加了 2.7 万公顷。安徽在 2010—2020 年主要非粮作物播种面积减少了 86.6 万公顷，减幅达到 38.22，仅在 2017 年就减少了 75.54 万公顷，并且在 2018—2020 年安徽的主要非粮作物的播种面积都是增加的。福建在 2010—2020 年的这 10 年间主要非粮作物播种面积减少了 174.8 万公顷，减少幅度为 19.89%，且在 2017 年就减少了 353.7 万公顷，减少幅度达到 35.89%，而在 2017 年后逐渐开始增加。山东的主要非粮作物播种面积在 10 年间减少了 1118.1 万公顷，减幅达到 30.76%，其中在 2017 年减少最多，一年内减少 800.3 万公顷，减幅达 23.67%。河南的主要非粮作物播种面积减少了 412.9 万公顷，减幅 10.09%，且在 2017 年一年内减少了 355.1 万公顷，而后 2018—2020 年逐渐增加，三年内增加了 175.4 万公顷。湖北的主要非粮作物播种面积在 10 年间下降了 105.1 万公顷，减幅为 3.43%，且在 2017 年一年内减少了 238.6 万公顷，而后在 2019 年、2020 年增加了 14.3 万公顷。海南的主要非粮作物播种面积在 10 年间减少了 4000 公顷，基本保持稳定，但在 2017 年减少了 33.4 万公顷，而后几年又呈现增长的趋势。甘肃的主要非粮作物播种面积在 10 年间减少了 59.7 万公顷，减幅为 6.26%，2017 年是减少最多的年份，仅一年内减少了 244.7 万公顷，减少幅度达到 23.05%，在 2018—2020 年非粮作物播种面积开始增加，三年内增加了 76.2 万公顷。青海的主要非粮作物播种面积在 10 年间下降了 2.6 万公顷，减幅达 10%，并且在 2017 年减少最多，并且在 2020 年增加了 8.3 万公顷。

从上面的统计分析中可以看出内蒙古、江西、湖南、广东、广西、重庆、四川、贵州、云南、西藏、陕西、宁夏、新疆这些省、自治区、直辖市的主要非粮作物的播种面积都是呈现上升的趋势，并且近几年有继续增加的趋势。北京、天津、河北、山西、辽宁、吉林、黑龙江、上海、江苏、浙江、安徽、福建、山东、河南、湖北、海南、甘肃、青海这些省、自治区、直辖市的主要非粮作物播种面积虽然总体上是降低的，但是多数省份在 2014 年和 2017 年有较大的减幅，而后这些省、自治区、直辖市的主要非粮作物播种面积又开始呈现上升的趋势，这可能与第三次全国农业普查后修正数据以及统计口径变化有关。从数据分析上可以看出，我国的主要非粮作物播种面积是呈现上升的趋势的，非粮作物播种面积的迅速增加意味着粮食作物的生产空间将受到限制，在造成耕地"非粮化"现象的同时，也会对我国的粮食生产产生一定威胁。为此，需要对全国的粮食作物播种面积以及粮食产量等指标进行分析。

3.2.2.3 主要粮食作物播种面积时序变化

1. 我国主要粮食作物播种面积变化趋势分析

为探究我国耕地"非粮化"现象对粮食种植与生产造成的具体影响，通过对我国主要粮食作物进行调查，选取稻谷、小麦、玉米三种粮食作物，对其 2010—2020 年播种面积与占比进行统计分析，如图 3.5、图 3.6 所示。

从图 3.5 中可以看出，稻谷播种面积在 2010—2020 年总体上是呈现先升高后减少的趋势，但总量上是增加的，10 年内共计增加了 201.9 万公顷，总体增幅为 0.68%。在 2010—2014 年我国的稻谷播种面积是稳定上升的，4 年内增加了 436.8 万公顷，增幅 1.46%，而后在 2014—2016 年开始缓慢下降，两年内下降了 131.8 万公顷，减幅为 0.43%。在 2017 年出现较大增幅，我国稻谷播种面积一年内增加了 568.8 万公顷，增幅达 1.88%，但是在 2017—2019 年下降较严重，两年内减少了 1053.6 万公顷，减幅达到 3.43%，而后在 2020 年有所增加。

小麦播种面积在 2010—2020 年呈现波动减少的趋势，且减少的幅度较大，在 10 年间减少了 866.6 万公顷，减幅达 3.57%。2010—2012 年小麦播种面积增加了 13.5 万公顷，基本保持稳定，但在 2012—2014 年减少了 196.9 万公顷，减幅为 0.81%；2014—2017 年有较大幅度的增加，3 年内增加了 441.5 万公顷，增长幅度为 1.83%，而在 2017—2020 年出现持续下降，且下降幅度较大，3 年内下降了 1124.7 万公顷，降幅达

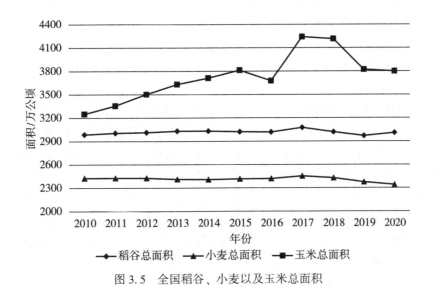

图 3.5 全国稻谷、小麦以及玉米总面积

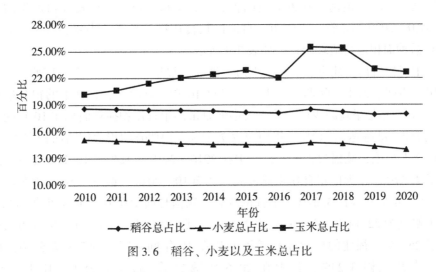

图 3.6 稻谷、小麦以及玉米总占比

4.59%。

　　玉米播种面积在 2010—2020 年呈现波动上升的趋势，10 年间增加了 5482.7 万公顷，增幅为 16.87%，在 2010—2017 年的这 7 年间除了 2016 年有略微下降外，玉米播种面积是呈现缓慢上升的，7 年内增加约为 100 万公顷，增幅达 30.46%；但是在 2017 年后开始逐渐减少，2017—2020 年三年内减少了 441.62 万公顷，减少幅度为 10.42%。

　　对 2010—2020 年稻谷播种面积占比计算后绘制于图 3.6 中发现，稻谷播种面积占农作物播种面积的比例总体上是下降的，10 年内从 18.59% 下降到 17.96%，下降的比例为 0.63%，2010—2016 年呈现缓慢下降的趋势，6 年下降了 0.51%，在 2017 年稻谷播种面积比例增加了 0.41%，而后 2017—2019 年减少了 0.59%，2020 年有略微上升。

小麦播种面积占农作物播种面积的比例除了 2017 年有所上升外,其余年份都是呈现下降的趋势,10 年间下降了 1.13%,2010—2016 年下降了 0.60%,2017—2020 年下降了 0.77%,并且有继续下降的趋势。玉米播种面积占比总体上是呈现波动上升的趋势的,2010—2015 年上升了 2.68%,在 2016 年下降了 0.89%,而后在 2017 年上升的幅度较大。

从上述对我国粮食作物中稻谷、小麦、玉米的播种面积以及所占比例的分析来看,稻谷的播种面积虽说有所上升,并且在 2017 年出现较大的波动,这可能与第三次全国农业普查有关,但近年稻谷的播种面积是出现下降的趋势,其所占农作物的播种比例也是呈下降的趋势;小麦的播种面积在十年间下降的幅度较大,并且在近些年有继续扩大的趋势,并且其占比也是下降的;玉米的播种面积虽然总体上是上升的,但是在 2017—2020 年不管是其播种面积或是所占比例都是呈现下降的趋势。总的来说我国的粮食作物播种面积和所占比例在近些年呈现下降的趋势,以及非粮作物的面积和所占的比例上升是造成我国耕地"非粮化"现象出现的主要原因。

2. 各省份粮食作物播种面积变化趋势分析

为探究耕地"非粮化"现象对我国各省、直辖市、自治区粮食种植产生的具体影响,对 2010—2020 年各省、直辖市、自治区粮食作物(稻谷、小麦、玉米、豆类、薯类等)总播种面积进行梳理统计,如表 3-4 所示。

从表中可以看出,北京、山西、上海、浙江、福建、湖南、广东、广西、海南、重庆、四川、贵州、云南、陕西、甘肃、宁夏这 16 省、自治区、直辖市的粮食播种面积在 2010—2020 年是呈现减少的趋势。其中北京市的粮食作物播种面积在 10 年间减少了 174.6 万公顷,减幅达 78.12%,年均减少 7.81。山西省的粮食作物面积在 10 年间减少了 10.92 万公顷,减幅为 3.37%,其中在 2016—2019 年减少了 16.1 万公顷,比 2015 年减少了 4.89%。上海的粮食作物播种面积在 2010—2020 年减少了 64.9 万公顷,减幅达 36.22%,年均减幅达 3.62%。浙江的粮食作物播种面积在 10 年间减少了 282.4 万公顷,减少幅度为 22.14%,年均减幅为 2.21%,其中在 2016 年减少了 326.4 万公顷,减幅达到了 25.5%。福建的粮食作物播种面积在 10 年间下降了 397.9 万公顷,减幅达 32.29%,年均减幅 3.23%,其中在 2016 年减少了 360.4 万公顷,比上一年减少 30.2%。湖南省的粮食作物播种面积在 2010—2020 年减少了 54.3 万公顷,减幅为 1.13%,其中在 2017—2019 年下降了 394.3 万公顷,减少幅度是 2016 年的 7.87%。广东的粮食作物面积在 10 年间减少了 32.72 万公顷,减少幅度为 12.92%,年均减少 1.29%。广西的粮食作物播种面积在 10 年间减少了 25.5 万公顷,减幅达 8.33%,年均减幅 0.83%。海南的粮食作物播种面积在 10 年间减少了 166.5 万公顷,减幅达 38.08%,年均减幅 3.8%。重庆的粮食作物播种面积在 2010—2020 年减少了 240.8 万公顷,减少幅度为 10.73%,年均减幅 1.07%。四川的粮食作物播种面积在 10 年间减少了 89.4 万公顷,减少幅度为 1.40%,其中在 2016 年减少了 162.5 万公顷,减少幅度为 2.52%。贵州的粮食作物播种面积在 2010—2020 年减少了 285.4 万公顷,减少幅度为 9.39%,年均减少的幅度为 0.94%,且在 2018 年一年内减少了 31.26 万公顷,减少的

表 3-4　主要粮食作物面积

（单位：万公顷）

年份	北京	天津	河北	山西	内蒙古	辽宁	吉林	黑龙江	上海	江苏	浙江	安徽	福建	江西	山东
2010	22.35	31.18	628.22	323.92	549.87	317.93	449.22	1145.47	17.92	528.24	127.58	661.64	123.23	363.91	708.48
2011	20.94	31.08	628.61	328.79	556.15	316.98	454.51	1150.29	18.63	531.92	125.41	662.15	122.68	365.01	714.58
2012	19.39	32.29	630.24	329.15	558.94	321.73	461.03	1151.95	18.76	533.66	125.16	662.2	120.11	367.59	720.23
2013	15.89	33.28	631.59	327.43	561.73	322.64	478.99	1156.44	16.85	536.08	125.37	662.53	120.21	369.09	729.46
2014	12.02	34.58	633.2	328.64	565.1	323.51	500.07	1169.64	16.49	537.61	126.68	662.89	119.77	369.73	744.0
2015	10.45	35.0	639.25	328.72	572.67	329.74	507.8	1176.52	16.19	542.46	127.78	663.29	119.32	370.56	749.21
2016	8.55	36.2	679.14	322.73	680.34	351.5	554.24	1420.18	15.85	558.33	95.14	735.9	83.28	380.72	851.73
2017	6.68	35.14	665.85	318.09	678.09	346.75	554.4	1415.43	13.31	552.73	97.72	732.18	83.32	378.63	845.56
2018	5.56	35.02	653.87	313.71	678.99	348.4	559.97	1421.45	12.99	547.59	97.57	731.63	83.35	372.13	840.48
2019	4.65	33.93	646.92	312.62	682.75	348.87	564.49	1433.81	11.74	538.15	97.74	728.7	82.24	366.51	831.28
2020	4.89	35.02	638.88	313.0	683.32	352.72	568.18	1443.84	11.43	540.56	99.34	728.95	83.44	377.24	828.15

续表

年份	河南	湖北	湖南	广东	广西	海南	重庆	四川	贵州	云南	西藏	陕西	甘肃	青海	宁夏	新疆
2010	974.02	406.84	480.91	253.19	306.11	43.72	224.39	640.2	303.95	427.44	17.02	315.97	279.98	27.45	84.41	202.86
2011	985.99	412.21	487.96	253.04	307.28	43.06	225.94	644.05	305.56	432.69	17.02	313.49	283.37	27.94	85.24	204.75
2012	998.52	418.01	490.8	254.02	306.91	43.86	225.96	646.82	305.43	439.96	17.09	312.75	283.94	28.02	82.83	213.12
2013	1008.18	425.84	493.66	250.76	307.6	42.18	225.39	646.99	311.84	449.94	17.59	310.51	285.87	28.0	80.16	223.48
2014	1020.98	437.04	497.51	250.7	306.77	39.4	224.25	646.74	313.84	450.82	17.64	307.65	284.25	28.01	77.13	225.59
2015	1026.72	446.6	494.47	250.58	305.93	37.5.6	223.4	645.39	311.49	448.73	17.89	307.35	284.96	27.71	77.04	239.5
2016	1121.96	481.61	501.07	217.78	289.71	29.2	203.91	629.13	312.22	420.13	18.85	314.4	268.42	28.47	71.79	240.53
2017	1091.51	485.3	497.89	216.97	285.31	28.25	203.07	629.2	305.28	416.92	18.56	301.94	264.72	28.26	72.25	229.59
2018	1090.61	484.7	474.79	215.1	280.21	28.61	201.78	626.56	274.02	417.46	18.47	300.6	264.53	28.13	73.57	221.96
2019	1073.45	460.86	461.64	216.06	274.7	27.26	199.93	627.93	270.94	416.58	18.48	299.89	258.11	28.02	67.74	220.36
2020	1073.88	464.53	475.48	220.47	280.61	27.07	200.31	631.26	275.41	416.74	18.23	300.1	263.83	290	67.92	223.02

幅度为 10.24%。云南的粮食作物播种面积在 10 年间减少了 10.7 万公顷，减幅为 2.5%，其中在 2016 年内减少了 28.6 万公顷，减少幅度为 6.3%。陕西的粮食作物播种面积在 2010—2020 年减少了 158.7 万公顷，减少幅度为 5.02%，并且在 2017 年就减少了 12.46 万公顷，减少幅度为 3.96%。甘肃的粮食作物播种面积在 2010—2020 年减少了 161.5 万公顷，减少幅度达 5.77%，并且在 2011—2013 年是上升的，而后在 2016 年内减少了 165.4 万公顷，减少幅度为上一年的 5.8%。宁夏的粮食作物播种面积在 2010—2020 年减少了 164.9 万公顷，减少幅度为 19.54%，年均减幅为 1.95%。

天津市、河北、江苏、安徽、江西、山东、河南、湖北、西藏、青海、新疆的粮食作物播种面积在 2010—2020 年在总量上是增加的，但是在 2016—2020 年都有不同程度的减少趋势。其中天津市的粮食作物播种面积在 2010—2020 年增加了 38.4 万公顷，增加幅度为 12.32%，但是在 2017—2019 年减少了 22.7 万公顷，减少幅度为 6.27%。河北的粮食作物播种面积在 10 年间增加了 106.6 万公顷，增幅为 1.07%，并且在 2010—2016 年是呈现增加的趋势，6 年内增加了 509.2 万公顷，增幅为 8.1%，在 2016 年一年间就增加了 398.9 万公顷，增幅达 6.24%，而在 2017—2020 年，河北的粮食作物播种面积是持续减少的，4 年内减少了 40.26 万公顷，年均下降幅度为 1.48%。江苏的粮食作物播种面积在 10 年间增加了 12.32 万公顷，增加幅度为 2.33%，2020—2016 年的江苏的播种面积是持续增加的，6 年间增加了 300.9 万公顷，增幅为 5.69%，而在 2017—2019 年减少了 201.8 万公顷，减少幅度为 3.61%。安徽在 2010—2020 年粮食作物的播种面积增加了 673.1 万公顷，增加幅度为 10.17%，但是在 2016 年仅一年内就增加了 726.1 万公顷，增幅达 10.95%，而后在 2017—2019 年减少了 7.2 万公顷。江西的粮食作物播种面积在 2010—2020 年增加了 133.3 万公顷，增幅为 3.66%，2010—2016 年增加了 168.1 万公顷，增加的幅度为 4.62%，而在 2017—2019 年减少了 142.1 万公顷。山东的粮食作物播种面积在 10 年间增加了 1196.7 万公顷，增幅达到了 16.89%，年均增幅 1.69%，在 2016 年一年内增加了 1025.2 万公顷，增加幅度为 13.68%，但是在 2017—2020 年开始持续下降，4 年间下降了 235.8 万公顷，减幅为 2.77%。河南在 2010—2020 年其粮食作物播种面积增加了 99.86 万公顷，增幅为 10.25%，在 2010—2016 年是持续增加的，尤其是在 2016 年增加了 952.4 万公顷，增加幅度达 9.28%，在 2016 年后开始持续减少，2017—2020 年减少了 480.8 万公顷，减少幅度为 4.29%。湖北的粮食作物播种面积在 10 年间增加了 576.9 万公顷，增幅为 14.18%，在 2010—2017 年是持续增加的，7 年间增加了 78.46 万公顷，增幅为 19.28%，而在 2018—2020 年减少了 207.7 万公顷，减幅为 4.28%。西藏的粮食作物播种面积在 2010—2020 年增加了 12.1 万公顷，增幅为 7.11%，在 2010—2016 年增加了 18.3 万公顷，增幅为 10.75%，在 2017—2020 年西藏的粮食作物播种面积是开始持续减少的，4 年内减少了 0.62 万公顷，减幅为 3.29%。青海的粮食作物播种面积在 10 年间减少了 15.5 万公顷，降幅为 5.65%，2017—2019 年减少了 4.5 万公顷，减幅为 1.58%。新疆的粮食作物播种面积在 2010—2020 年增加了 201.6 万公顷,增幅达 9.94%,但是在 2010—2016 是呈现上升趋势的,而后 2017—2020 年减少了 175.1 万公顷,减少幅度为 7.28%。

内蒙古、辽宁、吉林、黑龙江 4 个省、自治区的粮食作物播种面积在 2010—2020 年总体上是持续增加的。其中,内蒙古的粮食作物播种面积在 10 年间将增加了 1334.5 万公顷,增幅达到 24.27%,在 2016 年为增幅最大,一年内增加了 1076.7 万公顷,增幅为 18.8%,而后在 2017 年略有减少,减少幅度为 0.33%,虽然在 2018—2020 年有增加但是增加的幅度不大,三年只增加了 52.3 万公顷,增幅为 0.77%。辽宁的粮食作物播种面积在 2010—2020 年增加了 347.9 万公顷,增加幅度为 10.94%,除了在 2011 年和 2017 年略微下降外,其他年份都是呈现上升的趋势,在 2016 年增加最多,为 217.6 万公顷,增幅 6.60%。吉林的粮食作物播种面积在 10 年间增加了 1189.6 万公顷,增幅达到 26.48%,年均增幅为 2.65%,增加幅度较大,在 2016 年增加了 464.4 万公顷,但是在 2016 年后增幅开始变小,2017—2020 年增加了 139.4 万公顷,年均增幅为 0.62%。黑龙江的粮食作物播种面积在 10 年间增加了 2983.7 万公顷,增加幅度为 26.05%,年均增幅为 2.6%,除了 2017 年有略微下降外,其余年份的都是呈现上升的趋势,2016 年仅一年内增加了 243.66 万公顷,增幅达 20.71%。

综上所述,2010—2020 年我国北京、山西、上海、浙江、福建等 16 个省、自治区、直辖市的粮食作物播种面积是呈现下降趋势的,而像天津市、河北、江苏、安徽、江西等 11 个省、自治区、直辖市的粮食作物播种面积虽然在早些年份是呈现上升的趋势,但是在 2017—2020 年这些省份的粮食作物播种面积都是减少的,只有少数几个省份的粮食作物播种面积是呈现上升趋势。由此可见,人口数量增加所产生的粮食需求并未导致粮食作物播种面积的持续增加,反而在一定程度上出现了耕地"非粮化"的现象。然而,由于农业科技水平的不断提高,单位播种面积粮食产量的增加也可能使得我国没必要保持较高的粮食播种面积就能满足人口的粮食需求。为此,需要对我国实际耕地面积以及粮食产量作进一步的研究分析,探究耕地"非粮化"是否会对我国的粮食生产造成影响。

3.2.3　我国耕地面积与粮食产量变化趋势分析

耕地面积是指种植农作物的土地,包括熟地、新开发、复垦、休闲地等土地,是反映某一时点农作物种植的存量指标。通过对 2010—2020 年我国总体上以及各省(自治区、直辖市)耕地面积和粮食产量等指标数据进行统计对比分析,探究耕地"非粮化"对我国粮食生产安全造成的影响。

3.2.3.1　耕地面积变化趋势分析

1. 我国耕地面积与复种指数变化趋势分析

对 2010—2019 年我国的耕地总面积进行统计分析,如图 3.7 所示。由图可以看出,我国的耕地面积在 2010—2019 年是呈现持续减少的趋势,在 2010—2019 年减少了

915.91 万公顷，减幅达 6.69%。对其进行进一步分析可以看出，我国的耕地面积变化可以分为三个阶段。

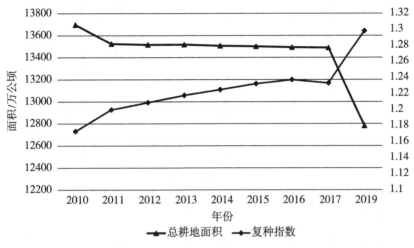

图 3.7 全国总耕地面积以及复种指数

第一阶段为 2010—2011 年，这期间我国耕地面积减少得较多，一年内减少了173.36 万公顷，减幅为 1.27%。第二阶段为 2011—2017 年，这期间我国的耕地总面积基本保持稳定，出现略微减少，6 年减少了 35.71 万公顷，减少幅度为 0.26%。第三阶段为 2017—2019 年，此阶段我国的耕地面积出现较大的减幅，两年内减少了 706.84 万公顷，减幅达 5.24%，年均下降 2.62%。

从图 3.7 中可以看出，近年来我国的耕地面积一直处于减少趋势，耕地保护情况不容乐观。不同于农作物播种面积，耕地面积的下降意味着农民播种农作物土地的减少，种植结构的可调整总量与幅度均会受到限制，使得遏制耕地"非粮化"变得更为困难。

为此，将 2010—2019 年我国的农作物总播种面积除以耕地总面积，得出农作物复种指数，并将其变化趋势绘制在图 3.7 中，以探究 2010—2019 年我国的耕地的总体利用情况。从图中可以看出，2010—2016 年，我国的复种指数是呈现上升的趋势，说明我国的耕地利用程度在不断提高，单位土地农作物播种面积不断增加，在2010—2016 年复种指数从 1.173 上升到了 1.237，上升幅度为 5.48%。随后在 2017年有略微下降后到 2019 年复种指数上升到 1.298，比 2017 年升高了 0.065，升高幅度为 5.27%。

2. 各省份耕地面积变化趋势分析

为进一步探究各省份（自治区、直辖市）对我国的耕地总面积变化的影响程度，对 2010—2019 年我国各省份的耕地面积进行梳理统计，如表 3-5 所示。

表 3-5

各省份复种指数

年份	北京	天津	河北	山西	内蒙古	辽宁	吉林	黑龙江	上海	江苏	浙江	安徽	福建	江西	山东	河南
2010	1.42	1.04	1.33	0.93	0.76	0.81	0.74	0.77	2.13	1.66	1.25	1.54	1.70	1.77	1.41	1.74
2011	1.36	1.06	1.34	0.93	0.77	0.83	0.74	0.77	2.14	1.67	1.24	1.53	1.71	1.78	1.42	1.75
2012	1.28	1.09	1.34	0.94	0.78	0.84	0.76	0.77	2.06	1.67	1.17	1.53	1.69	1.79	1.42	1.75
2013	0.72	1.08	1.34	0.93	0.78	0.84	0.77	0.77	2.01	1.68	1.17	1.52	1.71	1.80	1.44	1.76
2014	0.55	1.10	1.33	0.93	0.80	0.84	0.80	0.77	1.90	1.68	1.15	1.52	1.72	1.81	1.45	1.77
2015	0.79	1.07	1.34	0.93	0.82	0.85	0.81	0.78	1.79	1.69	1.16	1.52	1.74	1.81	1.45	1.78
2016	0.67	1.02	1.30	0.89	0.97	0.85	0.87	0.94	1.59	1.67	0.99	1.50	1.16	1.84	1.48	1.84
2017	0.57	1.01	1.29	0.88	0.97	0.84	0.87	0.93	1.49	1.65	1.00	1.49	1.16	1.83	1.46	1.82
2019	0.95	1.24	1.35	0.91	0.77	0.81	0.82	0.86	1.61	1.82	1.55	1.58	1.72	2.03	1.69	1.96

续表

年份	湖北	湖南	广东	广西	海南	重庆	四川	贵州	云南	西藏	陕西	甘肃	青海	宁夏	新疆
2010	1.51	1.99	1.76	1.33	1.14	1.38	1.41	1.07	1.03	0.54	1.05	0.74	0.93	0.96	0.93
2011	1.51	2.03	1.76	1.36	1.15	1.39	1.42	1.10	1.07	0.55	1.05	0.76	0.93	0.98	0.97
2012	1.53	2.05	1.77	1.38	1.18	1.42	1.43	1.14	1.11	0.55	1.06	0.76	0.94	0.97	1.00
2013	1.53	2.08	1.79	1.39	1.17	1.43	1.44	1.19	1.15	0.56	1.07	0.77	0.95	0.99	1.01
2014	1.54	2.11	1.81	1.34	1.18	1.44	1.44	1.22	1.16	0.57	1.07	0.78	0.95	0.97	1.07
2015	1.51	2.10	1.83	1.39	1.16	1.47	1.44	1.22	1.16	0.57	1.07	0.79	0.95	0.98	1.11
2016	1.51	2.01	1.60	1.36	1.01	1.40	1.41	1.24	1.09	0.59	1.04	0.70	0.95	0.87	1.14
2017	1.52	2.00	1.63	1.36	0.98	1.41	1.42	1.25	1.09	0.57	1.02	0.70	0.94	0.88	1.12
2019	1.64	2.24	2.29	1.81	1.54	1.79	1.85	1.58	1.29	0.61	1.41	0.74	0.98	0.96	0.88

从表中可以看出,北京、天津、河北、山西、上海、江苏、浙江、安徽、福建、江西、山东、河南、湖北、湖南、广东、广西、海南、重庆、四川、贵州、云南、陕西、甘肃、青海、宁夏这25个省、自治区、直辖市的耕地面积在2010—2019年总体上呈现下降的趋势。具体来看,北京市的耕地面积在2010—2018年呈现缓慢下降的趋势,期间总下降了10.8万公顷,减少比例为4.83%,而后仅在2018—2019年一年间下降了119.5万公顷,降幅达56.1%。天津市的耕地面积在2010—2019年减少了114.1万公顷,减少幅度为25.72%,在2017—2019年减少最多达107.2万公顷,减少幅度为24.54%。河北省的耕地面积在2010—2019年持续减少,共减少了517.2万公顷,减幅达7.89%,2019年减幅最大,一年内减少了489.4万公顷,减幅达7.5%。山西省的耕地面积在2010—2019年减少了194.7万公顷,减幅为4.79%,2010—2017年减少的较少,而在2018—2019年减少186.8万公顷,减少比例为4.60%。上海市的耕地面积在2010—2019年减少了26.2万公顷,减少幅度为13.92%,其中在2010—2017年变化不大,而在2019年耕地面积减少了29.6万公顷,减幅为15.45%。江苏的耕地面积在9年减少了505.8万公顷,减少幅度为11%,2010—2017年减少了2.22万公顷,减少幅度为0.48%,而在2017—2019年减少了483.6万公顷,减少幅度达10.57%。

浙江的耕地面积在2010—2019年减少了693.2万公顷,减幅为34.95%,在2010—2017年变化不大,而在2018—2019年减少了483.6万公顷,减少幅度达34.72%。安徽的耕地面积在9年间减少了34.8万公顷,减幅达5.9%,在2010—2017年减少了28.1万公顷,减少幅度较小,在2018—2019年减少了319.9万公顷,减少幅度达5.4%。福建的耕地面积在2010—2017年减少了406.3万公顷,减少幅度为30.36%,而在2010—2017年福建的耕地面积变化不大,在2018—2019年减少了404.9万公顷,减少幅度达30.29%。江西的耕地面积在9年间减少了363.4万公顷,减少幅度为11.78%,在2010—2017年基本变化不大,但是在2018—2019年减少了364.4,减少幅度为11.80%。山东的耕地面积在2010—2019年减少了119.62万公顷,减幅达15.62%,在2010—2017年呈现缓慢减少,7年减少了68.3万公顷,减少幅度较小,而在2018—2019年减少了112.9万公顷,减幅达14.86%。河南在2010—2019年耕地面积减少了663.4万公顷,减少幅度达8.11%,在2010—2017年减少了6.52万公顷,减少幅度为0.80%,2018—2019年减少了59.82万公顷,减少幅度达到7.37%。湖北的耕地面积在9年间减少了543.7万公顷,减少幅度达10.23%,2010—2017年减少了76.4万公顷,减少幅度为1.4%,而后在2018—2019年减少了467.3万公顷,减少幅度达8.92%。湖南的耕地面积在2010—2017年减少了508.3万公顷,减少幅度为12.28%,年均下降比例为1.37%,其中在2010—2017年增加了13.5万公顷,增加比例为0.33%,而在2018—2019年就减少了521.8万公顷,减少比例达12.57%。广东的耕地面积在2010—2019年减少了667.5万公顷,减幅达25.98%,年均减少2.89%,在2010—2017年间增加了30.3万公顷,增幅为1.17%,在2018—2019年减少了697.8万公顷,减少比例为26.84%。广西的耕地面积在9年间减少了111.7万公顷,减幅达25.24%,年均减少2.8%,其中在2010—2017年减少了37.1万公顷,减少幅度为

0.8%，而在 2018—2019 年减少了 1079.9 万公顷，减少幅度为 24.61%。

海南的耕地面积在 2010—2019 年减少了 291.9 万公顷，减幅达 39.99%，年均减少 4.44%，在 2010—2017 年减少了 7.5 万公顷，减少幅度为 1.02%，而在 2018—2019 年减少了 284.4 万公顷，减少幅度为 39.37%。重庆的耕地面积在 2010—2019 年减少了 572.7 万公顷，减少幅度为 23.44%，年均减少 2.6%，其中在 2010—2017 年减少了 73.1 万公顷，减少幅度为 2.99%，而在 2018—2019 年减少了 499.6 万公顷，减少幅度达到 21.08%。四川的耕地面积在 9 年内减少了 1492.9 万公顷，减少幅度达 22.21%，年均减幅为 2.47%，在 2010—2017 年基本保持稳定，在 2018—2019 年减少了 149.8 万公顷，两年内的减少比例达 22.27%。贵州的耕地面积在 2010—2019 年减少了 109.36 万公顷，减幅达 23.95%，年均减少 2.66%，其中在 2010—2017 年减少了 47.4 万公顷，减少比例为 1.04%，2018—2019 年减少了 104.62 万公顷，减少比例达到 23.15%。云南的耕地面积在 9 年间减少了 844.6 万公顷，减幅达 13.53%，年均减少 1.50%，其中在 2010—2017 年减少了 26.8 万公顷，减少幅度为 0.43%，2018—2019 年减少了 817.8 万公顷，减少比例为 13.16%。陕西的耕地面积在 2010—2019 年减少了 1057.4 万公顷，减幅达 26.49%，年均减少 2.94%，其中在 2010—2017 年减少了 8.8 万公顷，减幅为 0.22%，2018—2019 年减少了 1048.6 万公顷，减少幅度为 26.32%。甘肃的耕地面积在 9 年间减少了 18.7 万公顷，减少幅度为 3.47%，其中在 2010—2017 年减少了 19.5 万公顷，减少幅度为 0.36%，而在 2018—2019 年减少了 167.5 万公顷，减少比例为 3.12%。宁夏的耕地面积在 2010—2019 年减少了 101.3 万公顷，减少幅度为 7.81%，其中在 2010—2017 年减少了 6.8 万公顷，基本保持稳定，在 2018—2019 年减少了 25.5 万公顷，减少幅度为 7.32%。

内蒙古、辽宁、吉林、黑龙江、新疆的耕地面积在 2010—2019 年呈现增加的趋势，西藏的耕地面积基本并保持稳定。其中，内蒙古的耕地面积在 2010—2019 年增加了 2308.9 万公顷，增幅达 25.13%，年均增幅 2.79%，在 2010—2017 年增加了 983.2 万公顷，增加比例为 0.90%，在 2018—2019 年增加了 2225.7 万公顷，增加幅度为 24.0%。辽宁的耕地面积在 2010—2019 年增加了 15.09 万公顷，增幅为 2.99%，而在 2010—2017 年减少了 59.6 万公顷，减幅为 1.18%，在 2018—2019 年增加了 210.5 万公顷，增幅达 4.23%。吉林的耕地面积在 9 年增加了 481.1 万公顷，增加幅度为 6.86%，其中在 2010—2017 年减少了 30.7 万公顷，在 2018—2019 年增加了 511.8 万公顷，增幅达 7.33%。黑龙江的耕地面积在 2010—2019 年增加了 1337.4 万公顷，增幅达 8.43%，在 2010—2017 年减少了 12.3 万公顷，2018—2019 年增加了 1349.7 万公顷，增加幅度为 8.52%。新疆的耕地面积在 9 年间增加了 1917.1 万公顷，增加幅度为 37.43%，在 2010—2017 年增加了 118.1 万公顷，增加幅度为 2.30%，2018—2019 年增加了 179.9 万公顷，增幅为 34.33%。

总体来看，绝大多数省份的耕地面积在 2010—2019 年呈现呈持续下降趋势，且减少幅度较大。其中在 2010—2017 年变化不是很大，基本保持稳定，而在 2018—2019 年增加的幅度较大，只有少数几个省份的耕地面积是增加的，这就造成了我国耕地总面积的减少。

3. 各省复种指数变化趋势分析

为进一步分析 2010—2019 年我国各省份的耕地利用程度，对 2010—2019 年其复种指数进行计算与统计，结果如表 3-6 所示。

从表中可以看出上海、江苏、福建、江西、河南、湖南、广东在 2010—2019 年保持着高复种指数，这也代表着这些省份的耕地具有高利用水平。其中上海的耕地利用水平呈现持续下降的趋势，在 2010—2019 年降低了 0.52，降低的比例达到了 24.3%，在 2014—2017 年下降的幅度较大，仅 4 年内降低了 0.52，降低幅度达到 25.9%。江苏的耕地利用水平基本保持稳定，在 2010—2019 年增加了 0.16，增加的比例为 9.8%。福建的耕地利用水平在 2010—2019 年基本保持稳定，仅在 2016 年复种指数减少了 0.58，而后又增加到 1.72，9 年内增幅为 1.13%。江西的耕地利用水平在 2010—2019 年保持平稳提高，其复种指数在 9 年间增加了 0.26，提高幅度为 14.67%。河南的耕地利用水平在 2010—2019 年略有提高，其复种指数在 9 年间增加了 0.21，增幅为 12.38%。湖南的耕地利用水平在 9 年间保持较高水平，其复种指数在 9 年间提高了 0.25，提升幅度为 12.71%，其中在 2010—2017 年基本保持不变，但是在 2018—2019 年增加了 0.23，增加幅度为 11.64%。广东的耕地利用水平在 2010—2019 年间呈现波动上升的趋势，其复种指数增加了 0.53，增幅为 30.10%，其中在 2011—2015 年呈现逐渐提高的趋势，而后在 2017 年减少了 0.225，减少幅度为 12.32%，而后在 2019 年增加了 0.67，增幅为 40.89%。

此外河北、安徽、山东、湖北、广西、重庆、四川这些省份的耕地利用水平在 2010—2019 年保持较高的水准。其中河北省在 2010—2019 年的耕地利用水平基本保持稳定，其复种指数在 9 年间增加了 0.017，增幅为 1.28%。安徽的耕地利用水平基本保持在较高水平，略微有提升，其复种指数在 9 年间增加了 0.047，增幅为 3.08%。山东的耕地利用水平在 2010—2019 年间逐渐提高，复种指数由 1.41 提升至 1.69，增幅为 19.77%。湖北的耕地利用水平在 9 年间略有提高，其复种指数由 1.51 提升至 1.64，提高的幅度为 8.87%。广西的耕地利用水平在 2010—2019 年稍有提高，其复种指数由 1.33 提高至 1.81，提升幅度为 35.86%，其中在 2010—2017 年基本保持稳定，在 2018—2019 年提高了 0.45，提升幅度为 33%。重庆的耕地利用水平在 2010—2019 年有了明显提升，复种指数从 1.38 提升至 1.79，提升幅度为 30%，其中在 2010—2017 年变化幅度不大，在 2018—2019 年增加了 0.38，提升幅度为 26.95%。四川的耕地利用水平在 2010—2019 年有明显提高，其复种指数从 1.41 提升至 1.85，提升幅度为 31.46%，其中在 2010—2017 年变化较小，在 2018—2019 年提高了 0.43，提升幅度为 30%。

同时，北京、天津、山西、内蒙古、辽宁、吉林、黑龙江、浙江、海南、贵州、云南、西藏、陕西、甘肃、青海、宁夏、新疆的耕地利用在 2010—2019 年都处于较低的水平。北京在 2010—2019 年其耕地利用水平处于上下波动的趋势，其复种指数在 2010—2014 年降低了 0.87，由 1.42 降低至 0.55，降低幅度为 61.45%，而后在 2015 年

单位：万吨

耕地单位面积粮食产量的变化趋势

表3-6

年份	北京	天津	河北	山西	内蒙古	辽宁	吉林	黑龙江	上海	江苏	浙江	安徽	福建	江西	山东
2010	115.7	159.7	2975.9	1085.1	2158.2	1765.4	2842.5	5012.8	118.4	3235.1	770.7	3080.5	661.9	1954.7	4335.7
2011	121.8	161.8	3172.6	1193.0	2387.5	2035.5	3171.0	5570.6	122.0	3307.8	781.6	3135.5	672.8	2052.8	4426.3
2012	113.8	161.8	3246.6	1274.1	2528.5	2070.5	3343.0	5761.5	122.4	3372.5	769.8	3289.1	659.3	2084.8	4511.4
2013	96.1	174.7	3365.0	1312.8	2773.0	2195.6	3551.0	6004.1	114.2	3423.0	734.0	3279.6	664.4	2116.1	4528.2
2014	63.9	176.0	3360.2	1330.8	2753.0	1753.9	3532.8	6242.2	112.5	3490.6	757.4	3415.8	667.0	2143.5	4596.6
2015	62.6	181.7	3363.8	1259.6	2827.0	2002.5	3647.0	6324.0	112.1	3561.3	752.2	3538.1	661.1	2148.7	4712.7
2016	52.8	200.4	3783.0	1380.3	3263.3	2315.6	4150.7	7416.1	111.8	3542.4	564.8	3961.8	477.3	2234.4	5332.3
2017	41.1	212.3	3829.2	1355.1	3254.5	2330.7	4154.0	7410.3	99.8	3610.8	580.1	4019.7	487.2	2221.7	5374.3
2018	34.1	209.7	3700.9	1380.4	3553.3	2192.4	3632.7	7506.8	103.7	3660.3	599.1	4007.3	498.6	2190.7	5319.5
2019	28.8	223.3	3739.2	1361.8	3652.5	2430.0	3877.9	7503.0	95.9	3706.2	592.1	4054.0	493.9	2157.5	5357.0
2020	30.5	228.2	3795.9	1424.3	3664.1	2338.8	3803.2	7540.8	91.4	3729.1	605.7	4019.2	502.3	2163.9	5446.8

续表

年份	河南	湖北	湖南	广东	广西	海南	重庆	四川	贵州	云南	西藏	陕西	甘肃	青海	宁夏	新疆
2010	5437.1	2315.8	2847.5	1316.5	1412.3	180.4	1156.1	3222.9	1112.3	1531.0	91.2	1164.9	958.3	102.0	356.5	1170.7
2011	5542.5	2388.5	2939.4	1361.0	1429.9	188.0	1126.9	3291.6	876.9	1673.6	93.7	1194.7	1014.6	103.4	359.0	1224.7
2012	5638.6	2441.8	3006.5	1396.3	1484.9	199.5	1138.5	3315.0	1079.5	1749.1	94.9	1245.1	1109.7	101.5	375.0	1273.0
2013	5713.7	2501.3	2925.7	1315.9	1521.8	190.9	1148.1	3387.1	1030.0	1824.0	96.2	1215.8	1138.9	102.4	373.4	1377.0
2014	5772.3	2584.2	3001.3	1357.3	1534.4	186.6	1144.5	3374.9	1138.5	1860.7	98.0	1197.8	1158.7	104.8	377.9	1414.5
2015	6067.1	2703.3	3002.9	1358.1	1524.8	184.0	1154.9	3442.8	1180.0	1876.4	100.6	1226.8	1171.1	102.7	372.6	1521.3
2016	6498.0	2796.4	3052.3	1204.2	1419.0	146.1	1078.2	3469.9	1264.3	1815.1	103.9	1264.0	1117.5	104.8	370.7	1552.3
2017	6524.2	2846.1	3073.6	1208.6	1370.5	138.1	1079.9	3488.9	1242.4	1843.4	106.5	1194.2	1105.9	102.5	370.1	1484.7
2018	6648.9	2839.5	3022.9	1193.5	1372.8	147.1	1079.3	3493.7	1059.7	1860.5	104.4	1226.0	1151.4	103.1	392.6	1504.2
2019	6695.4	2725.0	2974.8	1240.8	1332.0	145.0	1075.2	3498.5	1051.2	1870.0	103.9	1231.1	1162.6	105.5	373.2	1527.1
2020	6825.8	2727.4	3015.1	1267.6	1370.0	145.5	1081.4	3527.4	1057.6	1895.9	102.9	1274.8	1202.2	107.4	380.5	1583.4

提升了 0.25，并在 2019 年提高了 0.38。天津的耕地利用水平在 2010—2019 年基本保持稳定，略微有提升，其复种指数在 9 年间由 1.03 提升至 1.25，其中在 2010—2017 年基本保持不变，在 2018—2019 年增加了 0.24，提升幅度为 23.71%。山西的耕地利用水平在 2010—2019 年基本保持不变，复种指数由 0.93 降低为 0.91，降低幅度为 1.6%。内蒙古的耕地利用水平在 9 年间呈现波动的趋势，其复种指数在 2010—2017 年缓慢上升，由 0.76 上升至 0.97，提升幅度为 27.57%，而后在 2018—2019 年降低了 0.20，降幅为 20.51%。辽宁在 2010—2019 年的耕地利用水平变化幅度不大，其复种指数基本保持不变，9 年提高了 0.004，提升了 0.5%。吉林的耕地利用水平在 2010—2019 年略有提升，其复种指数由 0.74 提升至 0.81，上升幅度为 9.64%，其中在 2010—2017 年有缓慢提高，由 0.74 提升至 0.87，提升幅度为 17%。黑龙江的耕地利用水平在 9 年间有小幅度提升，其复种指数由 0.77 提升至 0.86，提升幅度为 12%。浙江的耕地水平在 2010—2019 年呈现波动上升的趋势，其复种指数在由 1.25 提高至 1.55，提升幅度为 23.70%。海南的耕地水平在 2010—2019 年呈现先减后增的趋势，复种指数在 2013—2017 年减少了 0.19，降低幅度为 16.49%，在 2018—2019 年增加了 0.56，增幅为 57.21%。贵州的耕地利用水平在 2010—2019 年逐渐提高，其复种指数由 1.07 提高至 1.57，提升幅度为 47.43%。云南在 2010—2019 年耕地利用水平波动上升的趋势，其复种指数在 2010—2014 年增加了 0.13，提升幅度为 12.35%，而后在 2015—2017 年减少了 0.07，在 2018—2019 年增加了 0.19。西藏的耕地利用水平在 2010—2019 年呈现缓慢提高的趋势，其复种指数由 0.54 提升至 0.61，提升幅度为 7.1%。陕西的耕地利用水平在 2010—2019 年略有提高，复种指数由 1.05 提高至 1.41，提升幅度为 35.96%，其中在 2018—2019 年提高了 0.39。甘肃的耕地利用水平在 2010—2019 年基本维持稳定，耕地复种指数由 0.74 降低为 0.73。青海在 2010—2019 年耕地利用水平基本保持稳定，复种指数由 0.93 提升至 0.98，提升幅度为 5%。宁夏的耕地利用水平在 2010—2019 年基本保持稳定，其复种指数由 2011—2016 年减少了 0.11，减少幅度为 11.49%，在 2017—2019 年增加了 0.096，增加幅度为 10.98%。新疆的耕地利用水平在 2010—2019 年呈现先提高后减少的趋势，其耕地复种指数在 2010—2016 年提高了 0.21，提升幅度为 22.17%，在 2017—2019 年减少了 0.26，减少幅度为 22.77%。

从我国各省份在 2010—2019 年的耕地利用情况可以看出，我国的大部分省份保持了较低的耕地利用水平，与上述各省份的主要非粮作物播种面积增加也呈现出了较高的一致性，在这两年大部分复种指数提高了，但是这也与我国近些年的耕地面积减少有关。由此可见，耕地利用水平的提高并非意味着粮食播种面积的提升，反而可能是由于蔬菜、瓜果、油料等经济作物播种面积的增加提高了耕地利用水平。为此，需要进一步分析我国 2010—2019 年的粮食产量情况，以探究耕地"非粮化"现象对我国粮食生产造成的实际影响。

3.2.3.2 我国粮食产量变化趋势分析

1. 我国粮食总产量变化趋势分析

为进一步分析 2010—2020 年我国的粮食产量变化情况，对 2010—2020 年我国的粮食产量进行梳理统计，如图 3.8 所示。

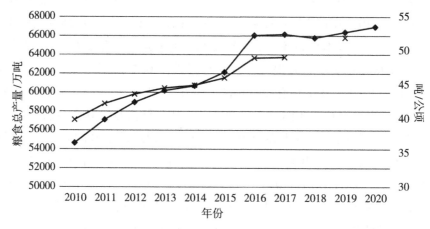

图 3.8 全国粮食总产量

从图 3.8 中可以看出，我国的粮食产量在总体上是呈现上升的趋势的，但是在一些年份有下降的趋势，具体来看可以分为四个阶段。第一阶段为 2010—2014 年，此阶段我国粮食产量稳步逐年上升，尤其是在前期上升幅度较大，在此期间我国粮食产量由 54647.8 万吨提高至 60702.6 万吨，总提高了 6054.8 万吨，提高幅度为 11.07%，年均提高 2.77%。第二阶段为 2014—2016 年，此阶段我国的粮食总产量的提高幅度大，粮食总产量由 60702.6 万吨提高至 66.043.7 万吨，提高了 5341.1 万吨，提高幅度为 8.80%，年均提高 4.40%。第三阶段为 2016—2018 年，这个阶段我国的粮食产量维持平稳的同时有略微下降的趋势，两年内减少了 254.6 万吨，减少幅度为 0.38%。第四阶段为 2018—2020 年，此阶段我国的粮食产量又开始呈现缓慢提升的趋势，两年内增加了 1160 万吨，提升幅度为 1.76%。将我国的 2010—2019 年粮食产量除以耕地总面积，得到 2010—2019 年单位耕地粮食产量，对其统计后绘制在图 3.8 中。当单位耕地粮食产量较低时，说明更多的耕地用来种植非粮作物，因此也可以大致估计 2009—2019 年我国的耕地"非粮化"程度。

由图 3.8 可以看出我国耕地单位面积粮食产量的变化趋势和粮食总产量的变化趋势基本保持一致，同时也可以分为四个阶段。第一阶段为 2010—2014 年，此阶段的耕地单位面积粮食产量呈现缓慢上升的趋势，产量由 39.89 公顷/吨提高至 44.94 公顷/吨，提升幅度为 12.65%，年均增加 3.16%。第二阶段为 2014—2016 年，此阶段耕地单位面积产量以较快的速度提高，由 44.94 公顷/吨提高至 48.94 公顷/吨，提升幅度为 8.91%。第三阶段为 2016—2017 年，这个阶段的耕地单位面积产量基本保持不变。第四阶段为 2017—2019 年，此阶段耕地面积粮食产量有略微提升，由 49.05 公顷/吨提升至 51.94 公顷/吨，提升幅度为 5.89%。

总体来看，我国在近十年粮食产量保持稳定上升的趋势，但是耕地面积在近些年呈现减少的趋势，并且将单位耕地粮食产量变化趋势与其进行对比分析后，发现单位耕地粮食产量上升的幅度更小，这也说明我国粮食产量的上升其实是由单位面积产量的提高造成的。

2. 各省粮食产量变化趋势分析

为进一步研究各省份粮食产量对我国粮食总产量变化的影响程度，对 2010—2020 年我国各个省份的粮食产量进行统计分析，如表 3-6 所示。

从表中可以看出，北京、上海、浙江、福建、广东、广西、海南、重庆、四川的粮食产量在 2010—2020 年呈现减少的趋势。其中北京是呈现持续下降的趋势，在 2010—2020 年北京市的粮食产量由 115.7 万吨下降至 30.5 万吨，降幅达 73.64%，年均减幅 7.36%。上海市的粮食产量在 2010—2020 年呈现缓慢下降的趋势，10 年间减少了 27 万吨，减少的幅度为 22.80%，年均降幅为 2.28%。浙江的粮食产量在 10 年间呈现波动下降的趋势，其间粮食产量共减少了 165 万吨，降幅为 21.41%，其中在 2010—2015 年变化幅度不大，在 2016 年一年内减少了 187.4 万吨，减幅达 24.91%，而在 2017—2020 年浙江的粮食产量开始缓慢提高，3 年内提高了 40.6 万吨。福建的粮食产量在 2010—2020 年降低了 159.6 万吨，降幅为 24.11%，其中在 2010—2015 年降低的幅度不大，在 2016 年降低了 183.8 万吨，降幅达 27.80%，在 2017—2020 年开始缓慢提高，三年内粮食产量提高了 25 万吨，提升幅度为 5.24%。广东的粮食产量在 2010—2020 年是呈现波动下降的趋势，10 年减少了 48.9 万吨，减幅为 3.71%，其中在 2010—2012 年，提高了 79.8 万吨，增幅为 6.06%，在 2013 年下降了 80.4 万吨，降幅为 5.76%，而在 2016 年产量降低了 153.9 万吨，降幅达 11.33%，在 2019—2020 年提高了 74.1 万吨。广西的粮食产量在 2010—2020 年是先增后减的，由 1412.3 万吨减少至 1370 万吨，减幅为 3%，在 2010—2014 年呈现缓慢上升的趋势，4 年增加了 122.1 万吨，增幅为 8.65%，而后在 2015—2019 年呈现持续下降的趋势，5 年内减少了 202.4 万吨，减幅达 14.33%。海南的粮食产量在 2010—2020 年呈现先升后降的趋势，十年减少了 34.9 万吨，减幅为 19.35%，其中在 2010—2012 年增加了 19.1 万吨，增幅为 10.59%，在 2013—2017 年持续下降了，减幅达 30.78%。重庆在 2010—2020 年其粮食产量减少了 74.7 万吨，减幅为 6.46%，总体上呈现下降的趋势，其中在 2016 年减少了 76.7 万吨，减少幅度为 6.64%，在 2017—2020 年基本保持平稳。贵州的粮食产量在 2010—2020 年减少了 54.7 万吨，减少幅度为 4.92%，其中在 2011 年和 2018 年有较大幅度的降低，共减少了 418.1 万吨，减幅达 47.68%，在 2014—2016 年产量持续提高，共增加了 234.3 万吨，增幅为 22.75%，同时在 2012 年提高了 202.6 万吨，增幅为 23.10%。

天津、河北、山西、内蒙古、辽宁、吉林、黑龙江、安徽、山东、河南、云南、青海、新疆、湖北的粮食产量在 2010—2020 年有较大幅度的提高。其中，天津的粮食产量在 2010—2020 年呈现逐年缓慢上升的趋势，10 年间增加了 68.5 万吨，增幅为

42.89%，年均增加 4.29%。河北作为粮食大省，在 10 年间粮食产量增加了 820 万吨，增幅为 27.55%，但是在个别年份出现减少的趋势，在 2018 年减少了 128.3 万吨，减少比例达 3.35%。山西的粮食产量在 2010—2020 年增加了 339.2 万吨，增幅达 31.26%，年均增加 3.13%，只有少数年份的粮食产量是减少的，其余年份呈现增加的趋势。内蒙古的耕地粮食产量在 2010—2020 年有巨大增幅，10 年内增加了 1505.9 万吨，增幅达 69.78%，年均增幅达 6.98%。辽宁的粮食产量在 2010—2020 年呈现波动上升的趋势，10 年间增加了 573.4 万吨，增幅达 32.48%，其中在 2010—2013 年增加了 430.2 万吨，增幅为 24.37%，在 2014 年出现较大减产，一年内减少了 441.7 万吨，减幅达 20.12%，在 2015—2017 年增加了 576.8 万吨，增幅达 32.67%。吉林在 2010—2020 年粮食产量呈现波动上升的趋势，10 年共增加了 960.7 万吨，增幅为 33.80%，其中在 2016 年出现最大增幅，一年内增加了 503.7 万吨，增幅达 13.81%；在 2018 年出现最大减幅，减少了 521.3 万吨，减少幅度为 12.55%。黑龙江作为粮食大省，其粮食产量在 10 年间保持稳定上升的趋势，其间共增加了 2528 万吨，增幅达 50.43%，年均增幅达 5.04%，其中在 2016 年出现最大增幅，仅一年内增加了 1092.1 万吨，增幅为 17.27%。安徽的粮食产量在 10 年增加了 938.7 万吨，增幅达 30.47%，其中在 2010—2017 年增加了 939.2 万吨，增幅达 30.48%，但是在 2018—2020 年增速减缓，并且出现负增长的趋势。山东、河南作为粮食产量大省，其粮食产量在 2010—2020 年期间保持稳定上升的趋势，其中山东的粮食产量增加了 1111.1 万吨，增幅达 25.63%，河南的粮食产量增加了 1388.7 万吨，增幅达 25.54%。云南、甘肃、新疆的粮食产量在 2010—2020 年呈现稳定上升的趋势，只在个别年份出现粮食减产，其中云南 10 年共增加了 364.9 万吨，增幅达 23.83%；甘肃的粮食产量在 10 年间增加了 243.9 万吨，增幅达 25.45%；新疆的粮食产量在 10 年间增加了 412.7 万吨，增幅达 35.25%，年均增幅达 3.53%。湖北的粮食产量在 2010—2020 年增加了 411.6 万吨，增幅达 17.77%，但是在 2018—2020 年减少了 118.7 万吨，减幅达 4.17%。

江西、湖南、四川、西藏、陕西、青海、宁夏的粮食产量在 2010—2020 年总体上呈现缓慢增加的趋势。江西的粮食产量在 10 年间呈现先增后减的趋势，增加了 209.2 万吨，增幅为 10.70%，其中在 2017—2019 年减少了 76.9 万吨，减幅达 3.44%。湖南的粮食产量在 2010—2020 年呈现波动上升的趋势，10 年共增加了 167.6 万吨，增幅为 5.89%，其中在 2018—2019 年减少了 98.8 万吨，减幅为 3.21%。四川的耕地粮食产量在 2010—2020 年呈现持续上升的趋势，10 年间增加了 304.5 万吨，增幅为 9.45%。西藏的粮食产量在 2010—2020 年呈现先增后减的趋势，总体上增大于减，10 年增加了 11.7 万吨，增幅为 12.83%，其中在 2010—2017 年共增加了 15.3 万吨，增幅为 16.78%，在 2018—2020 年减少了 3.6 万吨，减幅为 3.38%。陕西的粮食产量只在 2010—2020 年呈现波动上升的趋势，10 年增加了 109.9 万吨，增幅为 9.43%，其中在 2010—2012 年增加了 80.2 万吨，增幅为 6.88%，在 2017 年减少了 69.8 万吨，减幅达 5.52%。青海的粮食产量在 2010—2020 年呈现波动上升的趋势，10 年共增加了 5.4 万吨，增幅为 5.29%。宁夏的粮食产量在 2010—2020 年呈现波动增加的趋势，10 年共增加了 24 万吨，增幅为 6.73%，其中在 2010—2012 年增加了 18.5 万吨，增幅为 5.19%，在 2018 年增加了 22.5 万吨，增幅为 6.07%。

总体来看，2010—2020 年我国大部分省份的粮食产量在总量上是处于增加的，且在前期增加的幅度较大，但后期均呈现出增幅减缓或者下降的趋势，有三分之一的省份的粮食产量是下降的，这可能是由于生产技术、种子技术等方面的提高，使得单位耕地的产量提高了。

3.2.4 我国耕地"非粮化"时空演变趋势分析

1. 油料作物播种面积占比变化速率

为进一步探究 2010—2020 年我国耕地"非粮化"在空间上的特征与差异，对我国各省份在 2010—2020 年非粮作物总播种面积以及各主要非粮作物播种面积占农作物总播种面积比重的变化率进行计算，计算公式为：

$$v_{ij} = \frac{M_k \cdot M_{ij} - M_{ik} \cdot M_j}{M_{ik} \cdot M_j} \tag{3.1}$$

其中，v 表示变化率，M 表示播种面积，i 表示非粮作物种类，j 表示所求年份，k 表示当前年份；M_k 表示当前年份农作物总播种面积，M_{ij} 表示所求年份非粮作物播种面积，M_{ik} 表示当前年份非粮作物播种面积，M_j 表示所求年份农作物总播种面积，v_{ij} 表示非粮作物从所求年份到当前年份之间的变化率。将计算得出的数值进行梳理统计后，选取 2010—2015 年、2015—2020 年、2010—2020 年的变化率数值，运用 ArcGIS 软件将数值填充到中国行政区划图中，形成各非粮作物播种面积占农作物总播种面积的比值在一定时期的变化速率图，以表示一定时期内各非粮作物对耕地"非粮化"的作用程度变化。

3.2.4.1 各省份非粮作物总播种面积占比演变趋势分析

在 2010—2020 年非粮作物播种面积占比上升较快的省份主要集中在我国西南部一带，并沿东北方向逐渐递减。其中，云南、贵州、重庆、海南、宁夏、北京在 10 年内非粮农作物播种面积占比增长率均超过了 20%，分别为 20.17%、31.37%、22.28%、26.18%、30.28% 和 69.83%，北京市增长率最高，达到了 69.83%；其次，广西、广东、四川、西藏、陕西、新疆 10 年内非粮农作物播种面积占比增长率均超过 10%，分别为 12.40%、14.61%、10.64%、13.25%、13.73%、12.41%；其余城市 10 年内非粮农作物播种面积占比增长率低于 10%，其中天津、河北、山西、辽宁、吉林、黑龙江、上海、江苏、安徽、江西、山东、河南、湖北、青海在 10 年内的非粮农作物播种面积占比增长率呈现负增长的趋势。

分阶段看，在 2010—2015 年，非粮作物播种面积占比上升较快的省份集中在中西部地区，北京、内蒙古、海南、重庆、贵州、云南、陕西、宁夏有着较高的增长率，均超过了 10%，其中，北京市 5 年间的增长率达到了 34.76%，宁夏达到了 20.77%；其次，福建、江西、湖南、广东、广西、四川、西藏、甘肃、青海、新疆的非粮作物播种面积占比在 5 年间的增长率均大于 0；而天津、河北、山西、辽宁、吉林、黑龙江、上海、江苏、安徽、山东、河南、湖北呈现出了负的增长率。在2015—2020年，我国非粮作物播种面积占比增长率变化呈现出由西南部逐渐向东北部减少，其中北京市26.02%的增长率最高，黑龙江、河北、吉林等多数东北部省份则占比增长率出现负数，由此也可以看出，2015—2020年各省份非粮作物播种面积占比增长率变化明显低于2010—2015年增长率变化，说明非粮作物播种面积占比在近年来有增长减缓的趋势。

3.2.4.2　各省主要非粮作物播种面积占比演变趋势分析

1. 油料作物播种面积占比变化速率

2010—2020年我国油料作物的播种面积比重变化率增长较快的省份主要集中在中西部地区，四川、重庆、湖南、广西的油料作物播种面积占比增长率较大，分别为25.05%、30.43%、17.36%、31.24%，内蒙古、广东为正增长，而余下的河北、山西、黑龙江等省、自治区的油料作物播种面积占比变化率都出现了不同程度的负增长，这代表着这些省份油料作物播种面积占比的减少。

分阶段看，在2010—2015年我国油料作物播种面积占比的增长率和2010—2020年的变化趋势基本一致，都是由中部向西部和东部逐渐降低，仍然是四川、重庆、湖南、广西这几个省、直辖市的变化率最高。在2015—2020年，我国油料作物占比变化率由西南部向东北和西北方向降低，其中四川的最高，其增长率为20.02%，多数省份呈现负增长，这也可以看出我国在2010—2020年的油料作物播种面积占比的变化趋势主要影响是在2010—2015年。

2. 糖料作物播种面积占比变化速率

2010—2020年我国的糖料作物播种面积占比增长较大的省份主要集中在北部和东部沿海地区，内蒙古、辽宁、江苏的增长率均超过20%，分别为172.7%、29.56%、92.46%；除了广东省外，其余省份的变化率基本为负值，这也意味着这些省份的糖料作物播种面积占比是在下降的，其中以山西、吉林、黑龙江、上海的下降最为快速，分别达到了100%、71.70%、96.76%、100%。

分阶段看，2010—2015年我国糖料作物的播种面积占比增长率的变化趋势和2010—2020年基本保持一致，占比增长最快的省份集中在东北部地区，其中以内蒙古、辽宁、贵州、河北的增长速度最快，分别为20.98%、25.47%、57.97%、72.57%，而除了上述四个省份，其他省份的糖料作物播种面积占比基本上呈现负增长，其中以山西、吉林、黑龙江、上海、甘肃的糖料作物播种占比减少最快。在2015—2020年我国的糖料作物播种面积占比以内蒙古、吉林、黑龙江、江苏、甘肃的增长最快，分别为117.35%、69.27%、21.72%、120.08%、29.82%，而除了其他省份除了广东有小幅度的增长外，基本保持零增长或者负增长，尤其是以中西部的省份减少最快。

3. 蔬菜播种面积占比变化速率

2010—2020年我国的蔬菜播种面积占比变化呈现出由南到北逐渐减少的趋势，其中以贵州的增长率最大，达到了108.29%，其次是北京、云南、海南、广西、宁夏、浙江、重庆的增长率都超过了30%，而天津、河北、山西、内蒙古、辽宁、吉林、黑龙江、安徽、山东、河南、青海、新疆的蔬菜播种面积占比都是呈现负增长，其蔬菜播种面积占比在这 10 年间持续下降。

分阶段看，在 2010—2015 年我国蔬菜播种面积占比增长率较大的地区主要集中在我国的西南部以及中东部地区，从南向北逐渐降低，黑龙江的蔬菜播种面积占比增长率在 2010—2015 年达到了 31.46%，除了天津、内蒙古、新疆这几个省、直辖市外，其他省份的蔬菜播种面积的占比是呈正增长的，尤其是云南、贵州的增长率更是达到了 33.99% 和 33.46%。在 2015—2020 年，我国的蔬菜播种面积占比的变化趋势与 2010—2020 年的保持高度一致，也是从西南到其他方向逐渐减少，其中以贵州增长率最高为 56.07%，其次是北京、广西、云南、浙江、江西、福建、重庆、宁夏的增长率都超过了 10%，分别为 19.23%、26.35%、25.30%、21.34%、11.61%、12.88%、11.87% 和 12.61%。而像天津、河北、山西、内蒙古等省、自治区的蔬菜播种面积占比呈现下降的负增长的趋势。

4. 瓜果播种面积占比变化速率

2010—2020 年我国的瓜果播种面积占比增长速度最快的为西南地区，以西藏和海南的增长率最高，分别为 76.55%、52.30%，其次像云南、广西、江西、浙江、江苏等地的瓜果播种面积占比也是比较高均超过了 10%，而黑龙江、山西、内蒙古、吉林、上海、安徽、福建等偏北方一点的省份其瓜果播种面积占比在 10 年间呈现负增长的趋势，且下降的幅度较大。

分阶段看，2010—2015 年我国瓜果播种面积占比的增长率较高的地方还是集中在南方和东部沿海地区，其中青海的增长率最高，达到了 128.53%，而像北京、山西、辽宁、江苏、安徽、广西、贵州、陕西的增长率都超过了 10%，其中北京、辽宁、广西、陕西的增长率更是超过了 20%。在 2015—2020 年，我国的瓜果播种面积占比的变化趋势与在 2010—2020 年基本保持一致，都是从西南到东北逐渐降低，其中西藏的增长率更是达到了 207.16%，甘肃、海南、重庆的增长率也是超过了 30%，分别为 50.98%、38.67%、32.77%，而像东北部的省份如山西、内蒙古、辽宁、吉林、黑龙江、安徽等的瓜果播种面积占比呈现下降的趋势。

5. 青饲料播种面积占比变化速率

青饲料是指可以用作饲料的植物新鲜茎叶，青饲料是家畜的良好饲料。我国种植青饲料较多的主要是北方地区，尤其是在内蒙古、河北、江西、黑龙江、湖南、四川、贵州、云南、甘肃、新疆等地的种植面积较大。2010—2020 年我国的青饲料播种面积占比变化率较高的主要集中在山东和辽宁以及中部、西南部等地，其中以山东和辽宁的增长率最高，达到了 685.76%、466.01%，其次是北京、天津、吉林、湖北、宁夏、新疆的增长率均超过了 100%，分别为 269.28%、150.44%、159.38%、100%、130.24%、216.27%，除此之外黑龙江、上海、江苏、浙江、安徽、重庆、四川等地的青饲料播种面积占比是呈现负增长的，其占比在下降。

分阶段看，2010—2015 年我国的青饲料播种面积占比增长较快的主要集中在西部、东部地区，中部地区的省份呈现负增长的趋势。其中辽宁的青饲料播种面积占比增长最快，达到了 329.29%，其次湖北、安徽、山东、广西、西藏、新疆、宁夏的增长率均超 过 了 30%，分 别 为 100%、30.98%、69.46%、44.99%、32.63%、36.04%、63.23%，中西部地区的省份呈现负增长趋势，尤其是以黑龙江、浙江、河南、上海等省、直辖市的减少，最快分别达到 61.87%、100%、57.85%、39.48%。在 2015—2020 年我国的青饲料播种面积占比的变化趋势和 2010—2020 年的保持高度一致，这也说明在 2015—2020 年青饲料的播种面积变化较大，其中北京、天津、吉林、浙江、山东的增长率均超过了 100%，河北、山西、黑龙江、上海、河南、宁夏、新疆的增长率均超过了 50%，而像安徽、福建、湖北、湖南、广东、重庆、四川等省份，其青饲料的播种面积是呈现负增长的，表明其播种面积占比是下降的。

3.2.4.3 各省非粮耕比演变趋势分析

最后，为从总体上衡量我国各省份的"非粮化"变化趋势，选取 2010—2019 年为研究对象，引入各省非粮农作物播种面积与对应各省份的耕地面积之比（简记为非粮耕比），计算其各年的增长率，计算公式为：

$$I = \frac{M_i}{M_k} \tag{3.2}$$

其中，I 表示某省非粮耕比，M_i 表示某省的非粮农作物总播种面积，M_k 表示某省的耕地面积。

在 2010—2019 年，我国非粮耕比增长率由西南部向东北部逐渐递减，并划分为三大区域。以贵州为代表的西南部地区增长率最高，其中贵州的非粮耕比增长率在 9 年内达到 97.08%，浙江、广东、广西、海南、重庆、四川、云南、陕西、西藏的非粮耕比的增长率均超过了 20%；以湖南、江西为代表的东南和西北部地区增长率屈居其次，呈现逐渐增加的趋势；以黑龙江、吉林、天津为代表的东北部地区以及少数东部沿海地区如上海市，其 9 年间增长率为负值，表明其单位耕地播种的非粮农作物逐渐减少。

分阶段看，在 2010—2015 年，我国的非粮耕比的变化趋势和 2010—2019 年的保持高度相似性，表明在 2010—2015 年的非粮耕比变化更大，影响更深。从图中可以看出，增长最快的区域有西南部的贵州、云南和西北部的新疆、内蒙古地区，其中以贵州的增长最快，达到了 32.07%，而黑龙江、吉林等地继续保持负增长。在 2015—2019 年，我国非粮耕比增长率趋势与 2010—2019 年趋势较大的差别，非粮耕比增长速度由西南部向北部逐渐减少，其中以贵州、海南、广西、浙江的非粮耕比的增长最快，这也表明近年来西南地区单位耕地播种非粮农作物的比例在不断上升。

本章小结

本章一方面是对我国耕地"非粮化"的情况进行梳理，首先介绍我国耕地资源基本情况，其次对我国耕地"非粮化"的概况、表现形式和立法现状做了一定的阐述；另一方面对我国粮食生产情况与耕地"非粮化"的时空演变趋势进行了系统分析。首先，对本文的研究地区、研究方法、数据来源进行了简单介绍。其次，基于收集和计算的统计数据，对 2010—2020 年我国各省份农作物总播种面积变化，油料、糖料、瓜果、蔬菜、棉花、青饲料总播种面积以及各省播种面积变化，稻谷、小麦、玉米总播种面积以及各省份播种面积变化，总耕地面积与复种指数变化，各省耕地面积与复种指数变化，粮食总产量与各省粮食产量变化，粮食总生产效率与各省粮食生产效率变化进行了全面分析，通过对各项指标变化趋势的解读呈现我国耕地"非粮化"的大致演变趋势。最后，运用 ArcGIS 空间分析软件，以各主要非粮作物播种面积占比的变化率作为耕地"非粮化"趋势的判断依据，对 2010—2019 年我国各省耕地"非粮化"的时空演变趋势进行了进一步研究分析。

第四章 农村耕地"非粮化"对我国粮食安全的影响及成因分析

农村耕地是人类赖以生存的基础性资源要素,是保障粮食安全和生态稳定的重要基石。相较 20 世纪,21 世纪的今天全球粮食需求扩大近 1 倍,这对全球粮食生产结构、粮食产量以及粮食安全构成了巨大的挑战,确保国家粮食安全稳定与农业可持续发展至关重要。当前,国际局势动荡不安、地缘政治风险扩大,不稳定因素骤增,尤其是俄乌冲突爆发后,引起全球粮食安全问题,导致全球粮食供给紧张。反观国内,随着我国经济迅猛发展、城市扩张迅速,城市建设占用耕地趋势不可逆转,城市经济社会发展对于农村耕地的挤占越来越严重,种粮比较效益的逐渐降低,农村剩余劳动力逐渐转移,耕地"非粮化"成为保障国家粮食安全不利因素之一,国家粮食安全正在面临严峻的外部环境与内部耕地"非粮化"发展趋势的双重考验。农村耕地"非粮化"是当前突出且日趋严重的土地管理问题,对保障国家粮食安全具有非常不利的影响。我国是农业大国,更是人口大国,耕地资源的相对匮乏,要想将中国人的饭碗牢牢端在自己手中,保障粮食安全任务压力大、责任更为深远。通过分析全国农村耕地的基本情况以及"非粮化"演变趋势,不难发现,当前我国农村耕地"非粮化"逐步呈现扩大趋势,且"非粮化"重心逐渐向东南沿海区域转移,要采取有力举措坚决遏制耕地"非粮化"扩张趋势。当下,我国粮食种植面积逐渐逼近 18 亿亩耕地红线,尤其是在严守粮食安全的时代背景下,治理耕地"非粮化"问题,遏制耕地"非粮化"发展趋势迫在眉睫。应对耕地"非粮化"重点在于平衡政治制度与经济效益,而二者互为影响,由此产生的矛盾更为尖锐且农村耕地"非粮化"对保障粮食安全能够产生多重影响。近年来,围绕耕地"非粮化"议题的有关研究主要集中在空间趋势演变、治理策略,以及农户耕地"非粮化"原因的探究,对耕地"非粮化"对粮食安全的影响探究还有所缺乏,对此本研究依据上述相关数据分析结果,聚焦耕地"非粮化"对粮食安全的影响,以期为后续研究提供经验借鉴。

4.1 农村耕地"非粮化"对粮食安全的影响

4.1.1 粮食种植面积减少、粮食年度产量受损

耕地资源是农业农村可持续发展、实现现代化发展的重要基础,更是保证国家粮食

安全的基石。近年来，伴随我国推进城镇化进程，新增建设用地、生态退耕、农业结构调整等因素，耕地及粮食面积不断缩减，加之生态环境恶化及污染加剧，导致耕地质量不断下降，耕地面积持续减少。耕地面积不断缩小，粮食安全的保障基础受到威胁。为了满足国民经济发展和人民需求的日益增长，在一个较长的时间里，耕地的数量和质量都应该呈现持续提升，实现耕地的数量上和质量上的动态平衡，才能够牢牢稳定我国粮食安全。但是，现实情况并不乐观。根据资料显示，中国现在约有 18 亿亩的耕地，其中，人均只有 1.28 亩，比世界平均值的 40% 还低。同时，存在大量的耕地被撂荒或是土地流转至"非粮化"，进而导致粮食种植面积不断减少，使耕地保护的压力持续增加。农业是我国国民经济发展的基础，也是人类的衣食生命之源，是我国人民生存之本。作为轻工业的重要原材料，农产品是人民生活中的必需品，农业高速发展能为其他领域发展提供劳动力。农业发展规模和水平，直接关乎城乡人民生活质量，会间接影响物价的稳定性和社会秩序，在全面建成小康社会的计划中，起到至关重要的作用。

近年来，受耕地"非粮化"影响，2010—2020 年我国北京、山西、上海、浙江、福建等 16 个省、自治区、直辖市的粮食作物播种面积是呈现下降趋势的，而像天津市、河北、江苏、安徽、江西等 11 个省、自治区、直辖市的粮食作物播种面积虽然在早些年份呈现上升的趋势，但是在 2017—2020 年这些省份的粮食作物播种面积却是减少的，只有少数几个省份的粮食作物播种面积呈现上升趋势。由此可见，人口数量增加所产生的粮食需求并未导致粮食作物播种面积的持续增加，反而在一定程度上出现了耕地"非粮化"的现象。然而，由于农业科技水平的不断提高，单位播种面积粮食产量的增加也可能使得我国没必要保持较高的粮食播种面积就能满足人口的粮食需求。

我国耕地单位面积粮食产量的变化趋势和粮食总产量的变化趋势基本保持一致，同时也可以分为四个阶段。第一阶段为 2010—2014 年，此阶段的耕地单位面积粮食产量呈现缓慢上升的趋势，产量由 39.89 公顷/吨提高至 44.94 公顷/吨，提升幅度为 12.65%，年均增加 3.16%。第二阶段为 2014—2016 年，此阶段耕地单位面积产量以较快的速度提高，由 44.94 公顷/吨提高至 48.94 公顷/吨，提升幅度为 8.91%。第三阶段为 2016—2017 年，这个阶段的耕地单位面积产量基本保持不变。第四阶段为 2017—2019 年，此阶段耕地面积粮食产量有略微提升，由 49.05 公顷/吨提升至 51.94 公顷/吨，提升幅度为 5.89%。

最后，通过对我国近十年粮食产量的变化趋势进行分析来看，我国在近 10 年粮食产量保持稳定上升的趋势，但是耕地面积在近年呈现减少的趋势，并且将单位耕地粮食产量变化趋势与其进行对比分析后，发现单位耕地粮食产量上升趋势的幅度更小，这也说明我国粮食产量的上升其实是由单位面积产量的提高造成的，但实际上，我国的耕地面积与粮食安全逐渐逼近红线，国家粮食安全受到了一定的威胁。

4.1.2 粮食产业链受冲击、粮食企业经营不稳

耕地"非粮化"趋势的扩大，不仅会对粮食种植面积以及产量造成影响，还会扰乱粮食市场秩序，对粮食产业链造成冲击，进而影响粮食市场的良性循环。此外，国际

贸易形势、全球粮食供应和需求情况、天气变化等因素也会对国内粮食市场产生重要影响。为了应对国内粮食安全的挑战，我国采取了一系列措施。首先，加大农业科技投入，提高粮食产量和质量。通过推广优质种子、科学施肥、病虫害防治等措施，提高农作物的产量和品质，以满足日益增长的人民对粮食的需求。其次，加强农田水利建设，提高灌溉效率和抗旱能力。合理规划农田水利工程，改善灌溉设施，提高用水效率，确保农田得到充分的灌溉和保证作物正常生长所需的水源。再次，完善粮食收储制度和调节政策。通过建立健全的粮食收购和储备体系，并根据市场需求进行调节，稳定粮食供应并保障价格稳定。此外，还可以适时调整关税政策，在必要时限制进口以保护国内农民的利益。最后，加强国际合作，稳定粮食供应。与其他国家和地区加强粮食贸易合作，确保我国粮食市场的稳定供应。

总体来说，我国是农业生产和粮食进口大国，在保障国内粮食安全方面取得了一定成就。然而，仍然面临着高库存、高进口成本和供需不匹配等问题。因此，需要继续加大科技投入，提高农业生产效率；加强政策调控，优化供需格局；推动农业现代化，提高农产品附加值；积极参与国际合作，确保粮食市场的稳定供应。只有通过多方努力，才能够实现我国粮食安全的可持续发展。在国内粮食市场化氛围明显的情况下，国有粮食企业面临的生存压力加大，政策性业务收入将明显下降；国有粮食企业应转变思维，围绕粮食产业链从服务上做文章，立足为种粮大户、家庭农场等新型生产主体提供烘干、整理、仓储等服务，与其建立利益共同体；粮食交易商应该进一步增强对市场的敏感性，增强对政策的关注，提高对粮食市场的研判能力，通过提质、降低成本，在粮食流通环节实现增效。

我国耕地"非粮化"还对农机销售企业的经营造成了一定影响。通过对一些农业公司进行调查发现，城区超过70%的农资经营部表示，自2014年起水稻种子销售量在5年内呈现逐年减少趋势，农业生产资料公司批发部2014年水稻等种子销售量能达到550吨左右，但2019年种子销售量则下降到460吨左右；超过68%的农机机械化合作社表示，目前合作社生产经营举步维艰，以前从早稻播种到收割除去各种费用利润能够维持在30%左右，但目前仅能维持9%的利润，导致很多农机机械化合作社不得不转型做其他产业。可以看出，我国耕地"非粮化"趋势的扩大会对粮食企业的生产、加工、销售造成困难，进而使粮食市场长期处于不活跃的状态，粮食作物价格持续低迷，最终造成粮食产业链的恶性循环。

另外，耕地"非粮化"还需考虑粮食双重属性——功能价值——其战略性功能与经济性价值。一方面，遏制耕地"非粮化"过度，是站在新冠疫情全球蔓延和农产品贸易格局转变的大背景下，确保粮食安全的战略选择——"一定要将饭碗牢牢地捧到自己的手里"。这句话关系到国民生活基本保障底线。另一方面，与经济作物相比，粮食作物并没有过高的产业附加值，但对劳动力的密集要求较高，可拉动就业人口十分有限。这势必制约其行业多元化的发展和盈利空间的扩大，自然不会有相当大的竞争优势。因此，遏制耕地"非粮化"不可避免地会造成农业经济效益降低，从而给农民收益增长带来负面影响，耕地"非粮化"管理实践中如何确保粮食安全和经济效益协同发展是耕地"非粮化"管理最主要和最明显的矛盾。当前，种粮不利于农民增收可能已成为毋庸置疑的现实，并成为制约耕地"非粮化"在基层治理中的最大阻碍因素。治理耕地"非粮化"必须考虑到增加农民收入这一实际情况，不使种粮的农民蒙受损失，有利于增加农民收入，应成为控制耕地"非粮化"和确保粮食安全的基础。

通过对以上我国粮食产业以及加工销售企业的数据分析，总结得出，我国耕地"非粮化"趋势的扩大会对粮食企业的生产、加工、销售造成困难，进而使粮食市场长期处于不活跃的状态；与此同时，粮食作物价格持续低迷，最终形成了"种粮没有收益，种粮积极性不高"的恶性循环，导致整个粮食产业链的恶性循环。

4.1.3 耕地种植结构失衡，粮食供给存在隐患

当前我国粮食生产形势总体向好，但结构性矛盾突出。随着我国农业现代化和农民收入的提高，对粮食的需求将继续增加。在此背景下，为了实现农业增效、农民增收，保障国家粮食安全，就必须创新机制，加快转变粮食生产模式，推进粮食生产的规模化、集约化。近年来我国粮食供求结构发生了重大变化。一方面，小麦等口粮品种种植面积减少；另一方面，玉米、大豆等非口粮品种种植面积增加。这就导致粮食生产在供给和需求上发生了结构性变化。这种变化对保障我国粮食安全和经济社会发展提出了新的挑战。

一方面，从粮食品种结构来看，稻谷和小麦等口粮产量有绝对保障，库存充足。但优质强筋小麦、玉米和大豆生产不充分，供需关系紧张。尽管稻谷产量超过需求，但仓储稻谷仍需要消化；小麦产需均衡有余，而专用优质小麦却供应不足，年需引进数百万吨；玉米产需长期收紧，要维持自给率90%以上还需做出艰苦的努力；当前大豆对外依存度在80%以上，产需缺口仍在进一步拉大。另一方面，在粮食种植的区域结构上，粮食产销区域失衡的矛盾更加激化。粮食主产省13个中粮食净调出省降至6个；产销平衡省11个中有9个省份粮食自给率由2003年的平均97%降至目前的58%；七个主销区省粮食平均自给率已由21世纪初的61%迅速下降到现在的24%。粮食主产区增产压力不断加大，但也给粮食流通与储备带来新需求。另外，就粮食品质及质量而言，我国粮食生产中一直存在着量和质的矛盾问题。尽管通过增加复种指数，采用高产品种和大量施用化肥农药来提高单产，但是也导致粮食品质质量不高，给生态环境安全带来隐患。从整体上看，我国粮食品种繁多，但是优质、专用、绿色产品比较匮乏，初加工产品多，精深加工产品少，不能适应消费升级多样化的需要。另外，伴随中国城镇化发展与老龄化进程的加快，粮食消费需求出现了健康化与多样化新态势。居民口粮需求减少，同时肉蛋奶和水产品消费的增加会拉动饲料用粮需求的上升。与此同时，人们对富硒、富锌、富钙的健康型粮食新品系需求量不断增加。各地区间在同一时间内对种植结构进行调整是不合理的。对于粮食结构矛盾突出的现状，应该综合考虑资源、环境、经济综合效益的种植结构后调整种植结构。

4.1.4 耕地质量不断下降，粮食产量难以维持

除耕地面积以外，耕地质量的高低也会对地区粮食产量产生重要影响。而耕地

"非粮化"不仅会对粮食市场产生影响，也会对耕地质量以及农村生态环境造成破坏，进而对粮食安全造成威胁。

1. 耕地"非粮化"对土壤酸碱度产生的影响

通过调查研究发现，受耕地"非粮化"影响，粮食种植面积不断减少，为保证粮食作物有较高的产量，部分地区对粮食作物的化肥、农药用量不断增加以满足民众的粮食需求。但从长远来看，过量使用化肥、农药会对耕地土壤造成污染，对耕地粮食的产量和品质造成影响。此外，农民过量使用化肥也会降低土壤的酸碱度，对耕地质量产生危害。近年来，我国一些区域的农民大量施用酸性肥料，导致土壤酸化程度加剧，对粮食作物的生长产生直接影响，导致粮食产量的下降。

2. 耕地的"非粮化"现象对耕作层的形成和发展产生了深远的影响

对于种植经济作物的农民而言，将耕地转化为林果类种植，长期的种植活动将导致耕作层的厚度增加。若不妥善管理，土体构型可能会遭受破坏，进而导致土壤有机质含量下降、表层土壤酸化板结等不良现象，从而对耕地质量产生不良影响。因此在农业生产中必须采取综合措施保护耕地。把水放进去在将水稻种植转化为旱作类经济作物的过程中，不可避免地需要对原有的耕地进行深度挖掘，这将导致土地结构难以在短时间内恢复，同时也会增加其引导性出现了严重的土地破坏现象，包括但不限于土地塌陷。由于其卓越的吸水能力，将粮食种植转化为种植桉树等速生林木的耕地，或许会在长期的种植过程中得以实现土地的贫瘠化和劣化，容易导致固体侵入物和有害杂草的侵入，从而对耕地的质量产生负面影响。为了保护农田生态，必须采取各种有效措施进行改良。若将耕地不用于粮食种植，转而采用挖塘种养的方式，则可能破坏耕作层和犁底层，导致土壤环境和农业面源污染加剧，进而引发梯田田埂、堤坡垮塌等严重问题，从而对耕地质量产生不良影响。

3. 耕地"非粮化"给农村生态环境带来了影响

在我国目前农业发展过程中，种植业结构不合理等原因导致了大量土地资源被占用。对于一些周边拥有丰沛水资源的乡村地区而言，扩大经济作物的种植规模所带来的影响耕地的"非粮化"现象会对地表水资源的水质产生负面影响，从而导致水资源遭受污染的威胁；同时，"非粮化"还可能导致土地退化。因此，必须加强对我国耕地的保护。耕地"非粮化"为水环境带来了负面影响随着工业化和城市化进程的加快，大量农村劳动力向城市转移。此外，耕地的"非粮化"现象也会波及地下区域。在水资源环境的影响下，蔬菜、水果等经济作物所需的水分消耗量较高，因此，大规模种植这些经济作物可能会导致过度抽取地下水引起水位的下降，从而对周围的生态环境产生了不良影响。由于水资源短缺和污染问题越来越严重，人们开始重视地下水资源的保护工作。此外，过度施用化肥还会对土壤的质地和成分产生负面影响。土壤的硝化反应和反硝化反应以及它们的生成和扩散速率会受到水量和通透性等因素的变化的影响，从而进一步影响它们的生成和排放，这是一个复杂的过程对乡村的大气生态系统造成了破坏。

据 2021 年 8 月发布的第三次全国国土调查资料显示，我国各类土地总面积 120.20 亿亩，耕地面积 19.18 亿亩，占全部土地面积的多数 15.96%，人均耕地面积只有 1.36

亩，还不到美国人均耕地面积的一半，人地矛盾十分突出。从 1978 年开始，我国农业生产中不断改善耕地的化肥施用量，经过快速增量期，从 2007 年开始维持在 5000 万吨或更高的水平。过量施用与不合理使用化肥造成土壤养分不平衡，使得我国农业生产受到了严峻挑战。化肥的大量使用给耕地资源酸化问题带来了严重的影响，因板结和地力下降而使化肥使用效率下降，化肥投入产出率（也就是粮食产量与化肥投入量之比）一度由 34.48% 降至 9.87%，但随后又稳定在 10%~13%。据最新发布的《全国耕地质量等级情况公报》规定，耕地按质量等级分为十级，全国耕地列为平均等级耕地总面积，基础地力较好的 1~3 级优质耕地占 6.32 亿亩，占据了 31.24% 的比例，耕地面积在四至六等级之间，总计达到 9.47 亿亩该地区的耕地总面积中，占据 46.81% 的比例；七至十等耕地因其相对较差的耕地基础和突出的生产障碍因素，占据了整个耕地面积的 21.95%。从地域分布的角度来看，一至五等级具有相对较高的优越性。东北区、长江中下游区、西南区和黄淮海区是优质耕地的主要聚集区域，而华南区、内蒙古及长城沿线区、黄土高原区、甘新区则是其余地区的主要分布区域。中低等耕地是青藏区及其他广阔国土区域的主要耕地类型，而该区域的平均耕地等级不足五等。

在全国的耕地面积中，旱地所占比例高达 50.3%，远远超过水田（占比 24.6%）和水浇地（占比 25.1%），这表明旱地在生产经营条件方面具有巨大的潜力。在我国的农业发展战略中，以提高土地生产力为核心目标的旱作节水灌溉技术是实现这一战略目标的重要举措。2020 年灌溉耕地面积 10.37 亿亩中，灌溉耕地面积实际占 8.75 亿亩，占耕地面积 45.64%。从另一个角度，我国农户耕地经营中普遍存在着规模偏小的情况，10 亩以下的农户比例最高，为 73.30%；未管理耕地农户与管理 10~30 亩的农户各约占 10%，管理 30 亩以上的农户中大型耕地数的比例小于 5%。由于耕地经营的细碎化，规模化经营难以形成粮食生产的比较优势，导致成本居高不下且效益不佳，从而限制了农户将耕地作为种植作物的可能性粮食的生产热情。可以观察到，耕地"非粮化"现象会以直接或间接的方式，对土地的耕作层、酸碱度以及地下水资源造成一定程度的破坏，最终导致土地资源的丧失，影响粮食生产的可持续发展。

4.2 农村耕地"非粮化"的成因分析

4.2.1 气候生态持续变化、部分耕地续种困难

近年来，气候变化以及生态环境的恶化，使得部分地区的气候已经发生变化，土壤环境受到严重影响，耕地减少，耕种困难加重，以致农作物减产，影响农民的收入。同时，大气污染、水污染也在加剧，使得农业生产带来的环境污染越来越严重，影响着人们的健康。另外，自然灾害也频繁发生，对农业及农民生计造成巨大影响，给农民造成极大的经济损失。在本节中，我们将深入探讨气候生态持续变化以及部分耕地续种困难的成因，并详细阐述这些因素如何影响农地的使用和农民的生计。

4.2.1.1 气候变化和生态环境的恶化

气候变化是当前全球范围内的一个突出问题，对农村地区的影响尤为显著。首先，气温升高、降水不均等现象已经导致了我国某些地区的气候发生了明显变化。这些变化包括更高的气温、更频繁的极端天气事件（如干旱和洪水），以及降水模式的改变，这些都影响了农业生产的季节性和可行性。与气候相关的生态环境问题也在不断加剧。土壤质量下降、土壤侵蚀、土壤盐碱化等现象日益严重，这些问题不仅限制了农作物的生长，还威胁到土地的长期可持续利用。此外，森林砍伐和湿地的开发等人类活动导致生态系统遭受破坏，影响了农村地区的生态平衡。

4.2.1.2 土壤环境变差，粮食产量降低

气候变化和生态环境的恶化使得部分地区的土地质量受到了巨大威胁，土壤侵蚀、沙漠化等问题导致耕地面积减少。此外，干旱和水资源短缺也使得农民难以继续种植粮食作物，特别是在缺乏灌溉设施的地区。这些因素共同导致了农地的续种困难，限制了农业生产的规模和质量。

随着耕地"非粮化"，种植业结构的广泛调整，经济作物种植面积扩大，经济作物化肥施用量比粮食作物高 61.50%。在此背景下，伴随经济作物面积扩大，农业生产化肥投入量相应加大，尤其当耕地产出整体较低时，多数农民为增加土地效益产出势必选择较多化肥投入。与此同时，在人民生活水平不断提高、对生态环境质量的要求逐步提高的情况下，化肥的过量施用也会成为一个不容忽视的难题。化肥的大量使用会使土壤 pH 值继续下降，盐化酸化程度增加，影响田间土壤稳定性，含水量下降，物理性质下降，造成土壤肥力与生产力持续下降，甚至土地板结，称为"施肥多了，地就耕得不好"。此外，在农作物的生长后期，肥料的利用率会因为作物本身的生理原因而减少，最终造成产量的减少。研究认为，如果一些经济作物树木、蔬菜面积增加，会造成区域氮过剩，进而影响生态系统氮循环过程。另外，不适当或超量施用化肥造成的农田养分失衡、肥料利用率降低等对农作物的生长亦有负面影响。这些损失严重的化肥在造成资源浪费的同时，更严重地还会造成大面积农业面源污染。受经济作物短成熟期特点影响，一些地区年平均施肥次数始终处于较高状态，使得农业污染源长期处于高强度投入状态。若耕地"非粮化"程度过高，这种负面效应将会扩大，尤其是在没有长期科学合理施肥引导的条件下"非粮化"对耕地生态环境，营养质量及土壤理化性质都会造成很大影响，不利于"藏粮于地""藏粮于技"目标的实现。

4.2.1.3 水生态环境被破坏

《第一次全国污染源普查报告》数据显示，中国的农业面源污染在各大污染源中排列第一，已成为影响中国水环境质量安全的重大影响因素，而在农业面源污染中，种植业的贡献最为显著，其产生的 TN 与 TP 已经分别高达污染物排放总量的 1/3 和 1/4，农药与化肥中未被作物吸收的 N、P 等化学元素富集在土壤中通过地表径流、地下洗浴等

途径进入附近河流，最后汇入湖泊，给湖泊水质带来严重危害，造成水资源污染，地表水富营养化等。近年来，随着农业生产强度的不断提高，农业环境污染已对一些湖泊的水生态环境造成了不同程度的影响，尤其是经济作物种植所带来的负面效应使得水环境的污染负荷率不断增高。

除农业污染外，耕地"非粮化"对地下水资源环境也会产生一定影响，一些经济作物如蔬菜、水果等其本身耗水量就较高，这些作物的大面积种植造成的高强度农业用水会造成过量抽取地下水的现象发生，导致地下水水位的下降，除此之外，桉树在广东、广西与海南、云南的种植范围也较广，至 2005 年云南省桉树种植的面积已达23.60 万 hm²，由于桉树具有生长快，种类多，适应性强，用途广，经济效益高，适于酸性土壤种植的特点，近年来许多农户将部分耕地尤其是山区耕地改为种植桉树林，研究显示成熟的桉树林在水源涵养、水土保持、气候调节上发挥的作用，不比其他树种逊色，但在其成长过程中，对水分的要求非常大，而且还会抽取周围水源，极易形成霸王木，长时间后会对水源与周围生态造成严重影响，因此，对一些缺水的地区而言，耕地大面积的桉树种植就很可能会导致周围的地下水位下降，耕地生态环境退化，资源环境承载力变低等问题发生。

4.2.1.4 大气环境受到破环

农业源温室气体（GHG）作为世界温室气体排放的重要组成部分，其排放量占世界人为活动温室气体总排放量的30%。其在气候变暖过程中的作用不容忽视，据统计，世界温室气体中大约有1/5是由农业排放产生的，到2050年农业有可能是最主要的排放源，由此可见，降低农业源温室气体的排放量对于减缓全球气候变暖起着十分关键的作用。在全球气候变化问题不断加剧的背景下，世界各国对农业温室气体减排的重视程度不断提高。中国是农业大国，农业温室气体在全年温室气体排放中所占比重颇为显著，而农业温室气体排放却随时间推移而攀升。所以如何减少农业温室气体排放已成为目前的研究热点之一。世界银行及世界粮农组织报告称，中国温室气体排放量从2000年到2014年间不断上升，特别是农业领域温室气体排放量上升16.10%。很显然，农业源温室气体排放已成为目前气候变化问题关注的焦点。农业温室气体的产生主要与农业种植养殖、农田土壤、农化品碳排放、农业废弃物、土地利用变化等因素相关，化肥、农药等农化产品的施用以及其中碳排放在中国农业源温室气体中所占比例较高，种植业 N_2O、CO_2排放由 1993 年的 51.85 万吨、15626.98 万吨个别增加至 2011 年的 65.5 万吨、31258.1 万吨个别，且增长十分显著，化肥贡献率最高，化肥 N_2O、CO_2 排放贡献率分别达到 25.3 万吨、18731.83 万吨。另外我国农业废弃物是造成温室气体的主要来源。目前农业种植过多地投入化肥，农药等生产资料，加之耕地生产管理方式不规范，造成 N_2O、CO_2 气体排放增多。中国为了维持粮食产量稳步增长，在化肥、农药等农田物资上加大投入力度，尤其是在全国种植业结构不进行新调整的情况下，蔬菜，果树等经济作物种植面积持续扩大，造成农业温室气体 N_2O、CO_2 排放持续攀高，进而造成温室气体排放增加。

4.2.1.5　自然灾害的频繁发生

气候变化也增加了自然灾害的频率和强度，如干旱、洪水、风暴等。这些灾害不仅对农业生产造成直接损失，还可能损害农民的住房、基础设施和财产，导致经济上的巨大损失。自然灾害的不可预测性和突发性使农民难以有效地应对和减轻损失。

总之，气候生态持续变化、部分耕地续种困难等因素相互交织，对农村耕地的"非粮化"现象产生了深远的影响。为确保国家粮食安全，需要综合考虑这些因素，并制定相应的治理策略，以保护农村耕地的可持续性和农民的生计。

4.2.2　农田水利设施老化、部分耕地缺少灌溉

4.2.2.1　农田水利设施落后

我国农业生产的核心依赖于农田水利设施，尤其是灌溉农业。然而，当前农田水利建设面临着严重的滞后性，主要表现在设施老化失修和配套不齐全的问题，这是农村耕地"非粮化"现象产生的重要原因之一。

首先是农田水利设施老化失修，我国现有的灌溉排水设施大多建设于 20 世纪 50—70 年代，这些设施的老化和失修问题已经显著。其主要原因之一是管护经费的紧缺，长期以来维修养护经费不足，导致这些设施的工程坏损率较高。根据统计数据，大型灌区骨干建筑物坏损率甚至接近 40%，而这些设施的老化和损坏直接影响了灌溉的效益。每年，由于水利设施的老化失修，我国的有效灌溉面积每年减少约 300 万亩，这无疑对粮食生产造成了直接的负面影响。

其次是配套不齐全、标准低，另一个问题是农田水利设施的配套不齐全和标准较低。尤其是大型灌区的田间工程配套率只有约 50%，这导致了许多农田无法获得足够的水源供应。在一些低洼易涝地区，排涝标准远远不足，使得部分农地容易受到涝害。实际上，目前有约 1/3 的农田被归类为中低产田，而旱涝保收田仅占现有耕地面积的 23%。这意味着我国缺乏足够的灌溉规模，导致了农业生产的水资源短缺问题。

最后是水资源短缺导致非粮化趋势，农田水利设施的落后直接影响了农业的稳定发展，特别是在应对旱涝灾害方面。近年来，我国每年平均发生 5.1 亿亩的旱涝灾害，占耕地面积的 28% 左右。这意味着农田水利设施的不足使得农业更加脆弱，无法有效应对气象灾害的挑战。此外，全球气候变化的不确定性也增加了大面积、较长时期连续旱涝灾害的概率，进一步加大了农业生产的风险。由于农田水利设施的老化和不足，种植粮食作物的水源供给不足，迫使农户选择种植水需求较少的经济作物，这是农村耕地"非粮化"趋势的一个明显表现。因此，改善农田水利设施，加强维护和提高配套标准，成为维护国家粮食安全和农村耕地的可持续管理的紧迫任务之一。

4.2.2.2　水利基础设施薄弱

我国历来非常重视水利建设，尤其是在新中国成立以来，水利基础设施得到了明显

的改善。然而，与交通、电力、通信等其他基础设施相比，水利发展相对滞后，存在明显的短板。在农村耕地"非粮化"问题的成因分析中，水利基础设施薄弱与否，决定着农田灌溉供水能力和农业生产水平。主要存在以下五个方面的问题：

1. 中小河流防洪标准低

我国的防洪工程体系中存在许多突出的薄弱环节。尤其是中小河流防洪标准偏低，近万处中小河流无法获得有效的控制，大多数只能抵御 3~5 年一遇的洪水，有些甚至没有相应的防护措施，无法满足国家 10~20 年一遇的防洪标准。这种情况导致了农村地区频繁发生洪涝灾害，农田被淹没，作物受损，影响了粮食生产的连续性和可靠性。

2. 小型水库病险率高

我国的小型水库数量众多，但它们的病险率相对较高，特别是小（二）型水库。据统计，病险水库数量高达 4.1 万座。这些水库的管理和维护存在问题，工程质量不一致，安全隐患较多。这对于提供可靠的灌溉水源和洪水控制构成了挑战，农民难以依赖这些水库来支持粮食生产。

3. 山洪灾害防御能力较弱

全国范围内，山洪灾害的防御能力相对较弱。虽然有 97 万平方千米左右的山洪灾害重点防治区，覆盖了 1.3 亿人口，但绝大部分的灾害隐患点尚未配备监测预警设施或管理措施。这使得山洪灾害时常造成农田和农村地区的重大损失，对粮食生产和耕地的可持续性造成了威胁。

4. 蓄滞洪区建设滞后

蓄滞洪区的建设相对滞后，尤其是在一些大江大河蓄滞洪区。这些地区生活着大量人口，但围堤标准普遍偏低，缺乏足够的进退洪工程和避洪安全设施，这意味着在洪水来临时难以实现及时、有效的洪水控制。这对于保障农田的安全和耕地的可持续使用构成了一项紧迫的挑战。

5. 水资源配置问题

我国的水资源配置工程体系相对不够强大，存在区域间的不均衡。尤其是西南地区的水资源开发利用率仅为 11.2%，水资源不均衡导致了工程性缺水现象严重。一些地区的粮食种植所需的水资源不足，使得农业生产受到了限制，从而推动了非粮化问题的出现。

综上所述，水利基础设施的薄弱性是导致农村耕地"非粮化"问题的重要原因之一。改善水利基础设施，提高防洪和灌溉能力，加强水资源配置工程体系的建设，都是确保国家粮食安全和农村耕地可持续利用的关键步骤。

4.2.2.3 水利发展体制不健全

水利发展体制在农村耕地"非粮化"问题上也扮演着重要的角色。目前，我国水利可持续发展面临着许多体制机制上的障碍，主要体现在水利投入机制和水资源管理上。

1. 水利投入机制稳定增长的缺失

首先，我国水利投入机制尚未建立起稳定增长的体制。治水任务重、投资需求大，但由于缺乏稳定增长的投入机制，我国水利长期处于较大规模的投资缺口状态。水利在公共财政支出中所占比例相对较低，波动性较大。从 1998 年开始，中央预算内固定资产投资中水利投资平均每年为 367 亿元，但占比从 14% 到 24% 不等。另外，水利项目具有较强的公益性，但同时缺乏金融政策的扶持，融资能力较弱，社会投入有限。农村义务工、劳动积累工政策废除后，广大农村人民的投工投劳急剧减少，而新型投入机制尚未建立，这给农田水利建设带来了巨大的挑战。

2. 水资源管理制度体系不完善

其次，水资源管理制度体系在适应水资源紧缺形势方面还不够完善。我国当前的水资源管理制度体系尚不能有效应对水资源的紧缺问题。流域管理、城乡水资源统一管理体制尚不够完善，导致水资源的合理分配和调控困难。水资源保护与水污染防治工作之间的协调机制不够顺畅，这可能导致水资源的浪费和污染问题。此外，水资源管理责任机制和考核制度尚未建立，水资源开发、利用、节约和保护工作难以得到有效监督和落实。

3. 水工项目良性运行机制不健全

另外，水工项目的良性运行机制还不够健全。虽然自 2002 年以来，国有大中型水利工程管理体制改革取得了显著成效，良性运行机制已初步确立。然而，部分地区，特别是中西部地区的公益性水利工程经营单位的基本开支和维修养护经费仍无法足额落实，许多农村集体所有的小型水利工程缺乏管理人员，管护经费不足，工程运行和维护存在问题。这限制了水利工程的良性运行和工程效益的充分发挥。

综合而言，水利发展体制的不健全在决定农村耕地"非粮化"问题上也起着关键作用。改善水利投入机制，加强水资源管理制度体系的完善，以及进一步健全水工项目的良性运行机制，都是确保国家粮食安全和农村耕地可持续管理的关键举措。

4.2.3 政府制造政绩工程、改变耕地种植结构

政府在农村耕地"非粮化"问题中发挥着重要作用，其政策环境和决策对农业生产和粮食安全有着深远的影响。这一部分将探讨政府在农村耕地"非粮化"问题中的角色，以及政策环境对农民的种植决策产生的影响。

1. 政府粮食政策的缺陷

我国的粮食政策在促进粮食生产方面存在一定程度的缺陷。虽然确保粮食安全一直是政府的首要任务，但有时政策可能不够有利于农民的增收和粮食生产。政府的种植决策调整和管制可能对农民的种植决策产生负面影响。因此，需要审慎评估和调整政策，以确保它们不仅有助于粮食安全，还有助于农民的经济状况改善。

2. 政策对农业主体的影响

农业生产主体的种植决策往往受到政府出台的多种政策和规定的影响。政府的政策可以通过调整、管制和激励来引导农民的农业种植行为。在这方面，稳定粮食生产的保障在于完善的粮食保护政策。例如，政府可以通过粮食价格支持、最低收购价和储备政

策来保障农民的粮食收益，激发他们提高种粮的积极性。同时，种粮补贴等政策措施也有助于减轻资金对种粮主体的限制，从而创造出更加友好的政策环境，进一步激发生产者提高种粮的积极性。

3. 农业种植结构和非粮化趋势

政府的政策不仅影响农民的种粮决策，还可以改变作物结构。如果政府忽视对粮食种植的重视或不合理引导农民的作物结构，可能导致农业生产受阻。政府的政策环境对农村耕地"非粮化"趋势有着直接的影响。当政府政策对粮食生产缺乏关注或者不合理引导农民种植其他农产品时，农民可能会减少粮食种植，导致耕地"非粮化"问题的出现。

农业种植的成功与否，在很大程度上受到政策环境的制约和影响。我国现行粮食政策在促进粮食生产方面存在着一定程度的缺陷，不利于农民增收与粮食安全。农业生产主体的种植决策受到政府出台的多种政策和规定的调整管制和激励引导。稳定粮食生产的保障在于完善的粮食保护政策，而种粮补贴等措施则有助于减轻资金对种粮主体的限制，从而创造出种粮友好型的政策环境，进而激发生产者提高种粮的积极性；若忽视对粮食种植的重视或不合理引导作物结构，则可能导致生产受阻。由于主体对粮食种植的疏忽，导致出现了一种"非粮化"的趋势。

"非粮化"行为不仅影响了农户的收入增长与粮食安全保障，而且造成农村社会资源浪费。国务院办公厅发布的《防止耕地"非粮化"稳定粮食生产的意见》和国务院发布的《国务院关于建立粮食生产功能区和重要农产品生产保护区的指导意见》（以下简称《"两区"意见》）是"非粮化"整治政策的主要依据，但缺乏基于央地互动、充分对接地方农地经营状况、省际面积任务动态调整而形成的具体政策体系，导致在实践中对农民经营自主权的尊重不足、考虑不周。

中央与省级政府在推进农村土地流转过程中要发挥各自优势，避免行政权力过度集中。为了实现农业政策的绩效，必须将其与各地的农业种植实践相结合，以确保政策的有效性。加强农业生产社会化服务主体的支持，是健全农业生产服务体系的关键所在。在保障农户利益基础上，政府可以通过补贴方式引导各类新型农业社会化服务组织发展，为不同类型农户提供针对性强的专业化服务。目前，农业生产社会化服务的主体普遍面临着盈利微薄、难以为继的困境，这是因为社会化服务具有综合性、市场性和公益性的双重特征。农业生产社会化服务主体需要具备一定的实力与规模才能获得发展。通常情况下，农机服务市场上的主体为了保留盈利空间，会形成供需失衡的局面，通过错峰资源的利用来实现经济效益。然而，当市场或价格波动较大时，服务需求方可能会蜂拥挤兑供给方，导致供给超负荷，从而引发产业风险。在此背景下，政府应发挥引导作用，鼓励社会资本进入农业领域开展农业生产社会化服务。通过建立农机、仓库、烘干等服务资源的冗余储备，农业生产社会化服务主体实现了供给侧的强化，从而维护了市场秩序的稳定，并有效预防了产业风险。社会化服务主体作为一种新型服务主体，在农药废弃物回收和农技推广方面为政府提供协助和管理，从而协助基层政府维护区域生产秩序的稳定。目前我国还没有明确对该主体进行财政扶持和税收优惠。由于农业生产社会化服务主体的公益性质，其盈利能力受到了抑制，因此政府需要采取更多的政策措施来支持其发展。

各层级政府相关部门对问题的重视程度会产生不同强度的政治势能，进而影响其出台相关政策并执行的效率，也会对下一层级重视程度的提高以及政策执行效果的提升产生影响。一方面，在土地流转过程中，地方政府的监管不够严格，导致一些地方干部对耕地的"非粮化"认识不足。为了促进地区经济的发展和推动地方特色农业的发展，鼓励农民改种高收益的非粮作物或特色农作物，地方政府需要加强监管。因此，在一定程度上造成了部分地方出现了大量闲置、抛荒和撂荒的现象。另一方面，我国于2002年颁布的《中华人民共和国农村土地承包法》规定，承包方有权自主组织生产经营，但必须确保土地的农业用途得以维持。在这种情况下，如果承包方将其拥有的农地全部用于非农建设而没有其他用途时，土地所有权人就会失去对该农地的使用权。在保持土地农业用途不变的前提下，任何承包农户在其所承包的土地上从事农业生产的行为均符合法律规定。这导致许多农户不愿放弃原有的耕地和从事其他非农活动。因此，在符合法律规定的前提下，农民或农业企业倾向于选择种植适宜的非粮经济作物，以追求短期更高的经济收益。这也导致近年来我国农地流转市场迅速发展，大量的农地转入非农部门，使原本稀缺的耕地资源出现了严重浪费的现象。土地流转的流向是政府所关注的核心议题，由于缺乏有效的监管手段，导致出现耕地"非粮化"现象。因此，应采取完善土地市场和加大执法力度等措施来控制"非粮化"用地规模，同时加强对耕地"非粮化"利用的管理与监督。

在我国的大部分地区，对于耕地"非粮化"防治的重视程度以及政策制定的效率亟待提升。在耕地"非粮化"防治的政策出台后，从地方政府政策目标实现的视角出发，其政策执行的关注点更多在于预期内耕地数量是否达到目标要求，往往对后续耕地质量的保护缺乏监督，从而造成耕地变林地、耕地撂荒等现象的出现。而从提高农民种粮意愿的视角来讲，虽然地方政府采取严格的管控措施或通过补贴政策等方式提高农户的种粮积极性，但其成本高、收效慢，仅靠政府管控的单一途径也不是耕地"非粮化"治理的长久之策。为此，需要进一步完善耕地"趋粮化"的政策引导和约束机制，提高农民的种粮意愿。一般来讲，问题防治类的政策文件中包含了总体要求、具体目标、主要措施等内容，对各项工作的具体开展起到提纲挈领的作用。可以看出，对于农村耕地"非粮化"的防治，部分地区地方政府存在政策制定效率低下、重视程度不足等问题。由于错过了最佳的耕地"非粮化"防治时机，导致该地区的耕地"非粮化"趋势进一步扩大，最终对我国的粮食生产安全产生了不良影响。

综上所述，政府在农村耕地"非粮化"问题中扮演着关键角色，其政策环境和政策调整对农民的种植决策和农业生产有着深刻的影响。为确保国家粮食安全和农村耕地的可持续管理，政府需要审慎制定和调整政策，以促进粮食生产和农民的增收，同时关注农业种植结构的合理性，以防止"非粮化"趋势的进一步发展。

4.2.4　社会资本无序下乡、引导耕地"非粮化"

在农村耕地"非粮化"问题的背景下，社会资本的进入和引导作用对于农地的管理和利用产生了深远的影响。这一部分将探讨社会资本无序下乡和其在引导耕地"非粮化"中的作用，以及对农民、地方政府和粮食安全所带来的影响。

1. 社会资本引导耕地"非粮化"的背景

社会资本的无序下乡和引导耕地"非粮化"的现象源自多重因素。首先，根据委托代理理论，中央政府虽然向地方政府传达了保护耕地的政策期望，但在招商引资的过程中，地方政府往往需要在国家政策目标与土地经济利益之间进行权衡。这可能导致地方政府在一定程度上放宽对流转耕地"非粮化"的管控力度，以吸引投资和增加地方政府的财政收入。因此，一些地方政府可能默许部分承包经营主体种植经济作物，从而推动了农地"非粮化"的趋势。

2. 工商资本的介入

工商资本在资本下乡过程中也发挥了重要作用，但在一些情况下可能违反相关产业发展规划。在流转获得的耕地上，部分工商资本大规模种植非粮作物，以谋求更高的利润。然而，这种行为不仅损害了农民的利益，还对粮食安全产生了负面影响。工商资本的参与会引起农地流转租金的上升，导致农户的种粮收益下降，进而加速了耕地"非粮化"的扩大趋势。

3. 对农户的影响

对于普通农户来说，工商资本的介入可能导致土地租赁费用的增加，劳动力和技术成本的上升，以及金融借贷的增加。这些因素使得农业生产的效率相对较低，不如非农业生产那样能够快速增值资本。因此，一些农户可能更倾向于将土地流转给工商资本，而不再自行进行粮食种植。这也加速了农地"非粮化"的发展。

4. 农业规模化与工商资本

随着城市化进程的推进，城市工商业发展迅速，而农业相对滞后。当城市工商资本进入农村时，他们更倾向于选择那些能够快速增值资本的产业。由于农业生产的效率相对较低，工商资本在土地流转时往往选择流向规模较小的农户，而不是规模化经营程度高的大农业。这导致了农业经营主体由农户向工商业转变，加剧了耕地"非粮化"的趋势。

在耕地流转的现实情景中，地方政府对农地流转流程的管控不够，缺少有力的监管手段，加上当地干部对耕地"非粮化"的认识不足，为推动地方经济发展鼓励农民大量种植收益较高的经济作物，从而导致了耕地"非粮化"的不断发展。由于相关法律有待完善，对流转农地的种植要求存在灰色地带，例如我国的《中华人民共和国农村土地承包法》规定，农地流转的承包方拥有自主生产经营的权利，这就意味着承包方在获得土地后可以随意选择种植粮食作物或经济作物，这也促使了耕地"非粮化"现象的频繁发生。

综上所述，社会资本的无序下乡和引导耕地"非粮化"现象是多因素综合作用的结果。这些现象对农民、地方政府和粮食安全都产生了复杂的影响，需要政府和相关部门采取措施来引导社会资本的合理投资，以确保农村耕地的可持续管理和国家粮食安全。同时，需要完善相关法律法规，强化对流转农地的监管，促使社会资本在农地利用中充分考虑粮食生产和农民的利益。

4.2.5　粮食种植收益偏低、农民种粮动力不足

在深入分析农村耕地"非粮化"的成因时，不可忽视的一个关键因素是粮食种植收益偏低，以及由此导致的农民种粮动力不足问题。本节将详细讨论这两个问题，它们在农地利用和粮食生产中扮演的重要角色。

1. 粮食种植收益偏低

粮食种植收益偏低是导致耕地"非粮化"的核心问题之一。在中国，粮食价格长期受到政府干预和管制，以保障粮食供应和农民收入。然而，由于多种因素的综合作用，包括生产成本上升、劳动力成本增加、土地资源有限等，粮食生产的经济效益相对较低。这使得许多农民逐渐减少了粮食种植面积，转而选择种植经济作物或从事非农业活动，以追求更高的收益。粮食生产的低效益还表现在技术水平相对滞后。一些地区的农业技术仍然停留在传统的种植方式和管理方法上，缺乏现代化的农业生产技术和管理经验。这导致了粮食产量的不稳定和品质的参差不齐，进一步降低了农民的种粮动力。

2. 农民种粮动力不足

农民种粮动力不足是另一个导致耕地"非粮化"的重要因素。一方面，随着城市化进程的推进，农村劳动力逐渐流失到城市，导致农村劳动力相对不足。农民可能更愿意从事非农业活动，以寻求更好的收入和生活条件，而不是投入农业生产。这降低了农田的管理和农业生产的积极性。另一方面，农村青年对农业的兴趣逐渐减弱，他们更倾向于追求城市生活和工作机会，而不是留在农村从事农业生产。这导致了年龄结构的不均衡，农村劳动力中老年人口占比较高，缺乏年轻的农民从事粮食生产。

3. 政策导向与解决方案

为解决粮食种植收益偏低和农民种粮动力不足的问题，政府可以采取多种措施。首先，政府可以适度提高粮食价格，确保农民有足够的经济激励来种植粮食。同时，鼓励农民采用现代化的农业技术和管理方法，提高粮食生产的效益。其次，政府可以推动农村劳动力培训和技能提升，提高农民在农业生产中的竞争力。此外，鼓励农村青年回归农村从事农业生产，可以通过提供农村就业机会、改善农村基础设施和公共服务等方式来吸引他们。最后，政府还应加强农村粮食生产的科技支持和农业保险体系建设，以降低农业生产的风险，提高农民对粮食生产的信心和动力。

在解决粮食种植收益偏低和农民种粮动力不足的问题时，政府、农业部门和社会各界应积极合作，共同努力，以确保国家粮食安全和农村可持续发展。

耕地"非粮化"现象的根源在于种粮经济效益的不尽如人意。近年来，由于国家不断加大粮食主产区支持力度，使得粮食生产性补贴在农业生产中发挥着越来越重要的作用。随着生产资料和劳动力价格的不断攀升，包括种子、农药、化肥、薄膜与机械等，农户种植粮食作物的成本不断攀升，而粮食收购价格相对较低，再加上农户小规模分散经营，导致种粮收益减少，甚至出现了种植的情况粮食损失的状况。相反，非粮作物的种植虽然成本较高，但其收益同样可观，特别是林业作物的种植，无须耗费大量劳

动力进行维护，同时还能为外出务工带来额外收入。

根据公共选择理论以及农户行为理论的观点，农户作为传统的理性"经济人"，会依据基本的"成本-收益"来进行作物种植的选择。农民为追求利润的最大化，会选择种植收益较好的经济作物，表现出"非粮化"的行为倾向，从而导致粮食种植面积的减少。此外，由于从事农业种植的农民多为个体种植模式，自身的抗风险能力较为薄弱，难以进行大规模的粮食种植活动；而小规模的种粮收益难以弥补高额的粮食种植成本，故选择收益较高的农作物进行种植是其适应农业市场的理性选择。尽管国家规定了在耕地上生产的粮食的收购价格，但相较同质化商品，该价格仍显得偏低。我国农民种粮收入主要靠出售粮食获得现金收入，其直接来源就是购买种子。由于粮食生产过程所需的种子、化肥、农药、农机具、劳动力和技术等多方面的投入，加上成本投入远高于补贴价格，再加上农业生产本身的天然属性，因此导致了这种情况的发生。由于其易受自然灾害和极端天气的影响，其脆弱性使得一旦发生病害、歉收或亏损，所造成的损失将更加巨大。因此，对农民而言，提高农作物产量是其最大的希望。此外，随着时间的推移，粮食与其他经济作物之间的利润差距不断扩大，经济作物较高的终端销售价格在流通、加工、销售等环节均可获得更高的利润，而粮食作物终端的低价则会导致这一环节的收益被稀释。

因此，在粮食减产、农民增收困难之际，农户往往将目光转向了经济作物。在经济逻辑的视角下，明智的农户倾向于放弃粮食生产，而将目光投向经济作物的种植。为分析种植粮食作物与经济作物的收益差异，将2009—2019年我国三种主要粮食作物在全国的成本利润率进行统计分析，如图4.1所示。从图中可以看出，三种主要粮食作物的成本利润率在2009—2019年均呈现出大幅下降趋势。其中，大豆的成本.利润率在2010—2016年呈持续下降趋势，从2014年开始其成本利润率变为负值，在2019年的成本利润率为-28.28%；玉米的成本利润率在2010—2016年也呈持续下降趋势，其成本利润率在2015年变为负值，虽然在2016—2019年有所上升，但在2019年的成本利润率仍为-12.01%；稻谷的成本利润率虽然在2014年有所上升，但总体呈持续下降趋势，在2019年的成本利润率仅为1.65%。

而将甘蔗、蔬菜（以甜菜为代表）、水果（以苹果为代表）三种经济作物2009—2019年在全国的平均成本收益率进行统计分析，如图4.2所示。从图中可以看出，虽然三种经济作物的成本收益率总体呈下降趋势，但其成本收益率基本为正值，高于三种粮食作物的成本收益率。其中，苹果的成本收益率虽然在2010—2016年呈现大幅下降趋势，但其在2016年的成本收益率仍达16.64%；甜菜的成本收益率在2011—2019年呈先减后增趋势，但在最低2016年成本收益率也达到4.9%；甘蔗的成本收益率虽然在2014年为负值，但在2015—2018年有较大幅度的提升，在2018年其成本收益率更是达到了53.29%。从实际收益情况可以看出，种植经济作物的成本收益率远高于种植粮食作物，并且在没有农业保险、粮食补贴支持的情况下，种粮的成本收益率大多为负值，降低了农民的种粮积极性。因此，种粮比较收益偏低是造成我国耕地"非粮化"的根本因素。

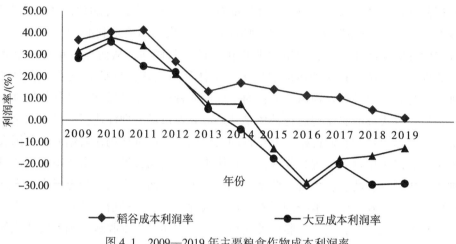

图 4.1 2009—2019 年主要粮食作物成本利润率

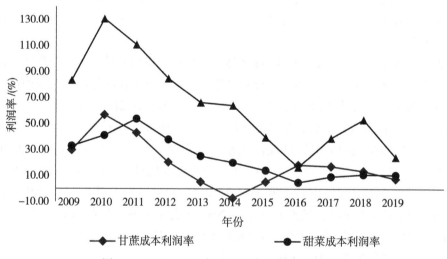

图 4.2 2009—2019 年主要粮食作物成本利润率

此外,农村劳动力的严重流失也是导致农村耕地"非粮化"的原因之一。以广西为例,数据显示 2019 年广西第二产业占比为 33.3%,第三产业占比达到 50.7%,第二、第三产业的总占比高达 84%,农业产值仅占 16%。广西第二、第三产业的快速发展,会吸引农村青壮年劳动力外出务工,加剧了农村劳动力的流失,使得农村从事粮食生产的群体主要为中老年人和妇女,出现粮食生产的"老龄化"。2019 年上本年广西农村外出务工人数达到 933 万人,比 2018 年同期增加 4.7 万人,增幅为 0.5%。农村青壮年劳动力的流失,一方面会导致耕地撂荒现象的频繁发生,使粮食种植面积出现减少;另一方面,家中的中老年人和妇女由于体能的限制,其种植的粮食作物仅能满足自身家庭需要,剩余耕地则种植易于管理且收益较高的经济作物,最终,导致了农村耕地"非粮化"趋势的扩大。

4.2.6 农村人口呈老龄化、耕地种植结构改变

农村人口呈老龄化和耕地种植结构的改变是导致农村耕地"非粮化"的两个紧密关联的因素，它们互相影响并对农村耕地利用产生深远的影响。

4.2.6.1 农村人口呈老龄化

中国农村地区的老龄化现象愈发显著，这主要表现在以下几个方面：①人口结构失衡。农村人口中老年人口占比逐渐上升，而年轻劳动力的比例下降。这种失衡使得农村社会的生产劳动力相对不足，特别是在粮食生产领域。②农村青年外出务工。许多农村青年选择外出务工，寻求更好的收入和生活条件。这导致了农村劳动力的流失，农村劳动力供给不足，影响了农田的管理和粮食种植。③老年人口不适于重体力劳动。老年人口中的大多数人不适合从事农业生产中的重体力劳动，如耕种和收割。这使得农田管理和粮食生产变得更加困难。

根据 2012 年国家统计局发布的全国人口普查数据，我国总人口中，年龄达到 65 岁及以上的人口数量为 12714 万人，占比高达 9.39%。当一个社会中 65 岁以上的人口所占比例达到 7% 时，这个社会已经进入了人口老龄化的阶段，符合国际通行的标准。而到 2000 年，我国 65 岁以上的人口已达到 7.13%，这表明我国已进入人口老龄化社会，老龄化状况越来越严重，导致农村劳动力老龄化加剧，影响农业生产的蓬勃发展。随着经济和社会的快速发展，人口老龄化趋势越来越明显，对传统农业生产方式提出了巨大挑战。根据国际劳工组织的规定，年满 45 岁及以上的劳动力被归类为老年劳动力，当老年劳动力所占比例超过 15% 时，这意味着劳动力呈现出明显的老龄化趋势。在我国目前经济条件下，人口结构变化将导致人口老龄化速度加快。根据第二次农业普查数据公报所述，截至 2010 年末，我国农业劳动力中年龄超过 51 岁的比例为 32.5%，而年龄为 41~50 岁的比例则为 23.1%，这一比例已经超过了国际标准的 15%。在农村地区，老年劳动力的文化水平普遍较低，大多数人仅具备小学程度的文化素养，甚至有一部分人缺乏文化修养，这种情况直接导致了老年劳动力的文化水平下降。由于缺乏对科学知识的深入了解，他们只能在有限的土地上进行简单的耕种，无法进行合理的经济性作物规划和种植，因此他们的收入相对较低。同时由于我国幅员辽阔，各地自然状况差异较大，农业生产水平参差不齐，农民的收入水平差距较大。尽管农村人口的生活条件得到了显著改善，但由于社会保障体系的不健全，农村老龄劳动力的健康状况和医疗服务状况仍然堪忧。

4.2.6.2 耕地种植结构改变

随着农村人口老龄化，农地的种植结构也发生了重大变化：

(1) 粮食种植减少。受老龄化农村人口的影响，粮食作物的种植面积逐渐减少。老年农民更倾向于选择种植经济作物或果树，因为这些作物通常需要较少的劳动力，适

合老年人从事。

（2）农田管理不足。由于老年农民的体力和精力有限，农田管理的质量和效率降低。这导致了农民种植的积极性下降，也影响了粮食产量。

（3）农业现代化滞后。老年农民可能不太愿意采用现代农业技术和管理方法，因为他们可能对这些技术缺乏了解或难以适应。这使得农村地区的农业现代化进程相对滞后。

由于我国是一个以农业为主的国家，粮食生产主要依靠家庭承包经营制度来实现。由于缺乏足够的劳动力，导致了粮食生产向非农业领域转移的现象。由于农村人口老龄化程度加剧，大量农民外出务工，导致农村富余劳力增多，形成了"民工潮"。近年来，我国出现了"民工荒"的问题。随着时间的推移，"民工潮"持续升温，农业适龄劳动力不断向城市迁移，但农业劳动力却面临着严重的短缺问题。由于我国人多地少，耕地面积有限，所以每年都要从国外大量进口粮食。随着农村劳动力老龄化趋势的加剧，农民的劳动能力逐渐减弱，导致他们在农业生产中所投入的时间和精力逐渐减少。此外，在农忙期间，需要依靠机械或雇工来进行播种和收割，这进一步增加了粮食生产的成本，直接降低了粮食的收益。此外，由于土地流转市场不健全，农民种田积极性不高，导致粮食产量下降，甚至出现大面积抛荒情况。因此，普遍采用的经营模式是广泛种植，但收获量较少，经营方式较为粗放。除了土地经营方式的粗放化，土地的荒芜现象也是一种常见的现象。由于农民外出打工，很多老人和妇女都留在家里种田，留下了许多孩子和老人。为了维护后代的生计，再加上自身劳动力的减少，那些在农村留守的老年人通常只会选择那些生产条件较为优越或距离较近的土地进行耕种，而那些距离较远的坡地和旱地则会被闲置。这样不仅使这些土地长期荒芜，而且还造成了严重的水土流失和生态环境恶化。在那些农业机械化程度相对较低、土地分布相对分散的丘陵地区或山区，广泛存在着大量的土地荒芜现象。随着我国经济发展进入新常态，农业面临的形势更加严峻。水田中存在撂荒现象，除了被遗弃的旱地外，这些水田中有一些自然条件优越，但由于适龄劳动力大多外出务工，缺乏适当的劳动力，导致粮食种植面积减少，粮食产量也相应减少。

4.2.6.3 政策导向与解决方案

为解决农村人口老龄化和耕地种植结构改变的问题，政府和农业部门可以采取以下措施：

（1）鼓励年轻人返乡从事农业。政府可以提供财政和政策支持，鼓励年轻人回到农村从事农业生产。这可以通过提供农村创业支持、农村人才培训等方式来实现。

（2）推动农业现代化。政府可以加大对农村地区的农业现代化投资，提高农村农业的科技含量，减轻农民的劳动强度，提高农田管理和生产效率。

（3）提供老年农民的社会保障。政府可以建立老年农民的社会保障体系，为他们提供养老金、医疗保障等福利，以减轻他们的经济负担，使他们更愿意从事农业生产。

（4）优化土地资源配置。政府可以优化土地资源配置，鼓励农民种植粮食作物，确保粮食生产的稳定和可持续。

随着工业化、市场化和城市化的迅猛推进和深刻影响，农村中的绝大多数青壮年，那些拥有体力和精力从事农业生产的人，都倾向于前往城市从事非农领域的职业。所以在这种情况下，农民的收入和生活质量都会受到很大影响。一方面，由于进城从事非农化职业所带来的收益高于粮食生产，另一方面，由于这一代农村青壮年已经经历了思维意识的转变和文化程度的影响，他们不再愿意在农村从事农业生产。因此，那些真正选择在乡村生活的人随着年龄的增长，老龄化人口日益增多，然而他们的体力和精力都受到了限制，即使他们还保持着种植习惯并愿意生产，也只能依靠自给自足的方式，因此产出相对较低。这就是我国现阶段农村人口老龄化程度高、农业发展后劲不足等问题存在的主要原因。由于大多数子女不愿意回到家乡务农，导致农户所拥有的土地资源与其从事农业的劳动力数量不相符，同时劳动力老龄化也对农户转让土地产生了影响。在农村土地流转的推动下，资源配置得到了优化，成为一种行之有效的途径，促进了农村发展。我国农业实行家庭承包制后，农民对承包的责任田有了一定程度的使用权，从而促进了农村劳动力向非农业部门转移。然而，由于土地流转过程中存在制度不健全和管理方面的缺陷，粮田的使用性质往往会发生改变。由于我国幅员辽阔，各地自然条件差异较大，因此粮食种植结构也不尽相同，从而造成粮农对粮价的承受能力各不相同。由于粮食价格偏低、生产成本较高，一些粮食经营大户可能会在流转的耕地上从事经济作物或非农用途，这将对粮食播种面积的稳定和增长产生负面影响，从而危及粮食生产。因此，必须对粮食安全问题予以高度重视。

通过综合采取这些措施，可以有效应对农村人口老龄化和耕地种植结构改变带来的挑战，促进农村耕地的可持续利用和粮食生产。这将有助于维护国家粮食安全和农村可持续发展。

4.2.7 居民消费结构变化、影响农户种植选择

随着中国经济和社会的持续进步，我国面临的核心问题已经转向了人民对更好生活的日益增长的需求与发展的不均衡和不充分之间的冲突。其中，"人民对更好生活的日益增长的需求"的一个明显体现是：居民在食品消费上的水平和结构都经历了重大的转变。随着改革开放以来居民收入水平的提高以及消费观念的改变。人们对食物的需求已经从最初的基本生活需求转向了如今的多样化消费模式。同时伴随国家对粮食安全的重视程度也得到了进一步加强，这就使得粮食的安全问题变得尤为重要。根据《中国统计年鉴2022》表4-1展示的数据，近几年来，人们对粮食的消费量基本保持稳定，但对蔬菜、肉类、禽类、水产品、蛋类、奶类和干鲜瓜果类等食品的需求正在逐渐增加，这导致居民的人均食品消费结构发生了明显的变化。同时由于人口红利的消失，使得劳动力成本上升，导致农村剩余劳动力向城镇转移，这就造成了农业劳动生产力下降，从而引发了"非粮化生产"现象。随着市场需求的变化，供应端必然会做出相应的反应，这在农业生产中表现为"非粮化"的种植行为变得越来越明显。

表4-1 全国居民人均主要食品消费量

指标 （单位：kg）	2015	2016	2017	2018	2019	2020	2021
粮食（原粮）	134.5	132.8	130.1	127.2	130.1	141.2	144.6
谷物	124.3	122.0	119.6	116.3	117.9	128.1	131.4
薯类	2.4	2.6	2.5	2.6	2.9	3.1	2.9
豆类	7.8	8.3	8.0	8.3	9.3	10.0	10.3
食用油	10.6	10.6	10.4	9.6	9.5	10.4	10.8
#食用植物油	10.0	10.0	9.8	8.9	8.9	9.8	10.1
蔬菜及食用菌	97.8	100.1	99.2	96.1	98.6	103.7	109.8
#鲜菜	94.9	96.9	96.1	93.0	95.2	100.2	106.2
肉类	26.2	26.1	26.7	29.5	26.9	24.8	32.9
#猪肉	20.1	19.6	20.1	22.8	20.3	18.2	25.2
牛肉	1.6	1.8	1.9	2.0	2.2	2.3	2.5
羊肉	1.2	1.5	1.3	1.3	1.2	1.2	1.4
禽类	8.4	9.1	8.9	9.0	10.8	12.7	12.3
水产品	11.2	11.4	11.5	11.4	13.6	13.9	14.2
蛋类	9.5	9.7	10.0	9.7	10.7	12.8	13.2
奶类	12.1	12.0	12.1	12.2	12.5	13.0	14.4
干鲜瓜果类	44.5	48.3	50.1	52.1	56.4	56.3	61.0
#鲜瓜果	40.5	43.9	45.6	47.4	51.4	51.3	55.5
坚果类	3.1	3.4	3.5	3.5	3.8	3.7	4.1
食糖	1.3	1.3	1.3	1.3	1.3	1.3	1.3

与此同时，某些地方政府正在进一步调整市场的供需平衡。例如，2019年河南省人民政府发布了《关于深入推进农业供给侧结构性改革大力发展优势特色农业的意见》，这在政策层面指导了农业生产和种植结构的进一步调整，以更好地满足市场的需求。随着改革开放以来居民收入水平的提高以及消费观念的改变，大量的研究数据显示，交通发达地区的"非粮化"现象更严重，这实际上反映了供应侧对需求侧的反应。笔者认为，由于农产品具有较强的地域性特点，不同区域的农民对其所从事的产业有一定差异。随着经济的持续增长，城市和农村居民的生活品质逐渐上升，他们的食品消费模式也从简单的温饱转向了营养平衡。这导致了对水果、蔬菜等次要食品的需求持续上升，与此同时，经济作物在农业种植中的占比逐渐增加，而粮食作物的占比则相对减少。同时由于城市消费偏好和消费观念的改变，人们在日常饮食上越来越追求健康养生，因此农产品的需求量逐年递增，导致耕地面积越来越少。随着城市的持续扩张和城

市居民数量的上升，这种市场导向对于耕地向"非粮化"转变的影响将更为明显。

4.2.8 耕地法规监管缺位、加速耕地"非粮化"

4.2.8.1 法律法规的缺位

根据《基本农田保护条例》的规定，基本农田不应被用作种植林果或挖塘养鱼，但对于将粮食转化为经济作物等高效农业种植，以及用于观光、休闲、旅游农业等目的，并没有明确的规定。根据相关规定，这些用地项目可以作为非农使用进行规划管理和审批，并可通过征收或征用方式取得补偿费用。当前，在农村土地流转的过程中，用于农村旅游和畜牧业基础设施建设的土地规模正在急剧增加，房屋和饲舍等工程建设已经改变了土地的耕作性质，这对粮食和农业生产实际上已经构成了潜在的风险。因此，应通过建立完善的法律法规体系来解决这一问题。

然而，这种类型的生产和经营活动都被归类为大农业。根据目前的法律和政策，它们所占用的土地不能被视为非农化用途来进行监管，并且如果经营不成功，土地的复垦成本将会非常高。同时由于我国农地产权不明晰，土地流转纠纷时有发生，因此必须通过建立有效的监督机制来保障土地流转过程中农民权益。在土地的流转过程中，始终遵循农民的自愿原则，而国家和地方政府并未制定与土地承包经营权相匹配的法律法规，以确保土地流转行为的规范性。因此，目前的土地流转方式主要是农户之间自由交易，并不存在真正意义上的流转合同或契约形式对土地流转的用途、潜在风险和责任追究进行限制，以避免土地流转过程中的"非粮化"现象。因此，当前应通过法律途径明确土地承包经营权流转的基本方向，以保障农户对承包地进行合理有效使用。

1998 年修订的《基本农田保护条例》仅仅强调了"禁止任何单位和个人占用基本农田发展林果业和挖塘养鱼"，对于流转后的农田种植什么作物、由谁管理等问题，缺乏相应的制度和监管机制。在这两个文件中，都明确了对土地进行用途管制。我国的《土地管理法》和 2014 年 11 月由中共中央办公厅、国务院办公厅发布的《关于引导农村土地经营权有序流转发展农业适度规模经营的意见》（简称《意见》），都强调了实施严格的耕地保护制度，确保基本农田的安全。因此，在当前土地资源有限且粮食生产刚性需求增长的背景下，如何实现土地资源优化配置，是摆在现实面前一个亟待解决的问题。流转耕地的非农化受到了严格的约束，尽管对非粮化有所描述，但并没有明确的制度限制。

由于缺少适当的制度限制，监督变得无法执行，因此也不能有效地约束非粮化的行为。我国已经实行了一套非常严格的耕地保护政策，其中包括《中华人民共和国土地管理法》等相关法律法规，这些法规都强调了永久性基本农田的保护，同时也明确禁止了耕地的非农化，但在耕地非粮化方面仍然缺乏相应的制度性约束。在现实中，一些地方和单位存在着将耕地用于非农建设或出租、抵押、入股，以获得高额回报的现象。由于目前的法律和法规中并未明确规定"耕地必须用于种植粮食或其比例必须达到一定标准"，这导致了一些人误以为只要耕地没有被转化为荒地、林地、园地或池塘等其他用途，就足够了，因此他们对耕地用于种植的作物并没有给予过多的重视。这种情况与我国实行社会主义市场经济体制和全面推进依法治国方略不相符，不利于实现土地资源优化配置、维护粮食安全以及促进农村经济社会和谐发展。法律代表了最基本的社会准则，它是由国家背书的社会行为标准，一份清晰的法律文档能够为社会提供实际有效的行为指南。

在此背景下，"非粮化现象"成为当前我国农村经济发展过程中存在的一个普遍现象，严重影响着粮食安全和农民利益。目前，我国还没有针对"非粮化"问题发布相关的法律文件，而是以耕地保护制度为切入点，对现有的法律文件进行了整理，为"非粮化"治理提供了法律依据。根据我国在2002年发布的《中华人民共和国农村土地承包法》，承包方有责任保持土地用于农业目的，但同时也享有独立组织生产和经营活动的权利。由于受当时农村产业结构和生产力水平的影响，粮食种植面积一直保持着稳定状态，而其他作物种植面积则不断增加。承包土地的核心目的是追求利润。因此，在当前的法律框架下，与传统经济价值较低的粮食作物如玉米和红薯相比，承包方更倾向于选择经济价值更高的经济作物，如水果和花卉。

随着农村改革的不断深化，农民开始将眼光转向其他作物上，而不是种植粮食。尽管我国的《土地承包法》《土地管理法》以及其他相关的法律和政策文件都涉及农村土地的流转问题，但这些法律和政策在整体框架上存在不足，其规定过于宽泛。尤其是对农业用途的界定没有明确的标准，导致许多地区的土地流转不规范。在土地流转的过程中，大量流通的土地最终流入了农业大户的手中，这使得流转后的土地在农业用途上的界限变得模糊不清。同时，由于土地流转市场发育不成熟，导致了部分农民在进行农地流转时，存在着盲目追求经济效益的行为。例如，当土地被转移到专业农户的手中时，他们为了追求更高的收益，倾向于种植收益更高的经济农作物，这导致了土地流转过程中的"非粮化"趋势，这种现象产生的原因是政府对土地流转进行扶持与引导不够。

在农业高度发达的国家中，关于农业的支持和奖励补贴政策往往是通过法律手段来实施的，例如美国的《农业法》和《农业保护和农村投资法》等，这些法律都是通过经济立法来确保"以法保农"的原则得以实现的。在这些法律法规下，土地流转的行为被纳入法律框架内进行规范，使其符合法律规定。然而，我国的粮食补贴政策通常是通过文件建议和部门章程来实施的，这缺乏长期、稳定的法律保障和有效的运行机制。这一方面造成政府财政压力增大，另一方面也不利于调动农民种粮积极性。此外，目前实施的法律和政策并没有明确规定土地流转的规模、土地流转的具体规模以及土地流转责任的追究等方面，也缺乏"粮田必须种粮或者保障一定比例种粮"的强制性规定。这使得农民与基层政府部门之间缺乏直接联系，从而造成了基层行政部门无法有效地执行国家的惠农政策。除了缺少完善的法律来规范耕地的使用外，有关部门对耕地的管理和监督也显得不够严格。由于耕地用途管制存在着很多漏洞，导致许多农民将耕地转为非农业用地，并由此产生大量的非农建设行为。目前，部分城市居民在农村利用耕地建房，这一行为明显违背了国家的《基本农田保护条例》。然而，地方政府、土地管理机构和农业部门并没有采取干预措施或进行有效的纠正。这些都造成了耕地"非粮化"

倾向严重。由于农业法律的不足和相关监管机构的疏忽，导致耕地逐渐"非粮化"乃至"非农化"的问题日益加剧。

4.2.8.2 行政和司法保护不到位

从一方面看，耕地的行政保护错位。耕地保护职能交叉重叠，导致耕地保护职责不清、权责不明、相互脱节、各自为政，难以发挥耕地资源综合管理效能。在我国，负责耕地保护的主要部门包括自然资源部和地方的自然资源管理部门。由于对土地产权认识不足，致使耕地资源的价值难以得到合理补偿。我国对耕地的管理主要依赖于耕地保护部门的纵向监管，这种监管方式过于单一，缺少独立的第三方监管机构参与，还没有建立起完整的耕地评估和监管制度，导致监管上存在明显的遗漏和滞后。目前的耕地保护工作还没有形成一个全面和多维度的保护机制，仅仅依赖行政部门的自我监督和上级行政机关的垂直监管。这使得地方行政环境变得相对恶劣，人情世故难以避免，容易滋生腐败，从而导致监管不力和不愿监管的情况发生。我国现行立法规定了一些涉及土地问题的法律条款，但是没有单独设立相关罪名进行规制，使得土地案件无法可依。从另一个角度看，对耕地的司法保护存在不足。因此，如何构建一套行之有效的耕地法律体系，是目前亟待解决的问题之一。在2020年，我国颁布了《中华人民共和国刑法修正案（十一）》，但遗憾的是，该修正案并没有专门针对土地犯罪的章节，也没有新增与土地犯罪相关的规定，这表明我国刑法在土地保护方面存在某种程度的滞后性。在目前存在的关于耕地非法占用农用地罪和污染环境罪的犯罪规定中，是否这些罪行与刑罚相匹配，仍然需要进一步的思考和完善。

4.2.8.3 耕地用途监督和管理缺位

从一方面看，对耕地用途的监管并不完善。依据《中华人民共和国土地管理法》的第4条规定，国家负责编制土地利用的总体规划，明确土地的用途，并将土地分类为农用地、建设用地以及未被利用的土地。另一方面，监管主体职责不清。对农业用地转为建设用地进行严格的限制，管理建设用地的总量，并对耕地给予特别的保护措施。自然资源部与农业农村部均为我国的土地使用监管机构，但两者在监管职责上并没有明确的划分，导致了某些职能的交叉和叠加。由于缺乏适当的监管主体和程序，以及监管体系的规定不够完善，监管活动存在一定程度的滞后性，这导致了对农地"非粮化"问题的监管存在明显的缺失。随着农村改革的深入发展，农村土地制度发生了很大变化。从另一个角度看，耕地的用途管理存在缺陷。因此，农村集体土地所有权是以农户为基础进行划分的，而不是以村庄或自然村为单位进行界定。在我国的农村地区，土地是集体的财产。农村宅基地属于乡村居民集体所有。依照《中华人民共和国民法典》第262条，当土地为村农民集体所有时，应由村集体经济组织或村民委员会依法代表集体来行使其所有权；属于国家征用农户宅基地而取得的，由县级人民政府依照法律，行政法规的有关规定予以收回。对于村内拥有两个或更多农民集体所有的资产，应由村内的集体经济组织或村民小组依法代表集体行使其所有权；因此，在农村宅基地管理过程中，如何处理好农户与村集体经济组织之间的关系是一个难题。对于属于乡镇农民集体的财产，应由乡镇集体经济组织代表集体来行使其所有权。这使得集体经济组织无法将土地使用权作为一种资产来管理和经营，也就不能实现收益最大化目标。经过实地考察，我们发现那些拥有土地所有权的集体经济实体和村委会，在其组织内的成员关于耕地的使用上，仅有提议的权利，并没有权力强制其成员做出种植决策。另外，尽管组织的成员可能会根据集体的建议来选择种植，但当成员盈利后，他们通常与集体没有直接关系，这使得集体很难从中受益，也缺乏对成员土地用途选择的建议动力。

本章小结

本章主要对我国农村耕地"非粮化"产生的问题以及出现耕地"非粮化"现状的原因进行了系统分析。通过对农业发展相关数据进行梳理，并结合相关发展背景综合分析发现，我国农村耕地出现"非粮化"主要产生的问题体现在粮食种植面积持续减少，使得粮食生产安全遭受威胁、粮食产业链受到冲击，加工销售企业经营困难、耕地质量不断下降、农村生态环境持续恶化等三方面。农村耕地出现"非粮化"现状的主要原因为政府相关部门重视程度不足、政策执行效率低下、种粮比较收益偏低、农村劳动力流失严重、工商资本无序下乡、居民消费结构变化和政府管控不到位等方面。

随着 2020 年国务院中央发布了"非粮化"的有关政策，各省市根据国务院的要求也出台了相关具体政策文件，但是这些文件与国务院耕地"非粮化"的要求存在较大的差距，且地方政府对耕地"非粮化"的重视程度不足，政策执行效果较差。同时，由于农户基于自身利益最大化来选择种植何种类型的作物，而由于一些省份的粮食种植的规模效应小，粮食种植收益低，很多农户都改种其他经济效益高的作物，而不是种植粮食作物；而且由于粮食种植的周期较长，种植规模小、成本高等原因，农民的种植粮食一年收益远远抵不上出去上班带来的工资收入，造成年轻劳动力人口外流。造成我国农村耕地"非粮化"问题较大的还有一个很重要的原因是政府的监管不到位，工商资本的下乡把原属于种植粮食的土地用于种植其他经济作物，造成粮食的减产。

第五章　我国农村耕地"非粮化"
影响因素实证分析

5.1　我国农村耕地"非粮化"影响因素回归分析

目前经济高速增长,人口持续增长,粮食生产空间和城乡发展空间之间的矛盾越来越深,中国耕地损失占全球总损失的1/4。改革开放以来,粮食生产空间生产潜力总量减少1000万吨左右,加之国际形势变化的不确定性,确保粮食安全显得尤为重要和紧迫。但随着我国城镇化、工业化以及农业农村现代化的不断发展,耕地利用"非粮化"问题逐渐暴露出来且日益严重,挤压到粮食生产的空间,有可能损害耕地质量,对耕地保护与粮食安全提出了严峻的挑战。我国是一个粮食生产与消费大国,适应国内粮食消费需求对于保障我国粮食安全具有重要意义。据国家统计局统计,尽管我国粮食产量连续7年维持1.3万亿斤以上,但粮食种植面积有所下降,2017—2019年粮食种植面积平均每年减少1400万亩以上。粮食产量的提高更多地归功于耕地保护制度和粮食生产技术。在人口数量增加,消费结构升级和资源环境承载力收紧等因素影响下,中国粮食产需将保持紧平衡状态。特别是2020年以后,全球粮食市场波动剧烈,我国粮食安全面临着更为严峻复杂局面。为了解决耕地"非粮化"问题,政府还颁布了多项政策文件。2020年11月,国务院正式发布《关于防止耕地"非粮化"稳定粮食生产的意见》,该《意见》指出要充分认识防止耕地"非粮化"、稳定粮食生产的紧迫性,坚定国家粮食安全命脉;2021年1月农业农村部发布《农村土地经营权流转管理办法》明确规定承包土地有权性质和农业用途不变,保证农地农用并优先考虑粮食生产,杜绝耕地"非农化"和防止耕地"非粮化";2021年3月"十四五"规划中明确指出,巩固粮食生产能力,确保重要农产品供给安全,坚守18亿亩耕地红线,抑制耕地"非农化"和防止"非粮化";2021年11月国务院发布《"十四五"推进农业农村现代化规划》要求建立和完善耕地数量和种粮情况监测预警和评价通报机制,坚决制止耕地"非农化"和严格控制"非粮化";2022年1月份的中央一号文件中又进一步提出了稳定常年粮食播种面积与产量、加强耕地用途的要求,严格控制耕地向其他农用地的转换。

因此,有必要对我国耕地"非粮化"的现状及空间差异进行全面而客观地认识和分析,探讨耕地面积及种植结构变化影响因素,具有一定的实际意义,为了认识和解决"非粮化"的问题,保证粮食种植的基本面积不降低,种植结构合理,从而保证我国粮食产量的稳定,对耕地"非粮化"的控制有一定的借鉴作用。

为保证我国耕地"非粮化"治理策略构建的合理性和与现实情况的契合度,在对我国总体以及各省耕地"非粮化"的时空演变趋势进行全面分析后,需要对我国总体以及各省份耕地"非粮化"的影响因素进行进一步分析,探究各影响因素与我国总体以及各省耕地"非粮化"的相关程度。为此,本书将运用传统回归分析方法对我国总体的耕地"非粮化"影响因素进行分析,探究各影响因素与我国耕地"非粮化"的相关性;运用地理加权回归方法对各省耕地"非粮化"影响因素进行分析,探究各影响因素的作用程度和地区差异。

5.1.1 研究方法

研究采用传统回归分析方法对我国耕地"非粮化"影响因素进行回归分析。

首先,在借鉴已有研究中对耕地"非粮化"各项指标的选取和计算方法的基础上,对研究的被解释变量、解释变量以及控制变量进行选取与处理,并对各项指标进行描述性统计分析,对其大致情况做出简要分析。

其次,基于数据类型以及各变量的特点,选择特定的回归方法以契合研究问题,并对各项指标进行回归分析;基于回归结果,阐述各解释变量对被解释变量的相关性与作用程度,探究我国耕地"非粮化"的影响因素。

最后,通过对被解释变量以及解释变量进行替换,对回归结果进行稳健性检验分析,以保证回归结果的可靠性。

5.1.1.1 数据来源

研究的数据来源于农业部全国农村固定观察点2009—2015年连续7年的调查数据,为非平衡面板数据。全国农村固定观察点是通过对固定不变的村庄和农户进行长期跟踪调查,获取连续数据,进而对农村经济社会发展进行综合分析的调查体系。该调查体系于1984年中共中央书记处批准建立,自1986年运行至今,其调查统计制度根据《中华人民共和国统计法》的有关规定制定,由国家统计局正式批准实施。目前,该调查体系覆盖23000个农户、360个行政村,样本分布在全国除香港、澳门、台湾以外的31个省(自治区、直辖市)。

5.1.1.2 数据处理与指标选取

本节先对2009—2015年农村固定观察点数据进行了处理。首先,为研究我国总体耕地"非粮化"的影响因素,得到4065个样本观测值。其次,针对所有样本数据,仅保留了家庭经营主业为农业(包括种植业、林业、畜牧业、渔业)的样本,剔除了家庭经营主业为第二、第三产业(包括工业、建筑业、运输业、商业、餐饮业、服务业等)的样本。最后,为保证研究结果的准确性,剔除了存在关键指标缺失的样本数据,最终得到3202个样本观测值进行回归分析。

基于已有文献[91][99][101][110][128],本书选取了以下指标作为变量进行回归分析。首先，本书选取经济作物播种面积占比作为被解释变量，以衡量 2009—2015 年我国的耕地"非粮化"程度。其计算公式为：

$$经济作物播种面积占比 = \frac{经济作物播种面积}{农作物播种面积} \tag{5.1}$$

其次，选取家庭种植规模、主要粮食作物（稻谷、玉米、大豆）单位播种面积平均净利润、经济作物单位播种面积平均收益、耕地净转出、良种补贴作为研究的解释变量。其中，家庭种植规模以"年末经营耕地面积"作为衡量指标；主要粮食作物单位播种面积平均净利润为稻谷、玉米、大豆各自的种植净利润之和除以三者的播种面积之和，作为种植粮食作物成本收益的大致估算，其计算公式为：

$$主要粮食作物平均净利润 = \frac{稻谷净利润 + 玉米净利润 + 大豆净利润}{稻谷播种面积 + 玉米播种面积 + 大豆播种面积}$$
$$\tag{5.2}$$

其中，稻谷、玉米、大豆各自的净利润为种植总收入减去各项种植费用（包括种苗费、农家肥折价、化肥费、农膜费、水电及灌溉费、畜力费、机械作业费、固定资产折旧及修理费、土地租赁费、雇工费等其他费用）；经济作物单位播种面积平均收益为所有经济作物种植总收入除以总种植面积，作为种植经济作物收益的大致估算，其计算公式为：

$$经济作物单位播种面积平均收益 = \frac{经济作物种植总收入}{经济作物播种面积} \tag{5.3}$$

耕地净转出为农户在当年耕地面积的转出数与转入数的净值，作为农户土地流转情况的大致估算；良种补贴为农民种植粮食所获得的补贴收入，作为种粮补贴金额的大致估算。

最后，选取农林牧渔机械动力数、农林牧渔固定资产价值、林牧渔业总收入、年末经营园地面积作为研究的控制变量。其中，选取农林牧渔机械动力数、农林牧渔固定资产价值作为控制变量是防止由于农民机械化水平的差异对研究结果的影响；研究将经济作物播种面积变化作为被解释变量，故选取林、牧、渔业总收入以及年末经营园地面积作为控制变量，防止其种植规模的变化对耕地"非粮化"趋势。

5.1.2 样本描述性统计

为获取各样本指标的总体情况，本节对被解释变量以及各解释变量、控制变量进行描述性统计，如表 5-1 所示。

表 5-1 **变量描述性统计**

变　　量	样本数	均值	标准差	最小值	最大值
经济作物占比（百分比）	46387	0.246	0.219	0	1
家庭种植规模	46145	8.372	13.29	0	1080

续表

变　量	样本数	均值	标准差	最小值	最大值
主要粮食作物平均净利润	46387	737.4	4827	-10259	899729
经济作物平均收益（元）	46387	4370	351965	0	75790000
农业固定资产价值（元）	19671	4293	10214	0	218000
农业机械动力数（千瓦）	14966	33.74	1569	0	134226
良种补贴（元）	32515	106.9	735.5	0	130250
林牧渔业总收入（元）	46387	6557	35139	0	2010000
耕地净转出（亩）	46387	-0.421	7.853	-1050	48
经营园地面积（亩）	10177	2.934	10.13	0	450

对于被解释变量和各统计变量，从统计结果中可以看出，经济作物占比的均值为0.246，标准差为0.219，说明农户经济作物播种面积占比的平均值达到了24%以上，且经济作物占比其离散程度较广；最大值、最小值分别为1和0，说明农户中存在仅种植经济作物和仅种植粮食作物的情况。家庭种植规模的均值为8.372亩，标准差为13.29亩，说明农户存在一定的种植规模，且其种植规模的离散程度较大；最大值、最小值分别为1080亩和0亩，说明参与调查的农户中存在种植大户和没有耕种土地的情况。主要粮食作物平均净利润的均值与标准差分别为737.4元和4827元，说明主要粮食作物的平均收益较低，且离散程度较大；最大、最小值分别为899729元和-10259元，表明农户存在每亩种粮出现损失的情况，但也存在具有较高经济收益的粮食品种。

经济作物平均收益的均值与标准差分别为4370元和351965元，与粮食作物净利润相比表明其具有较为可观的经济收益，且其离散程度也较为广泛；最大、最小值为75790000元和0元，表明虽然存在每亩平均收入较高的现象，但也存在农户仅种植粮食作物的情形。耕地净转出的均值与标准差分别为0.421亩和7.853亩，说明多数农户会选择将土地转出，并且一般转出、转入耕地的规模较大；结合其最大、最小值分别为48亩和-1050亩，说明存在具有较大规模种植能力的种养大户，且选择将农地转出的农户多为小规模种植的家庭。而从良种补贴的均值、标准差以及最值来看，农户所享受到的种粮补贴较低，可能会促进耕地"非粮化"趋势。

对于控制变量，从表中可以看出，虽然固定资产价值的最大值达到21.8万元，但农业机械动力数与固定资产价值普遍较低，甚至均出现没有耕种机械的现象，不利于农户粮食种植意愿以及粮食生产效率的提高。对于除去种植之外的林牧渔业总收入，其均值与标准差分别为6557元与35139元，说明从事林、牧、渔业具有较高的经济收入，但也存在较大风险；对于经营园地面积，其均值与标准差分别达到了2.934亩与10.13亩，占到家庭种植规模均值的1/3以上，表明多数农户更愿意选择种植水果、茶叶等作物，并且种植规模普遍较大。

5.1.3　回归结果分析

由于本书所用数据为非平衡面板数据，为探究各影响因素对我国耕地"非粮化"所产生的单独影响，研究选择采用个体固定效应模型对其进行回归分析，其构建出的模型如下：

$$y_{it} = \lambda_i + \sum_{k=2}^{K} \beta_k x_{kit} + u_{it} \tag{4.4}$$

如表 5-2 所示，从回归结果来看，家庭种植规模的 p 值在 0.1 的水平上显著，且回归系数为正，说明家庭种植规模对我国耕地"非粮化"趋势扩大具有较为显著的正向影响。回归结果反映在现实中表明，对于农户自身来讲，其所拥有的耕地面积越大，就越倾向于种植经济作物等非粮作物。其主要原因可能为：一是对于大多数农户来讲，受家庭经济水平等因素的影响，其自身所拥有的种植能力有限，当耕地面积扩大时，由于缺乏相应的种植能力，只能选择种植易于管理的经济作物；二是由于经济作物的收益普遍高于粮食作物，受经济利益的驱使农户会在满足自身基本生存需要的基础上在多余的耕地上种植经济作物，以获取更高的收入。

表 5-2　　　　　　　　　　　　　自变量回归结果

变　　量	模型 1	模型 2	模型 3	模型 4	模型 5
家庭种植规模	0.000731*				
平均净利润		−0.0000542*			
平均收益			−0.001		
土地流转情况				−0.000735**	
良种补贴					0.001
机械动力数	−0.001**	−0.0015**	−0.001*	−0.001**	0.001
固定资产价值	0.001**	0.001	0.0017	0.001*	−0.001***
林牧渔业收入	−0.001	0.001	0.001	0.001	−0.001*
经营园地面积	−0.001①	−0.001	−0.001	−0.001	−0.001

注："**"表示 $p<0.05$，"***"表示 $p<0.001$。

主要粮食作物平均净利润的 p 值在 0.1 的水平上显著，且回归系数为负，说明主要粮食作物平均净利润对我国耕地"非粮化"趋势扩大具有较为显著的负向影响。回归结果的现实情况表明，主要粮食作物单位播种面积的平均净利润越高，农户越倾向于种植粮食作物，对耕地"非粮化"的抑制作用就越强。

---

①　由于部分变量的回归系数较小，在确保不影响回归分析的情况下，将较小的回归系数统一按 0.001 处理。

经济作物平均收益的 p 值在 0.1 的水平上不显著,说明经济作物平均收益对我国耕地"非粮化"趋势的扩大不具有过多的影响。从回归结果的现实情形可以看出,经济作物收益的提升没有进一步促进耕地"非粮化"趋势的扩大,其原因主要可能为:由于经济作物单位播种面积的收益本身就远高于粮食作物单位播种面积的平均收益,种植收益的差距本身已经驱使农民去进行非粮作物的种植,因此经济作物播种收益的继续增加对耕地"非粮化"的扩大效应并不明显。

耕地净转出的 p 值在 0.05 的水平上显著,且回归系数为负,说明耕地净转出对我国耕地"非粮化"趋势扩大具有较为显著的负向影响。回归结果反映在现实情景中,表明农户土地的净转出越多,对耕地"非粮化"反而具有较强的抑制效应。可以看出,土地流转的增加并未使得我国耕地"非粮化"水平加剧,反而在一定程度上形成了"趋粮化"现象,其主要原因可能为:第一,虽然以经济作物为代表的非粮作物具有机械化程度低、利润较高的特征,但其种植工艺复杂,对管理要求较高,当达到一定种植规模后,由于劳动力雇佣薪酬以及管理成本的大幅增加,非粮作物的边际利润会迅速下降;而同等规模的粮食作物由于机械化水平高,管理较为简单,在达到一定种植规模时,其边际利润会随耕地面积增加而持续上升;结合耕地流出的统计分析可以看出,其耕地数值普遍偏大,当达到一定规模时单位面积经济作物收益将小于种粮收益,与回归结果相符。第二,农户在土地流转过程中,不会仅将耕地流转给工商资本企业,也可能交由村中的农业合作社等经营主体集体种植粮食作物;合作社通过统一的规模化运作,规避了农户自身在经济利益等因素的驱使下私自将耕地进行"非粮化"种植的行为,使得农户转出的耕地越多,对耕地"非粮化"的抑制作用就越强。

良种补贴的 p 值在 0.1 的水平上不显著,说明良种补贴对我国耕地"非粮化"趋势的扩大没有明显影响。结合良种补贴的统计数据可以看出,获得良种补贴的农户较少,且其获得的补贴金额普遍较低。在种粮收益已经普遍偏低的情况下,农户所获得的微薄的补贴收入并不能激发其种粮积极性,故对耕地"非粮化"的抑制效果并不明显。

5.1.4 稳健性检验

为保证研究结果的可靠性,对回归结果进行稳健性检验。鉴于回归分析采用的模型为固定效应模型,故研究采用同时对被解释变量与解释变量进行替换的方法来进行稳健性检验。

稳健性检验的替代指标选取为:对于被解释变量经济作物占比,在稳健性检验中以经济作物播种面积进行替代,作为耕地"非粮化"趋势的衡量指标;对于解释变量家庭种植规模,在稳健性检验中以家庭劳动力数进行替代,作为种植规模的衡量指标;对于解释变量主要粮食作物平均净利润,在稳健性检验中以主要粮食作物(稻谷、玉米、大豆)收入占比进行替代,作为种植粮食作物收益的衡量指标;对于解释变量经济作物平均收益,在稳健性检验中以经济作物收入占比进行替代,作为种植经济作物收益的衡量指标;对于解释变量耕地净转出,在稳健性检验中以耕地流转总量(转出地面积与转入地面积之和)进行替代,作为土地流转情况的衡量指标;对于解释变量良种补贴，在稳健性检验中以粮食直接补贴进行替代，作为粮食作物种植补贴的衡量指标。对各变量进行替代后，依次进行回归分析，结果如表5-3所示。

表5-3 稳健性检验

变 量	模型1	模型2	模型3	模型4	模型5
家庭劳动力数	0.715*				
主要粮食作物收入占比		−4.123***			
经济作物收入占比			3.904*		
耕地流转总量				0.782***	
粮食直接补贴					−0.001
农业机械动力数	−0.001	−0.001	−0.0005	0.001	0.001
农业固定资产价值	0.001	0.00017	0.00017	0.001	−0.001
经营园地面积	0.0421	0.0344	0.0421	0.0399	0.0326
林牧渔业总收入	−0.001	−0.001	0.001	−0.001	−0.001

注："***"表示 $p<0.01$，"**"表示 $p<0.05$，*表示 $p<0.1$ 上显著。

从表中的回归结果可以看出，家庭劳动力数的 p 值在0.1的水平上显著，且为正值，说明其对我国耕地"非粮化"趋势扩大具有显著的正向影响；主要粮食作物收入占比的 p 值在0.001的水平上显著，且为负值，说明其对我国耕地"非粮化"具有显著的抑制作用；经济作物收入占比的 p 值在0.1的水平上显著，且为正值，说明其对我国耕地"非粮化"趋势的扩大具有较为显著的促进作用；耕地流转总量在 p 值的0.1的水平上显著，说明其对我国耕地"非粮化"趋势的扩大具有一定的抑制作用；而粮食直接补贴在0.1的水平上不显著，说明其对我国耕地"非粮化"趋势的变化没有过多的影响。

将稳健性检验结果与回归分析结果进行对比发现，模型1、模型2、模型4、模型5的回归结果虽然显著性不尽相同，但具有相同的影响趋向，通过了稳健性检验，表明家庭种植规模、主要粮食作物平均净利润、耕地净转出以及良种补贴的回归结果具有一定的可靠性。而稳健性检验中模型3的结果与回归结果存在差异，通过进一步分析可以发现，经济作物收入占比对我国耕地"非粮化"趋势的扩大具有较强的促进效应，而经济作物单位播种面积平均收益对耕地"非粮化"的影响并不明显。可以看出，相比于种植规模的扩大对耕地"非粮化"的促进，经济作物的高收益更能趋势农民进行非粮种植，从而对我国的粮食生产安全造成影响。

5.1.5 异质性分析

根据粮食生产分区，不同的地域条件对于种粮的态度会产生差异，生产条件好的平原地区由于有良好的土地、水利和气候和交通等条件，会对种植粮食作物持不同的态度，土地条件不好的地区，比如贵州、云南等地的山区地区，种植粮食作物不利于机械化种植，因此会选择种植成本低或者易于管理的高收益经济作物。因此为了验证此种假设，文章以粮食主产区和非粮食主产区做异质性分析，验证结论是否和前文一致。

按照官方分类，我国 13 个粮食主产区包括河北、内蒙古、辽宁、吉林、黑龙江、江苏、安徽、江西、山东、河南、湖北、湖南、四川。根据国家粮食和物资储备局的数据，2014 年 13 个主产区粮食产量占全国的 75% 以上，库存量占全国的 71%，可代表我国粮食生产的基本面。

从回归结果来看，家庭种植规模的 p 值在 0.01 的水平上显著，且回归系数为正，说明在划分为粮食主产区进行分析时，家庭种植规模对我国粮食主产区的耕地"非粮化"趋势扩大具有较为显著的正向影响，与前文中的结果保持一致。

从表 5-4 中可以看出，主要粮食作物平均净利润的 p 值在 0.1 的水平上显著，且回归系数为负，说明主要粮食作物平均净利润对我国耕地"非粮化"趋势扩大具有较为显著的负向影响，与前面的实证结果保持一致，回归结果的现实情况表明，主要粮食作物单位播种面积的平均净利润越高，农户越倾向于种植粮食作物，对耕地"非粮化"的抑制作用就越强。

表 5-4　　　　　　　　　　　　　　　异质性分析

变　量	模型 1	模型 2	模型 3	模型 4	模型 5
家庭种植规模	0.001***				
粮食平均净利润		−0.001*			
经济作物平均收益			−0.001		
土地流转情况				−0.00137	
良种补贴					−0.001
机械动力数	−0.001**	−0.001**	−0.001**	−0.001**	0.001
固定资产价值	0.001***	0.001***	0.001***	0.001***	−0.001*
林牧渔业收入	−0.001	−0.001	−0.001	−0.001	−0.001
经营园地面积	−0.001**	−0.001**	−0.001**	−0.001**	−0.001**
常数项 t	0.147***	0.128***	0.136***	0.137***	0.126***
观测数	2042	2042	2042	2042	1742
R^2	0.304	0.302	0.301	0.301	0.432

划分粮食主产区后的经济作物平均收益的 p 值不显著，说明经济作物平均收益对我国耕地"非粮化"趋势的扩大不具有过多的影响。从回归结果的现实情形可以看出，经济作物收益的提升没有进一步促进粮食主产区的耕地"非粮化"趋势的扩大，表明

其回归结果与前文的结论一致。

耕地净转出的 p 值不显著,且回归系数为负,说明耕地净转出对粮食主产区的耕地"非粮化"趋势扩大的负向影响不明显,其与全国样本数据下的结果不一致,可能的原因是粮食主产区的耕地面积较大,土地流转后由于粮食种植的惯常思维以及容易形成规模化效应,因此对于种植经济作物并没有过大的倾向。

良种补贴的 p 值在 0.1 的水平上不显著,说明良种补贴对我国粮食主产区的耕地"非粮化"趋势的扩大没有明显影响,与全国的数据保持一致,粮食主产区的良种补贴对非粮化种植行为产生的影响不显著。

5.2 我国农村耕地"非粮化"影响因素空间分析

5.2.1 研究设计与合理性检验

为进一步探究我国"非粮化"趋势的影响因素,基于文献梳理[87][128][130][135][136],选取 2010—2019 年各省非粮耕比变化率为被解释变量,2010—2019 年各省市城镇化率、农业人口、年均降水量、年均气温、粮食产量与粮食播种面积比值(简称"粮食产播比")、农业机械总动力六个指标的变化率为解释变量,运用 ArcGIS 软件建立 GWR 模型进行地理加权回归。地理加权回归模型(Geographically Weighted Regression,GWR)就是对一般最小二乘法模型(OLS)进行改进和完善,充分考虑到全局模型之间局部空间数据在空间上的异质情况,在模型中增加了地理位置信息并引入了空间距离权重,使得模型着重考虑了因子在局部空间上的溢出效应和滞后状态,有效地体现了各因子参数局部空间非稳定性特征。

采用 AIC 信息准则法,得到 2010—2019 年影响我国"非粮化"趋势的各变量 GWR 模型参数结果如图 5.1 所示。模型整体的 R^2 值为 1,调整后模型的拟合优度也达到 100% 以上,且地图中除了浙江的超过 2.5 倍标准差,其余各省份的回归系数的标准误差均小于 2.5,说明整个 GWR 估计模型能较好地解释各变量对"非粮化"趋势的影响。

模型参数	2010—2019
Residual Squares	0
Effective Number	7.08717
Sigma	0
AICc	−2124.630733
R^2	1
R^2 Adjusted	1

图 5.1 GWR 模型参数结果

5.2.2 城镇化率时空格局演变分析

城市城镇化率变化的快慢，不仅能够体现出城市人口的状况，也能很好体现出一个城市的经济发展速度。从图5.1可以看出，我国的城镇化率与非粮耕比回归系数自西南向北呈递减趋势，且系数值为正的城市在西南部地区呈现出集聚现象。其中，以湖南省为中心的周边城市回归系数均为正值，表明城镇化率与非粮耕比增长率呈正相关关系，当城镇化率的增长幅度越快，其"非粮化"的趋势就越为明显。

此外，上海的回归系数为负值，表明其与非粮耕比增长率呈负相关关系，当城镇化率增长幅度越快，对"非粮化"具有更明显的抑制作用。可以看到，南部地区城市多为沿海或近海的城市，当前阶段其城市经济发展速度相比内陆城市更为迅速。而城镇化水平的提高能够加速劳动力的转移，使得农村劳动力价格上升，粮食作物的复种指数将会降低，从而体现出"非粮化"现象。

5.2.3 农业人口时空格局演变分析

农业人口数量的变动也会对城市种植结构变化以及"非粮化"趋势产生一定的影响。从图中可以看出，我国的农业人口与非粮耕比回归系数的变化呈现出由西南向东部方向的递减趋势，且回归系数为正的占多数，这表明多数省份的农业人口增长率与非粮耕比增长率呈正相关关系，农业人口的增长幅度越快，各省份的"非粮化"趋势越发明显。其中，海南和新疆的系数值最高，说明其促进"非粮化"趋势的效果最为明显；而东部的上海市、东南部的福建省回归系数较低，对促进"非粮化"没有明显效果。

可以看出，当城市农业人口增加时，农户更倾向于种植非粮作物而不是粮食作物，这与城市农业人口的基数与占比有关。当城市农业人口基数小且占比重较小时，从事粮食种植的劳动力尚未达到饱和，当农业人口数量增加，便会有一部分农户选择进行粮食种植；而当城市农业人口基数较大时，从事粮食种植的农户数量先达到饱和，当农业人口继续增加时，更多农户则会选择种植非粮作物，而这也与城市的经济发展程度相对应。

5.2.4 年均降水量、气温时空格局演变分析

城市降水量与气温作为影响农作物种植的自然因素，其变化率的大小会影响农户的种植行为选择，进而对"非粮化"现象产生影响。从图中可以看出，年均降水量与年均气温回归系数的空间分布大致相同，都呈现出自东南向西北递减的趋势。其中，各省年均降水量的回归系数大多为负值，表明降水量的减少的幅度越大，"非粮化"趋势越为明显；而年均气温回归系数的数值以中部为界限，在我国的东南部地区为正值，表现出对"非粮化"的促进效应，在南部地区为负值，表现出对"非粮化"的抑制效应。

可以看出，自然因素对"非粮化"趋势的影响更多是南北方向的空间呈现，并且降水量与气温对"非粮化"的影响方式不尽相同。降水量的变化主要影响我国非粮作物的种植，而气温的变化主要影响我国粮食作物的种植。受独特的气候特征影响，南方

地区降水丰富，而蔬菜、水果在种植过程中正好需要充足的水分供应，故南方地区降雨量的增加会使得农户大量种植非粮作物，其中以广东、广西、福建最为明显。而气温对粮食作物种植的影响更为明显，南部地区本身具有较高的气温，当气温增加时会提高农户的复种指数，体现出对"非粮化"的抑制效果；而我国西部和北方地区气温的增加不足以提升农户的复种指数，最终体现为对"非粮化"趋势的促进。

5.2.5 粮食产播比时空格局演变分析

当年粮食产量与粮食总播种面积的比值可以大致反映当年的粮食生产效率，其变化率的大小可以反映出粮食生产效率的提升或减少。从图中可以看出，我国各省非粮耕比与粮食产播比变化率的回归系数均为负值，且自北向南呈现出先减后增趋势，说明两者的变化率呈负相关关系。这表明在各省份的粮食生产效率提升越高，其非粮耕比的增长率越低，甚至会为负数，从而抑制"非粮化"趋势。其中，东北部地区的黑龙江等省份回归系数的绝对值较高，其表现出的抑制效应最为明显；其次是中部以及东部的省份，也表现出较强的抑制效应；相比之下，西北部的青海、西藏回归系数的绝对值最低，其对"非粮化"的抑制效应较弱。成本收益是左右农业种植结构的重要因素之一，会对农户种植行为选择产生直接影响。

然而2010年以来粮食作物价格仍呈下降趋势，但随着粮食生产效率的提高，每单位播种面积所收获的粮食产量增多，使得农户收益不断提升，一定程度上弥补甚至掩盖了粮食价格下降可能导致的农户"非粮化"行为，一定程度上能够抑制"非粮化"趋势。

5.2.6 农业机械总动力时空格局演变分析

农业机械总动力对粮食生产具有重要作用，其变化率的大小反映了种植过程中机械总动力投入的高低。农业机械总动力回归系数的空间分布与粮食产播比较类似，由西南向东北方向呈递减趋势，并且大部分地区的回归系数为负值。这表明，大部分城市农业机械总动力的变化率与非粮耕比的变化率为负相关关系，对"非粮化"趋势具有一定的抑制效果。在为负相关的地区中，江西省的回归系数值最低，说明其对"非粮化"的抑制效果最为明显；东部、东南部以及中部地区的城市也会对"非粮化"有一定的抑制作用，而西部地区如贵州省、广西壮族自治区，对"非粮化"的抑制作用最低。而在西南部地区的回归系数为正值，说明农业机械总动力投入越多，其"非粮化"趋势越为明显，但效果并不显著。

可以看出，农业机械总动力的提高对种粮农户更为有利。一方面，农业机械的广泛使用能够很好提升粮食作物的生产效率；另一方面，农业机械替代了人工劳动，在改变了粮食耕作模式的同时，也降低了农户种植粮食的成本投入，对抑制农户的"非粮化"行为具有一定的作用。

本章小结

  本章主要对我国总体以及各省耕地"非粮化"的影响因素进行了更加深入的分析。一方面，采用传统回归分析方法对我国总体的耕地"非粮化"影响因素进行回归分析。首先对研究方法、数据来源、数据处理与指标选取进行了简要介绍，之后对回归结果分析发现，家庭种植规模、两种作物平均利润、耕地净转出等对我国耕地"非粮化"的趋向有显著影响。另一方面，运用 ArcGIS 软件建立 GWR 模型进行地理加权回归对我国耕地"非粮化"影响因素进行空间分析。首先，对研究设计与合理性简要进行介绍，之后对所选指标进行空间格局演变分析。通过分析发现城镇化率、农业人口数量、年降水量与年均气温等自然因素、粮食传播比、农业机械总动力等因素对广西耕地"非粮化"趋势均有一定的影响。

第六章　国外耕地"非粮化"防治的经验借鉴

全球数个国家均不同程度上出现耕地"非粮化"现象，从地域分布来看，耕地"非粮化""细碎化"程度最严重的地区主要分布在中欧、东欧以及东亚地区。综合来看，耕地"非粮化""细碎化"是多种因素共同作用的结果，如自然气候原因、政策制度因素、地域文化因素以及经济发展因素。因此，导致耕地"非粮化""细碎化"的原因多样化也使得耕地"非粮化""细碎化"防治具有一定的复杂性。当前，以欧美为代表的农场经营发展模式和以日本为代表的小农经济国家均较早地探究了本国耕地"非粮化"的产生原因，形成了具有借鉴意义的耕地"非粮化"的发展模式与成功案例。但值得一提的是，各个国家的经济发展水平、农业发展程度、历史背景、资源禀赋优势、自然地理环境以及政策法律制度环境均有所不同，从而产生了不同的防治效果，因此参照国外耕地保护与"非粮化"治理的现有模式与案例，能够进一步为我国农业发展以及耕地"非粮化"防治提供启示。作为农业大国，中国仅用占全球不足 1/10 的耕地养活了接近全球 1/5 的人口，无农耕不稳，无粮食则乱，中国原本就是一个耕地资源相对匮乏的国家，但就全国耕地"非粮化"的发展趋势下，粮食安全保障问题日益严峻，探究"趋粮化""趋农化"产业模式势在必行。本研究基于中国耕地"非粮化"的治理策略为切入点，进一步梳理当前国外耕地"非粮化"等相关文献，分析其产生原因，剖析国外耕地"非粮化"防治策略，以期为中国耕地"非粮化"防治提供经验借鉴。

6.1　俄罗斯农业耕地"非粮化"防治经验

6.1.1　财政支持，稳定农业粮食产量

俄罗斯政府制定了许多保障食品安全的政策，并采取了资源保护行动。为了保证资源的合理利用，俄罗斯政府制定了多项保护水资源、保护土地和开发石油资源的战略，以适应农业发展的实际需要。通过制定有关法律和规章来推动俄罗斯在资源保护方面的法律，从而为农业的发展提供法律保障和资金支持。为了保证俄罗斯国内的食物安全，俄罗斯政府必须提高农业产量，并加大农业生产的规模。在《2013—2020 年俄罗斯农业发展国家规划》中，明确指出要进一步实施农业发展举措，推动农业科学化发展，把创建小规模农场作为重点，并将其作为重点支持对象。俄罗斯在 2009 年 8 月发布了一系列保障本国食品安全的政策，同时，还成功地实施了一系列的优惠政策，促进了农

业的发展和粮食的保护进程。

俄罗斯地域辽阔，物产丰饶，拥有大量可开发的陆地，以及大量的淡水，拥有2.2亿公顷的农田，其中有1.3亿公顷的可耕地，将近9亿公顷的干草和草场，还有许多优质的黑土地，淡水资源总量为4.53万亿立方米，位居世界第二。在苏联解体之后，俄罗斯的农业经过了一段时间的市场化改革，其农业产量出现了下降，对农产品的对外依赖性加大。为改变现状，俄罗斯政府不断加大对俄罗斯农业的扶持力度，提高了农业的国际竞争力，从2000年开始，农业的对外依存度逐渐降低，农业的出口也呈现出增长的态势。2000—2019年，俄罗斯农产品出口总额从1.1%上升到4.7%，农产品进口总额从21.6%下降到11.5%。目前，俄罗斯的大部分农业产品在很大程度上是自给的。根据俄罗斯统计部门的数据，2020年俄罗斯的植物油、粮食、水产、肉类、蔬菜和水果的自给率分别为200%、166%、161%、100%、86%和42%。粮食，油，肉的自给率达到了一个很高的水平。

俄罗斯以粮食和植物油为主，粮食和蔬菜的供应对全球起着举足轻重的作用，土耳其、埃及和沙特阿拉伯是其主要的出口国。据联合国粮食与农业组织（FAO）与联合国粮食贸易委员会（UN）统计，2018—2020年，俄罗斯小麦平均总产7749.51万吨，大麦平均总产1947.33万吨，占世界总产的10.30%，占世界总产的12.83%；3年间，小麦出口量为3770.2万吨，大麦出口量为478.19万吨，占世界总出口量的20.16%，占世界总出口量的14.13%，其中小麦出口量位居世界首位，大麦出口位居世界第三位。在粮食产量方面，俄罗斯是世界国土面积最大的国家，也是全球重要的"粮仓"，耕地占到了全国的13%，拥有全球占地面积最大的黑土带，有着得天独厚的优势。近几年来，俄罗斯不断加大农业投资，扩大种植面积，大力推广农业科技，已是世界上最大的粮食作物生产国和出口国，其产量约占全球小麦出口总量的1/5。小麦是俄罗斯最重要的粮食作物，俄罗斯在2021年生产了1.21亿吨粮食，其中0.76亿吨是小麦。在过去的10年中，俄罗斯的小麦产量有了显著的增长，增长了100.16%；从世界粮食总量来看，小麦所占比例也在迅速增长，在2017年和2021年分别为11.17%和9.72%。除了小麦，俄罗斯还以黑麦和大麦为主要粮食作物。

6.1.2　稳定粮价，刺激粮食市场消费

俄罗斯政府制定多项促进粮食流通的政策措施。第一，构建食品安全监督体系。为保证俄罗斯的食品安全，推动俄罗斯食品市场的迅速发展，俄罗斯政府成立了食品安全委员会，并成立了食品安全委员会，对农产品的加工和销售进行了监管。为了促进粮食市场流通，俄罗斯采取了多重政策举措。首先，他们建立了粮食安全监管制度。为了保障本国的粮食安全并推动粮食市场经济的快速发展，俄罗斯联邦政府成立了专门的机构和组织来负责粮食保障，并承认由民间组办的粮食安全保障协会，以加强对农产品加工、市场营销等方面的监督管理。此外，在1997年，俄罗斯还制定了一套严格的食品标签标准，要求所有进口食品都必须用俄语标明其主要成分。国家食品安全检测中心也会对进口粮食和食品进行抽样检测，并负责对仓储、配送中心等环节进行粮食安全检

测，以确保所检测的食品符合俄罗斯的安全要求和标准，从而保证本国粮食市场的安全稳定。第二，俄罗斯建立了粮食储备预警体系。作为世界上三大粮食出口国之一，俄罗斯非常关注国内粮食安全和粮食储备情况。据报道，俄罗斯境内拥有庞大且现代化的粮食储备基地，用以应对自然灾害、战争等不良因素可能引发的粮食市场恐慌。储备基地是一个复杂而强大的系统，专业人员根据农业市场的需求采购或输出一部分粮食，以稳定粮食市场。粮食储备对于任何一个国家来说都至关重要，因此，建立粮食安全预警机制、密切关注国际粮食市场动态，并及时采取措施进行应对是非常必要的。第三，俄罗斯政府重视农业发展基础设施建设。他们高度重视粮食港口的建设，在亚速海的耶斯克和远东的符拉迪沃斯托克等地建立了多运输集散港口，以确保本国的粮食储备充足。第四，俄罗斯形成了多种举措并存的混合体系。如今，俄罗斯的粮食市场已经实现了自由化，市场在农产品资源配置方面发挥了重要作用。同时，俄罗斯政府采取一系列措施对国内粮食市场进行宏观调控，发挥了重要的积极作用。然而，完全自由化的粮食市场并不是一件好事，因为农产品价格波动受到多种因素的影响，无法保证价格始终保持在合理水平，反而可能导致市场价格异常波动。因此，在完成市场化和私有制改革后，俄罗斯国有粮食企业正在逐步转变为私营企业。俄罗斯政府全面开放粮食市场，并推动粮食流通方式的改变，形成了政府、私营企业、自由市场、社会组织和农民等多个主体共存的粮食混合监管体系。

俄罗斯通过政策干预刺激粮食市场消费的措施有两个方面。第一，维持粮食价格稳定是俄罗斯政府的重要举措之一。1999 年起，俄罗斯联邦政府开始对工业和农业产品的价格进行调整，并制定了与粮食价格相关的政策。2002 年，政府进一步通过国家对粮食采购，并加大对农产品回收补助的力度以维持国内粮食市场价格的稳定，并减小粮食市场价格波动，从根本上保障了农民的收入。2007 年，新农业法明确规定了农产品市场价格调控，并强调政府要通过粮食采购方式进一步干预市场。2009 年，俄罗斯总统梅德韦杰夫成立了"联合粮食公司"，该公司主要职能是加强国内粮食市场产业链的完善，提高国内农产品购买与销售能力，并进一步提高粮食出口额度以及升级改造粮食储备仓库和港基础设施。未来，俄罗斯将继续调整粮食市场，包括继续干预市场的计划，并有可能提供系统性支助粮食出口和部分补贴粮食出口支出。第二，提高居民收入水平也是俄罗斯政府的重要举措之一。随着国家经济状况的改善，俄罗斯居民的收入逐渐增加。过去十年间，俄罗斯将消除贫困和增加居民实际收入作为其收入政策的优先发展方向，并实现了低利率、低失业率、低通胀等一系列战略目标。在推进政策的过程中，俄罗斯的收入分配制度也发生了变化，从过去的保障性收入分配（按劳动分配）转变为高效率分配（按要素分配），以此更好地提高居民收入水平。

俄罗斯还加强了国际粮食合作。保障粮食安全是实现一个国家长治久安、人民幸福安康的基础，并且粮食能够实现全球范围内的市场流转，因此粮食安全同样是维持世界和平稳定的重要因素。俄罗斯加入世界贸易组织（WTO）后，克服了粮食发展中各种形式的贸易壁垒，开辟了通往世界市场的道路。此外，在圣彼得堡举行的世界粮食论坛上，俄罗斯第一副总理祖布科夫呼吁黑海沿岸国家建立一个"粮食联盟"，以协调配合世界粮食组织的活动。同时，俄罗斯还将加强与第三世界国家在上述合作组织框架下进一步开展粮食合作，并建粮食应急机制以应对自然灾害对粮食安全的影响，这些措施将有助于加强国际的粮食合作。

6.2　埃及农村耕地"非粮化"的防治经验

6.2.1　耕地开发，实施监管调控措施

埃及为了解决耕地问题，采取了多种重要措施。由于人口增加，城市化进程加快及农业生产集约化水平提高，造成大量农田被开垦为非农业建设用地。当前，埃及的耕地在土壤肥力和粮食生产方面处于相对优越的地位，因此维护现有土地的完整性已成为至关重要的任务。人口不断增长和工业迅速发展导致了严重的环境污染和生态破坏，尤其是水资源危机和沙漠化。为了保护农业用地免受城市扩张的侵害，埃及政府实施了一项新的城市发展计划，以期在沙漠地区兴建新的城市和定居点。这些计划包括新建一些新城、新市镇以及旧城区改造等。在开罗周边地区，已经完成了 3 个卫星城的建设，同时在开罗、亚历山大和塞得港之间，新的城镇如萨达特城也已经落成。推进这些现代化城市的建设，有助于缓解城市化对农业土地所造成的损失。土地作为农民最主要的收入来源之一，政府制定了一系列政策保护农业生产活动不受干扰，以确保农村耕地的合理利用。埃及政府制定了相关法规。1966 年起，政府开始实施监管和调控措施，以确保农业用地得到合理地利用。在保护农业用地方面，政府制定了一系列法规和指令，以确保土地资源的合理利用和可持续发展，这些法律法规和政策对于保证农业发展起到了积极作用。其中，1983 年第 116 号法令规定，农业用地的划分或分割不得用于建设目的，这一法令的重要性在于明确禁止此类行为。此后，埃及也开始实施《土地管理法》及其实施细则等法律文件，为保护耕地提供法律依据。此外，在城市规划中，农业土地的保护也备受重视，1983 年第 3 号法令详细规定了保护农业用地的具体措施以及特定的土地使用范围。为遵守相关法规，各地单位需拟定详尽的城乡发展规划，并定期进行绩效评估和发展评估，以确保与城市、经济和社会的发展相互协调，规定要加强基础设施投资，提高农民生活水平以及鼓励开发适合于当地情况的土地资源等方面。总的来说，为了保护和扩大耕地面积，埃及政府实施了新的城市发展计划，并颁布了相关法律措施。同时还采取各种手段加强对农民利益的保障，如建立土地改革基金和提供资金援助等。这些措施有助于缓解城市化对农业土地的影响，同时确保农村耕地得到合理的开发和利用，从而实现可持续发展。

6.2.2　保护耕地，全面实施补贴政策

为了扩大粮食种植面积并提高粮食产量，埃及政府实施了一系列措施，其中包括将更多的沙漠地区改造成可供耕种的土地，以保护现有的可耕土地，促进农业生产向规模化、集约化方向转型，如增加农业科研投资力度和建立现代化农场等。尼罗河谷和三角

洲是埃及主要的土地复垦区域,尽管水资源供应充足,但由于缺乏足够的技术和资金投入,埃及仅在可耕地扩展方面取得了一定的成功。为了实现对沙漠区域的全面扩张,埃及政府拟定了名为"沙漠进军"和"农田开垦"的发展计划,该方案要求所有人口均必须到沙区定居。政府积极倡导农民参与荒漠开垦,并将土地优先分配给那些愿意增加开垦资金投入的农民,以促进农业可持续发展。政府还将帮助农民建立完善的基础设施以确保其生活质量得到提高,在新开垦的土地上,政府规定在最初的十年内,对土地施行征收免税政策。此外,政府还允许农民以承包方式耕种土地。这些措施的实施不仅有助于维护现有农田的完整性,同时也能够拓宽耕地的面积,缓解城市化对农业领域的进一步侵蚀。另外,通过征收土地税可以有效地控制土地流转速度,提高土地利用率。这对于促进农业的进步和提高粮食的产出具有至关重要的意义。通过一系列的政策鼓励人们开发沙漠,从而为当地人民提供充足的食物来源,促进社会经济稳定快速的增长。埃及政府所颁布的相关法律与规定,彰显了对农业用地保护的极度重视,彰显了其对土地资源的高度关注。此外,政府还制定并实施了一系列措施来促进当地社会经济发展。综合考虑,埃及政府在沙漠的开垦规划和新城建设工程中充分利用了广袤的土地资源,不仅有效地保护了现有的农田,同时也扩大了耕地的面积。此外还采取了一系列措施以促进农民增收和提高生活水平。这些措施极大地促进了农业的发展和粮食产量的提升,为其注入了强大的推动力。

其次,埃及致力于提升水资源的利用效率,这是一项至关重要的使命。鉴于埃及地处沙漠地带,其水资源稀缺且珍贵,难以被开采。近年来,随着经济的高速增长,人口不断增加及城市化进程加快,对水的需求量日益增大。在此情形下,实现水资源的高效利用和节约用水已成为至关重要的任务。为了达到这一目标,就需要采取多种措施来实现水资源的可持续利用。埃及的农业生产在很大程度上依赖于灌溉,因此为了促进农业的可持续发展,必须将节水农业和农业排水系统的再利用作为农业发展的重中之重。采用节水喷灌和滴灌技术,可将传统农业灌溉方式的用水量降低50%~60%,同时还可使灌溉水更充分地用于作物生长。一些现代化的农场已经采用了智能化的灌溉技术,通过计算机程序实现对农作物灌溉过程的精准控制,该灌溉系统可对土壤含水量进行实时监控。利用湿度和温度传感器采集土壤的湿度和温度信息,并根据实际需求自动调整喷水量和喷水时间,以实现精准的土壤监测和管理。当土壤中含水量降低到一定程度时,智能电子灌溉系统将启动报警功能,提示用户及时补充水,以免因缺水而影响农作物正常生长发育。当作物达到其所需的水分水平时,智能化电子灌溉技术将停止运作,以避免对宝贵的水资源进行不必要的消耗。此外,智能灌溉技术还能够监测土壤情况,及时向用户反馈相关信息。通过智能化灌溉技术,可以根据不同作物的生长需求,精准调节喷灌量,以满足其对水分的需求,从而实现对有限水资源的高效节约和充分利用。目前国内已经有很多地区开始利用这种新型节水农业模式进行农业生产。为了在农户中推广节水技术的应用,政府成立了以农民为主体的协会组织,并制定了相应的优惠政策,以促进该领域的发展。这些政策鼓励农民选择适合自己种植的灌溉系统。只要农民购买滴灌及其相关设备,便可免费享用水资源,而若采用灌溉技术,则政府将在土地上兴建水利项目，以改善供水、电力和其他基础设施。此外，政府还鼓励农民向社会提供灌溉服务，然而大部分农民缺乏足够的财力来投资于新兴的灌溉技术，政府的承诺对于那些贫困的农民而言，则几乎无法带来实际的效益。因此，政府必须通过税收或补贴等方式鼓励农民进行节水技术研究与开发，从而实现农业可持续发展。尽管灌溉农业在提高粮食产量方面发挥了积极作用，但由于尼罗河作为主要水源且供水有限，城市用水量不断攀升，致使埃及农业的长期发展受到水资源的限制，必须通过有效管理与合理规划使农业得到可持续发展。此外，埃及还实施了水资源的循环再利用策略，以提高水资源的利用效率。例如，对农田实行节水管理并使用先进灌溉设备可以有效地减少灌溉水量。随着农业用水量的不断攀升，埃及自20世纪70年代起开始实施废水再利用政策，旨在提高水资源的有效利用率。废水经过低成本、无需昂贵基础设施的排水系统回收，而不被农作物吸收的水则顺着河流流入排水系统，最终通过水泵将水从排水管和管道抽回灌溉系统中，以实现再利用，并通过对灌溉用水的管理来减少浪费。不断提升水资源利用效率并实施水循环利用措施，埃及得以更加高效地利用有限的水资源，从而在农业发展中获得更为显著的成果。同时，还可减少对地下水的过度开采，使地下水位保持较高的水平。对于缓解埃及所面临的水资源短缺问题，这一问题的解决显得尤为重要。

为了增加对农业的投资，埃及政府实施了一系列措施，以提高农业生产的效率和质量，其中最重要的就是提高农民的教育水平，增加财政支持等政策。第一，他们实施了旨在推动农村地区发展和农业进步的国家发展规划。第二，为改善农民生活状况制定了新的法律政策，如建立教育体系、完善医疗服务等，促进城乡一体化建设，定于2017年底前实现各项目标。政府制定相关政策，鼓励农民从事非农业生产活动，从而推动经济增长，改善人们的生活条件。借助这些规划，政府旨在扭转农村地区的滞后状态，促进城乡发展的就业机会，解决人民的就业难题，并提升人民的生活水平。这些规划将帮助农民获得土地使用权，从而扩大农民的收入来源，改善农民的生活状况。此外，这一措施还有助于遏制农村人口向城市迁移的趋势，促进城乡之间的协调发展，同时推动城乡资源要素的双向流动。

埃及政府正在积极推进新河谷运河和西南开发项目，以促进该地区的经济和社会发展。在西部开发项目中，政府投资建设了大量水利设施以及道路系统。这些计划不仅对沙漠环境进行了改良，还扩大了农业用地面积，为农民提供了更多就业机会，并提升了他们的生活品质。同时，政府还通过一系列政策鼓励农户种植经济作物，如玉米和棉花等作物。除了国家发展项目，政府还对农业生产资料和设备进行资助和补贴，以促进农业现代化进程。在农业技术方面，政府对农作物种植过程中出现的问题给予关注与帮助，鼓励农民采用先进科学技术。为促进农村种植业的蓬勃发展，政府向农民提供高品质的育种品种和农业设施的资助，并定期提供专业培训和指导。另外，政府还制定优惠政策来鼓励农业种植，使农民有条件扩大土地面积，同时也减少了对粮食需求，有利于稳定粮食产量。为了降低农民在耕种土地时的生产成本，政府还提供了充足的农业生产要素，以支持农民的生产和发展。同时，政府也鼓励农民利用市场上现有的农资产品，例如农药、除草剂等。通过提供资金扶持贷款和降低化肥等农业生产要素的价格，有效减轻了农民的生产和生活负担，通过对农业科研投入提高农民的科技水平。政府积极推进农业机械化进程，致力于为农民提供经济实惠的农业生产装备。同时，由于农业生产过程中劳动力短缺问题严重，政府也鼓励农户向非农产业转移。他们不仅成立了农业农村生产组织协会和农村合作社，还将土地整合，形成了一个规模宏大的农场。这些农场都是在没有任何外部投资情况下由当地农户经营的。为了维护农业用地的可持续利用，政府为这些农场配置了先进的机械设备，并为国家农业的发展提供了有力的支持。

然而，政府在提供农机购置补贴方面的能力有限，导致一些农民在获得农机设备贷款时仍然面临着巨大的还款压力。同时，由于农民自身素质较低以及缺乏相关知识，使得他们无法很好地适应新时期农机化技术更新与推广的要求。因此，为了满足这一领域的需求，政府必须不断注入更多的资金以提供持续的支持，为了促进农村地区的发展、提高农民的生活水平以及推动农业的进步，埃及政府正加大对农业的投资力度。

最后，在20世纪60年代，埃及政府实施了一项粮食补贴政策，以可接受的价格从城市地区进口粮食，这一政策一直延续至今。美国在20世纪50年代颁布的480号公共法案中批准了最初用于进口埃及农产品的资金，此外，埃及政府还进行了玉米和食用油等农产品的收购，因为埃及不需要偿还美国提供的大部分贷款，所以埃及政府在最初的时候几乎不需要向该城市提供任何食物，这也就意味着他们可以在不需要支付任何成本的情况下获得所需的资金。然而，随着埃及政权的稳定，纳赛尔与美国各党派之间的冲突不断升级，最终导致美国在1966年停止了向埃及提供任何形式的经济援助。由于早期补贴政策的影响，城市粮食价格已经降至相对较低的水平，为了维护社会的稳定，政府不得不继续实施粮食补贴政策。

在埃及，面包是主要的食品补贴来源。这种面包的质量与其他面包相比也没有太大的差别。自1980年起，埃及政府通过收购和进口小麦，将其用于生产一种名为巴拉迪的面包，并以极低的价格向市场销售，该面包的售价一直保持在1皮阿斯特（约等于1.43美分）。除了面包，还有一些食品可以获得额外的补贴，这种食品供应可以由农民自己管理。此外，为了按照补贴价格购买食物，居民需要购买一张由政府提供补给的卡片，通过这张卡片，居民可以购买到特定的大米、食用油、糖等食品。这种情况下，居民可以自由地把粮食和其他食品出售给政府，而不需向国家缴纳任何费用。在自由市场上，当居民购买的数量超过补给卡上规定的金额时，他们可以选择以独立卖主或在农村合作社储存足够的食物，然后高价从他们手中购买，在低收入家庭中，居民可以以现金形式向政府申请购买粮食和其他生活必需品。

6.3 美国农村耕地"非粮化"防治经验

6.3.1 产权管理，增加农业用地公平

美国农业高度发展，农业生产效率极高、规模经营效益显著，既得益于农业特有的资源要素，也与美国农业百年历史演化、市场竞争等因素塑造的特殊农地产权制度分不

开。美国建国之初，即对大部分公有土地实行私有化，以给予农民土地完全产权为前提，确立崭新的土地制度。这种新的土地制度是以私有为前提，通过法律规定，使土地归全体人民所有，并对其进行严格保护。美国的土地资源主要包括耕地、宅基地、森林、沼泽、矿山以及其他类型的土地。按用途分，可分为农业生产用地、工业建设用地及生活用水、交通与通信设施用地等。

根据所有权的归属，土地可分为归属于国家所有和私有的两类。在法律规定上，国有土地和私有土地各自拥有不同权利，其中国有土地分为联邦政府土地、州政府土地和地方政府土地、联邦政府土地约32%、州政府土地和地方政府土地约10%，绝大部分是非耕地如森林、草地、沼泽、矿山；私田又分为农场地与牧场地两种类型。中部及东部地区大约58%为私有土地，平原地区肥沃农田基本为私有。我国现行农村土地制度，与以上两类不同性质的土地存在着极大的联系。国家对国有土地不实行直接管理，而以租佃方式交由农场主或者农户管理，只保留土地所有权而把绝大部分使用权、收益权、处置权交给农场主或者农民；私有地与公有土地一样都属于公有范畴，但由于它们各自所处地域不同，其产权也不尽相同。在私有土地方面，通常采用自主经营的方式进行。在美国的农业生产中，家庭农场扮演着至关重要的角色，它是农地经营制度运行的主要支柱。在过去的半个世纪中，美国的家庭农场规模逐渐扩大，但数量却以惊人的速度缩减。这一方面与经济因素有关，另一方面也受到法律政策和社会文化等因素影响。规模方面，每个农场平均面积由1950年的98hm²增加到2000年的175.6hm²，增长了近1倍；数量方面，农场总面积和单位耕地面积所占比例均呈下降趋势。但是，在数量上，农场总数从1950年的5648000家下降至2000年的2172080家，下降了61.5%。在这种情况下，家庭农场主也面临着一系列问题，其中最主要的就是如何提高劳动生产率和降低生产成本等。在美国的家庭农场所有制结构中，可以将其归为三类，其中一类是拥有完全土地所有权的业主农场；其次，土地的一部分被业主农场所拥有，而另一部分则被租赁；三是土地全部租给他人经营或以出租形式向他人转让的业主农场。其中，完全拥有土地所有权和全部租佃权的业主农场最多，而大部分是出租给雇佣劳动者经营的佃户农场，这两类家庭农场约占家庭农场总数一半以上。根据1999年的数据，家庭农场总数中有57.7%、31%和11.3%的农场被划分为三类，这表明在现阶段家庭农场是一种重要的农业生产经营主体。就组织形式而言，家庭农场的法律形式主要包括私人业主制农场、合作化农场和公司化农场三种。从经营方式看，主要包括租佃经营和自耕自用两种模式。据1995年统计数字显示，私人业主制农场约占家庭农场总数90%，占绝对主导，这说明家庭农场是在市场经济条件下最基本的农业经营单位之一。在现代美国，农地产权制度以私人产权为核心，农地大多归属于农场主或农户所有。此外，美国法律体系完善，颁布了一系列土地法律法规，如《联邦土地政策和管理法》《国家森林管理法》《水土资源保护法》《森林地和草地牧场可更新资源计划法》《国有草地牧场改良法》《国家环境政策法》《露天开矿管理和开垦法》《海岸带管理法》和《资源保护和复原法》等，对农地私有产权进行了严格保护和规范化。美国现行土地制度是公有产权制度，农民拥有集体土地所有权，但没有土地使用权。因此，土地的所有权归属于农场主或农户，其完整性、明确性和保障性都得到了充分保障。此外，由于土地所有权人与使用权人之间存在着相互制衡关系，因而在土地使用过程中，他们拥有一定的自主权。在法律规定的范围内，土地所有者享有完全自主的经营权，其在土地使用权转让、租赁、抵押、继承等方面享有完全独立于外部干扰和侵犯的权利。另外，农场主或者农户拥有一定程度上的自主决策权。农场局联合会（简称农场局）为农场主或农户提供了声张和维护自身合法权益的平台。这些都使农业成为一种社会公共产品而得到普遍认可与支持，从而为农业产业化提供了良好的外部环境。在美国，农场局已经建立了一个庞大的网络体系，覆盖了从联邦政府到州、县的340多万个家庭农场，并吸纳了470多万个家庭加入其组织架构。农场局运用其强大的政治影响力和广泛号召力，以达到最大化农场主利益的目的，从而左右政府政策倾向。同时，它还是农民权益保护的重要力量之一。然而，农场主或农户所拥有的农地所有权也是具有相对性和条件性的。为了使农地能得到合理有效利用，需要国家给予一定的补偿，即通过一定程序来确定农民对农地所有权的归属。在美国，尽管土地征用权、土地管理规划权和足额征收土地税这三项权力在实际操作中受到多种条件的规范和限制，但联邦政府和州政府一直保持着对农地的管理权、控制权和收益权，这表明国家在维护土地资源的可持续利用和保护方面相对谨慎。因此，国家在制定相关法律时，必须充分考虑到农民的切身利益以及他们对社会经济发展的贡献程度。尽管农场主或农户所拥有的土地所有权并非完全完整，但由于他们获得了具有绝对产权保障的土地使用权，这并未妨碍在有保障的农地使用权下实现农业生产的高效率和经营的自主化、科学化。同时，作为一个社会人，他们又具有一定的自由选择权和权利救济机制。为了限制农地的非农化，政府实施了严格的土地用途管制措施。在此过程中，政府通过制定各种法律和法规来确保这些权利的行使。

6.3.2 耕地规划，使土地资源最优化

在考虑改变农地用途时，农场主或农户必须审慎权衡是否会对当地经济和生态环境造成负面影响，一旦造成任何损失，政府将依法对其实施严厉的惩罚。此外，针对农村土地的规划和监管，美国政府采取了多项措施，以确保其合法性和可持续性。

6.3.2.1 对乡村地域进行策划和监管

通过立法或行使权力，划分城市的发展、建设和农业区域的边界，以确保农业土地不被非法用于非农业目的，从而实现对农业土地的保护。这就是城市规划控制农业用地的含义。为了有效实施规划控制，地方政府应当在其计划和法规中对农业土地和土地进行周密的规划，以确保其合理利用和可持续发展。由于农业土地具有高度密集性和不可移动性，因此要求有一个明确的界限来保证其生产与生活。为了确保农业土地的可持续利用，必须对所有的建筑活动进行严格的限制。如果超出这些限制范围，则需要由中央政府来实施干预。州政府在法律层面明确规定了城市发展的边界，并对城镇发展边界以外的农业土地实施了间接保护措施。各州在立法过程中因考虑到不同地区的自然条件、经济水平以及社会需求而制定出具有特色的土地利用规划方案，从而保证了农业土地得

到充分合理的利用。为了维护农民的热情，避免城市的发展兼并当地的农业，一些州政府采用农业区域方法，将大量高质量的农用地（包括基本农用地和特殊农用地）划分为农业区，并对农业地区的农业生产实施了优惠措施。

6.3.2.2　推行针对农业的税收优惠政策

农业用地的保护是税收优惠措施的核心，其中退税和减税等措施是主要的手段。美国现行农业土地管理制度是以"三权分立"为基础的国家所有制。在美国，许多州都实施了独特的法律保护措施，以确保公民的权益得到充分保障，限制了农业用地设置的他项权，即将其内在开发权依法转移给他人，导致农用耕地失去了城市发展权。同时还规定，如果没有合法的权利人，任何地方的土地开发项目必须被禁止。美国在保护农业用地方面采取了多样化的土地保护策略，这些策略以明确的目标和理论指导为基础。在立法过程中，通过制定《土地保护法》等法律法规来指导和规范人们对农业用地进行合理开发。在实践中，将农业土地的保护与城市的有机融合，注重维护其合法权益，使其能够汲取相应的农业用地保护经验，积极引导农民参与农业耕地的保护；同时强化农业土地开发活动监管，确保土地资源持续利用。农业土地保护并不局限于政府方面，还需要公众的广泛参与，非营利机构已逐步成为农业土地保护中一支不可忽视的力量，美国积极实施各种措施刺激和扶持农业发展，土地所有者因此成为最大受益者。

生态保护补偿实践中，税收减免优惠被广泛采用，作为一种至关重要的手段。在发达国家和地区，政府往往采取一些税收优惠政策来鼓励社会资本参与生态保护领域。耕地信托作为土地流转机制之一，主要是为保护耕地资源而设立的信托机构，它将捐赠、收购所得耕地及无偿或者有偿取得的耕地发展权流转到较大的公共中介或者土地保护组织手中，由这些机构来经营耕地，耕地信托机构负责耕地使用与保护情况，从而达到保护耕地之目的。耕地信托组织作为一家非营利机构，致力于为公共利益服务，因此获得了免税资格，以便将更多的资金用于购买耕地，从而扩大了耕地保护的范围。耕地信托还具有一定的公益性，可以促进农业生产发展和农村建设，并提供就业机会。此外，美国国会已通过《联邦税收激励政策法案》，旨在通过个人所得税税率和减税年限等优惠政策，为保护地役权的捐赠者提供经济补偿。耕地信托机构可以将耕地发展权出售，从而达到耕地保护目的。为了应对耕地减少的问题，美国制定了一系列政策，其中之一是推行发展权转让制度。土地使用权让渡是以市场机制为手段，把土地的开发权让渡给更适合发展的区域，在这一过程中让渡方要为土地开发权让渡付费，使耕地生态产品价值得以发挥。开发权让渡过程中政府不需要负担任何费用，只要厘清开发权让渡方与让渡方之间的关系，利用开发权让渡方所付出的让渡价格为手段来对土地资源进行优化配置就可以了，这样既可以促进土地资源最优配置又可以切实达到环境控制目标，促使经济和生态协调统一，进而保障耕地保护以及生态价值实现。

6.4 日本农村耕地"非粮化"防治经验

6.4.1 耕地制度，确保耕地面积使用

日本是 20 世纪初才开始探索发展环境保全型农业的国家，它和中国一样位于亚洲东部和环太平洋地区，虽然目前的发展阶段及社会制度有很大不同，但是双方均面临土地资源比较紧缺，人口多土地资源缺乏的挑战。随着经济全球化进程加快以及国际社会对粮食安全要求日益提高，如何实现可持续发展成为各国政府关注的焦点之一。为了最大限度地利用和保护有限的土地资源，日本实施了一套高度严谨和成熟的土地管理制度，特别是在耕地农业生态建设方面积累了许多宝贵的经验和实践，值得我们借鉴。通过对我国现有耕地管理政策进行梳理，总结出我国现阶段实施耕地农业生态环境建设所应采取的一系列政策措施。日本耕地农业环境保护支付制度，生态补偿市场认证体系及耕地农业法律制度保障等均以生态补偿原则为基础，已被实践检验为有效，能够增加市场参与度与农户自主性投入以达到耕地生态协同保护。这些措施对我国耕地生态协同保护机制的建设具有借鉴和启示作用，通过对日本现代农业环境保护过程中所面临的问题进行深入分析，并制定相应的对策和措施，我们旨在探索一条有利于中国耕地生态协同保护发展的道路。

为了保护耕地，日本政府制定了相关政策规划，并将耕地保护和非粮化治理置于法律层面。具体而言，根据土地耕种能力分级治理，将农业用地分为城市调整区外和城市调整区内两类。根据不同的用途进行分类并制定相应的管理制度和管理措施。在城市和街道调整区以外的农业用地中，可以划分为三种类型：第一种是土地质量优良、农业生产效率高、农业用地基本实现机械化、公共设施（如道路、沟渠、水资源供给等）基本完善的农业用地，因此该农地将被划定为农业生产保护区。第二种是农业用地面积较大或者有一定规模的地区，该地区的耕地面积大，而且农业生产水平高，可以满足人们生活所需的粮食需求。在城市发展和街道扩张的过程中，为了保护农业用地，通常会选择规模较小、生产效率较低的耕地，以满足未来开发的需求。第三种是因人口增加而导致的新增土地，这部分土地开垦后可以用来种植经济作物，或者作为工业原料基地，也有可能成为城市边缘地区的一块新的农田。第三种土地类型包括位于城市设施区内的用于农业的土地，以及位于城市街道内或街道之间的农用地，这些区域通常被用于建造普通建筑物，并且农业用地分散。为了促进城市基础设施的发展，日本政府积极推广第三类农业用地，以支持非农业化建设。当第三类农业用地无法满足城市非农业化的建设需求时，可以考虑利用第二类耕地，其中第一类耕地主要用于农业生产，以满足人民日常粮食需求，并被视为永久性的不变耕地，不允许用于非农业化建设。根据《农业振兴地域法》《农地法》以及《农业经营基础强化促进法》等相关法规，对农村耕地的用途进行限制，以避免其出现"非农化""非粮化"的情况，从而保护耕地免受恣意破坏和侵占。全国范围内的农用耕地正在接受日本政府的进一步普查，以限定农耕区域，并颁

布耕地使用规范。对于那些肆意破坏或违反规范要求的行为，政府将会进行择重处罚。

6.4.2　产权转让，合理利用土地资源

20世纪60年代以后，伴随着日本经济高速发展，城市化与工业化不断发展导致大量耕地被占用，使农地面积锐减。在经济高速发展和社会大量就业机会的同时，农民兼业化问题越来越突出。由于劳动力市场不完善，农业生产技术低下及农村社会保障体系不健全等原因，使农业劳动生产率不断下降，农产品供给能力急剧下降。随着时间的推移，日本的农业人口逐渐减少，农业生产者的年龄结构也变得更加老龄化，同时农地的荒芜现象也变得越来越严重。在这种情况下，如何实现农地高效合理地利用，提高农地利用效率已成为政府关注的焦点问题之一。

20世纪70年代以来，日本政府开始把农地制度改革重点由所有制转向使用制，把农地使用权流转作为核心要素，鼓励农地所有权与使用权分离，倡导以租赁为主的规模经营，扶持发展各种农业协作组织与合作农业组织，并运用经营委托与作业委托等手段扩大用地规模作业。通过系列政策举措使农地资源能够在各主体间得到合理分配与充分利用。为此，日本政府先后于1970年、1980年、1993年，2000年4次修订《农地法》，颁布实施《农业振兴法》《有机农业促进法》《土地改良法》《农业经营基础强化促进法》，为农地流转与规模经营提供制度法律保障，促进农业经济发展与农地有效利用。在日本农地产权制度下，所有权与使用权这两种关键土地产权共同组成农地产权核心因素。其中，使用权是指农户将其拥有的农地作为一项财产进行使用、收益与处置的权利，它包括占有权、支配权和使用权。国家、公共团体、个人或法人是主要的所有权主体，其中，国家和公共团体的土地占据了约37.1%的比例，大部分为林地、河川、海滨、原野等无法用于农业生产和建筑业的土地，而个人或法人的土地则占据了约62.9%，主要用于农地和建筑。在日本的《民法》中，土地所有权被规定为一种重要的物权，它是对土地进行直接、全面支配性的权利，具有全面、持久等特征，其中包括使用权、收益权和处置权等几项基本权能，在财产权中占据着核心地位。在《民法》规定的范围内，土地所有权所涵盖的若干基本权利必须得到有效运用和行使。在土地使用权中，除部分属于土地所有权以外，大部分属于土地的他项权利。在日本对土地所有权有相对限制，这一限制表现为各类土地使用规划，进而对土地使用范围产生制约。为满足经济社会发展对土地使用权的要求，日本对土地使用权采取使用权与所有权相分离的方针，确立了一系列有关权利，构成使用权并为政府所承认和维护，其产权效率没有因为所有权与使用权相分离而受丝毫影响。在日本政府的法律框架下，土地的出租、转让、抵押、继承、买卖、赠与等行为均享有自由，而私有土地的买卖、租佃、交换则必须在政府法务省的不动产登记所进行登记，以获得法律上的认可和保护。政府制定了特殊的《农地法》、建立了健全的土地管理制度、严格了农地流转程序等，为保证农地在国家的最高监管与调节下达到良性规模经营并发挥最大的利用效率，日本政府对农地实行适度的管理措施，包括农业经营基础制度，农业振兴地域制度及土地改良制度。

此外，日本环境保全型耕地农业体系是建立在"环境标准与规范严谨"基础上而

进行的长期实践，其中包括的具体行动有有机耕地农业行动、绿色耕地农业行动、污染土壤的治理及改良等，2007 年建立了对农业环境保护的支付制度；2011 年开始实施对环境保全型农业的直接支付计划，补贴支付标准确定为 40000 日元/公顷，农业方面补贴的制度期限为 5 年，同时，市级政府也按国家相同的标准对环境保全的生产方式进行补贴。通过上述举措，达到保护和发展生态环境好、可持续发展能力强的耕地农业系统。在政府全面直接补贴和扶持环保耕地农业生产各环节的背景下，环保耕地农业生产实践迅速扩张。据日本 2005—2013 年的普查资料显示，日本 2005 年确定的生态农户人数为 10 万人，以后六年有效增加 11 万人；2013 年全日本环境保护型农业种植面积 4.5 万公顷。其中具有较强政策效应的滋贺县，从 2002 年开始，在 14 年内将环保水稻栽培面积扩大了 3.6 倍。这一成绩的取得是由于在该地区实施了以"政府主导、农民参与"为主线的绿色农业发展模式和完善的配套政策措施所带来的成效。在长期的实践中，日本友好环境下的耕地农业直接支付政策取得了显著成效，不仅改善了耕地的种植能力，还最大强化了农业自身的物质循环功能，同时保护了生物多样性。同时也存在着一些问题和不足，如政府财政压力大、缺乏有效监督等。为确保农业用地的保护，制定相关法律以提供法律依据。根据《城市规划法》，对于城市内不同区域的土地使用情况，必须严格按照法律规定进行确定，不得随意更改。根据国家的规定，对农业用地的用途和数量必须予以严格限制，不得改变。根据《农业法》的相关规定，必须对农村地区的土地使用情况进行合法限制，以确保农业用地不会被随意占用、转卖或转化为其他类型的农业用地。

由于日本的耕地面积和承载能力极为有限，因此对于农业耕地的科技创新和农民教育的投入都表现出了极为积极的态度。从政府到农户都非常重视耕地质量建设和改良利用。在环保型耕地农业生产科研教育投入方面，尤其强调产学研互联互通，注重科技创新与农作培育，切实加大财政资金在新型农药，友好型耕地农业生物技术，生物式病虫害防治技术以及有机农地土壤种植方式等方面的投入力度，使经济补贴对上述技术的效用得以拓展，使上述技术在乡村得以推广应用，同时通过着重补偿发展新型环保型耕地技术等措施，日本 3 项耕地农业技术还在持续推广与高效应用。

（1）在耕地农业上，利用低度肥料进行化学用药，以直接补助农耕肥料及防治病虫害等新药研发，有效地减少新药推广费用，而增加农耕地制作时化学肥料及农药之使用量，以减少农业制作附属品之毒性物质，继而改善耕地附属环境之污染。

（2）为实现农地生产循环经济利用，强化农业生物技术应用，对种植废弃物（如农作物秸秆）和家禽牲畜粪便等有机生物资源或植物资源进行科学集中处理，以有效减轻耕地负荷，增强环境承载能力，提高农地周边空气，土壤及水体防止污染的能力。

（3）有机耕地农业是引进先进栽培技术的农业，它强调耕作时摒弃各种化学添加剂，农药化肥，充分发挥农作物自然生长方式的优势，因时而种，因时而耕，使耕地生产与其周边环境有机统一。

为了保护农业用地，需要通过促进经济发展和开发大都市区来实现这一目标，这是战后发达国家普遍采用的土地利用方式。在"二战"结束后，日本实现了经济的高速增长，以主要城市为核心，以大型城市的经济发展为主要驱动力。同时也采取"以农立国"方针，大力推进农业现代化进程，使其成为国民经济的基础。为了实现城市及其周边地区的协调稳步发展，制定了三条相对独立的城市化和工业化运行路径，以保持城市及其周边乡村地区的社会经济发展、资源共享、生态环境保护、基础设施建设和产业活动等多方面的紧密联系，并形成一系列专业配套措施，以高效利用土地资源，减少重复建设的土地占用。这些经验对于我国推进城市化进程具有重要的借鉴意义。东京都市区、名古屋都市区和阪神都市区占日本人口和经济密度的80%，土地利用高度集约。通过实施"精明增长"战略和可持续发展政策，使其成为世界较重要的大都市之一。根据全面审查结果，日本城市发展路径和结构的选择，可最大限度地发挥土地资源条件和大城市的聚集效率，从而实现耕地的节约和土地资源的合理利用，进而积极促进耕地的科学利用和生产保护。

6.5　英国农村耕地"非粮化"防治经验

6.5.1　体系规划，刚性约束城市扩张

在欧洲国家中，英国的人口密度居于前列，每平方米的人口数量高达240人。随着城市化进程不断加快，大量农村土地被征用，导致大量农民失去土地并涌入城镇中。为了控制土地使用情况，英国制定了多项城市和乡村发展规划，旨在保护农业生产用地并打造美丽的乡村景观。这些规划都将土地作为一个整体进行管理，从而确保土地可以得到合理利用。英国以一系列城乡规划为基础，成功实现了对广大农村地区土地的保护，同时避免了城市扩张所带来的建设用地紧缺问题，这也是英国在保障农业生产土地保护方面的一项重要成就。

在英国大都市的发展规划中，最显著的特点是限制城市的进一步扩张，旨在通过实施生态环境保护和绿色发展等策略，提高城市基础设施的利用率，避免城市进一步扩张，从而保护乡村美丽的风景，确保农业生产土地不被侵占，进而实现耕地的合理利用，以满足人民对食品的需求。同时，通过制定一系列的政策和措施来减少农民向城镇转移，从而达到节约城市用地，保护环境的目的。在另一方面，英国的农业用地保护计划旨在通过激发人民对乡村的热情，以保护广袤的农业用地，使其免受城市扩张所带来的冲击。其中，除了政府采取一系列政策措施外，还有一个重要的手段便是制定严格的法律制度，确保农民的利益能够得到有效的维护。根据《农业用地和农村保护法》的规定，无论是城市还是乡村，所有建设用地的开发和使用都必须经过相关部门的许可方可实施。

6.5.2　耕地保护，严格要求耕地使用

英国在致力于保护耕地和粮食安全的同时，采取了多元化的乡村发展政策，以提高农民的收入和生活水平，促进农业现代化和城乡可持续协调发展，这为中国推动乡村振

兴提供了有益的借鉴。在城市发展和周边农村土地保护的协调发展中，已经成功地融入了整个规划体系，并被广泛认可为一项社会准则。在英国，农业用地被划分为五个不同的等级，如果规划部门的建设用地面积超过了农业用地的相关等级，那么必须经过农业部的批准才能开始实施。我国对土地利用总体规划中关于农业用途区划的规定也有类似要求。自 20 世纪 80 年代中期起，政府开始更加注重农业用地的生态价值，而非其生产价值，以推动农业用地向建设用地的转型。

6.6 以色列农村耕地"非粮化"防治经验

6.6.1 资源保护，制度保障农地使用

以色列国土面积小，绝大多数土地为沙漠和高山，可耕地面积占全国耕地面积 20%左右，耕地资源和水资源缺乏，虽然土地面积小，但是以色列在农业生产和耕地种植方面取得了突出成就，主要归功于以色列政府"国有永佃制"农业生产模式和产权保护制度。以色列政府实施土地的所有权归属于国家，90%以上的土地归国家所有，政府部门向农村公有制集体农庄或合作社提供了非常低的几乎无偿的租金，用于农作物种植，租赁时间长达 49 年，过期后会自动续租。在这些农场中，农民拥有永久使用权和部分剩余权，但并不具有所有权。因此，为了获得长期租约，农业公社必须向土地管理局（Bureau of land Management）提出申请，以获得土地使用权。如果被租用的土地不能满足农业发展所需，则可以向政府提出请求并要求重新租赁土地。在进行农业用地的转让、承包等活动之前，必须先获得土地管理局的认可和批准。在以色列的领导层看来，未来任何土地都有可能被用于农业生产，而最高法院作出的裁决是，这些土地的使用不需要任何形式的赔偿。因此，土地可以被出租或出售，但是要满足严格的要求，即必须保证其拥有完整的所有权。在以色列政府的授权下，农村公有制集体农庄或合作社得以向农户进行分散经营的转租，但前提是土地租赁者必须遵守土地永久租佃制度，不得无故弃耕、抛荒或随意雇耕。土地所有权归全体农民共有，而不是由集体或个人占有。家庭作为基本的生产经营单位，其所有生产资料和生活资料均归属于社员私人所有，唯独土地和水资源归国家所有。社员之间相互关系紧密，可以共同承担经营风险和风险损失。该社团成员具备高度的经营灵活性，可以雇佣员工、自主经营，并自主处理农产品。

以色列政府和多数以色列人一致认为，实行土地国有制度是维护国家安全和促进经济发展的必要措施，因为它可以有效地防止土地被外国购买，有助于监控土地的开发进程，以确保未来土地的储备和利用，为政府提供公共产品提供了有益的支持。因此，以色列视土地所有权为一项至关重要权力，致力于将其牢牢掌握在自己的掌控之下。在这种情况下，土地所有者就有可能通过长期的合作来获取最大限度的收益。尽管以色列实行土地国有制度，但其将土地使用权以永久租佃的形式租赁给农村公有制集体农庄或合作社，使得土地使用者获得了近乎永久的使用权，等同于获得了土地经济上的所有权、

使用权的稳定和收益权的保障，从而极大地激发了农户从事农业生产的动力和热情，这也是以色列在沙漠地区建立世界第一流农业的主要制度因素之一。

6.6.2　产权管理，法律规范土地规划

以色列一直是农业土地保护的典范国家，通过制定多项国家政策来促进农业土地的保护，以确保国家的粮食安全。在我国当前社会经济发展中，农业占据着非常重要的地位。以色列的农业生产所需的土地面积相对较少，且其气候常年干旱，导致耕地面积较小且分布分散。由于缺乏足够的水资源以及其他自然资源，导致其农作物种植面积不大，且产量低下，无法提供充足的食物。以色列的农业技术在满足国内粮食需求方面发挥了至关重要的作用，甚至实现了对额外粮食的出口，为国家的粮食安全做出了重要贡献。1965 年以色列发布了《规划和住宅法》，其中《规划和住宅法》中明确规定：农业土地保护是地方及国家有关规划的一个目标，由所有规划部门优先考虑农业土地的保护，并制定严格的土地管理制度，并保证每个农民有自己独立的土地所有权，这也为农业发展提供了有力保障。以色列作为一个高度集中的国家，其中央政府批准了多个地方区域规划，并要求较低级别的地方规划必须服从于中央规划，而中央规划则对地方规划产生了反向影响，形成了一种相辅相成的关系。在这一原则下，制定并实施了一系列法律，包括土地利用总体规划和详细的城镇规划图以及相应的法规，所有用于地方政府建设的土地，均需获得相关部门的规划批准。

6.7　德国农村耕地"非粮化"防治经验

6.7.1　土地管理，整合农地管理系统

作为欧洲的农产品生产和出口巨头，德国在全球市场上扮演着重要的角色。其中食品制造业增长尤为显著。近年来，德国农业的增值呈现出稳定而持续的趋势，涉农总增加值高达 1500 多亿欧元，涵盖了农业上游和下游相关产业等多个领域，其对国民经济的贡献约占总量的 7%，其农产品质量安全水平居世界先进行列。德国的农产品在自给率和优质率方面表现出较高的水平，这使得它们在市场竞争中具有强大的竞争力。在全球农业贸易中，德国的进口和出口份额一直处于领先地位，近年来，德国的农业和食品业进出口呈现稳步上升的趋势，这一趋势得到了德国联邦食品、农业和消费者保护部的数据支持。农业和食品产业的进出口对于德国的经济具有至关重要的意义，因为德国的农产品进出口额占据了总进出口的约 6%。德国农业的蓬勃发展离不开其先进的农地管理系统和完善的农业经营体系。在农业生产中，土地扮演着至关重要的角色，德国通过完善先进的农地管理系统，保障了农地所有者和农业经营者的权益，从而促进了农地资源的高效配置和农业的高效发展，这些都为我国当前农村劳动力转移过程中存在的农民身份不明确、农村土地产权主体模糊等问题提供了有益的启示。通过建立完善的农业经营体系，德国农业的生产效率得到了显著提升，同时也增强了其在市场上的竞争力。因

此，我国农地制度的调整改革和新型农业经营体系的培育发展，可以从德国在农地管理和农业经营体系方面的卓越经验中获得重要的启示。

在其漫长的发展历程中，德国始终坚持以土地所有权为核心。随着社会经济形势和生产力水平的不断提高，国家为了适应市场经济发展要求，开始逐步放松管制，允许私人资本进入农业领域并取得一定收益。在 1990 年 10 月，随着两德的统一，联邦德国对东德的公有农地进行了私有化改造，从而确立了一个统一的农地管理制度。经过多年努力，已经基本完成了从计划经济向市场经济转轨时期的过渡。目前德国土地所有权约 80% 为自然人和法人私有，10% 为公众所有，农地利用模式为租佃经营和混合经营，这种新的农地产权制度既有利于提高农民生活水平又能够保护耕地资源不被破坏，从而保障社会经济稳定和谐发展。随着时间的推移，德国在农地整治和管理方面逐渐形成了一种系统化的管理模式，其农地管理政策和农业农村发展措施都是以农地制度为基础制定的，同时农地管理系统也是农业和农村发展的基石和核心，为德国农业的发展提供了有力的保障。德国的农地管理系统以综合管理控制系统（IACS）为核心，由农地整合确认系统、农地合规性检查和交叉守则协议三个主要组成部分构成。本书对上述三个子系统进行详细介绍。首先，确认农地的整合。该系统将土地资源作为一个整体来考虑，以确保每个地区均有适合于自身特点的土地使用方案，并能够根据区域内不同情况做出相应调整，为确保农地规划和管理的有序运行，德国制定了一份三级土地利用规划，以确保系统的高效运转。其次，农地合规性检查和交叉守则协议。尽管德国允许在农地市场进行自由交易，但其对交易市场机制进行了严格的调控和管理，包括农地规划和农业准入制度等方面，德国在农地整治项目中明确规定了农地管理机构及其职能、农地纠纷处理等内容，从而有效地推动了农地调整和规模化经营的发展。通过严谨的所有权管理，全面维护农地所有者的权益，确保农业经营的稳定性和科学性得到保障。在该系统的支持下，德国成功构建了一套高效的土地规划、权属确认、调整、交易和管理机制。最后，运用信息化管理系统，对农地的合规性进行精准检查和管理，明确农地适宜经营的项目，并合理划分地块。针对不同类型土地制定相应的管理制度，确保农地流转过程中符合法律规定。最终，以交叉守则协议为基础，完善的农地管理系统与农业信息系统相互衔接，为德国有效实施共同农业政策（CAP）以及推进农业和农村发展政策提供了坚实的支撑。通过对德国农地进行整理，不仅实现了农地的集中化和农业生产经营的规模化，同时也确保了农产品的质量安全、水资源和生态环境的保护，从而促进了德国农业和农村的可持续发展。总体而言，德国的农地管理系统呈现出系统化的规划、规范化的程序、合法化的交易、多元化的主体和信息化的技术特征。

6.7.1.1 将农地管理规划纳入系统化的框架

为了推动农地集中和基础设施建设，德国制定了《联邦国土规划法》（即《空间规划法》），并在此基础上颁布了地方规划法，同时编制了空间整治和区域发展规划，从而形成了完善的土地规划与计划管理体系。该体系由政府主导，各部门协作实施，具有较强的科学性、系统性、规范性等特点。目前，德国正在实施大规模的地理信息项目，运用地理信息系统和遥感信息技术获取生物物理数据,以配合土地水资源管理计划。同时,他们参考了社会经济和体制发展因素,将联合国粮农组织的准则作为评估依据,并将区域治理和规划战略目标相结合,以确保农地规划和管理在可行性和可操作性方面得到充分考虑。在德国,农地管理规划体系被划分为联邦、州和市镇三个层级,每个层级的规划都有其独特的目标和内容。联邦空间规划和州级规划注重宏观层面,而区域和市镇规划则更加注重细节,特别是在农地管理和整理方面,从而形成了全联邦的农地管理规划体系均有所涉及。联邦层面的土地利用总体规划由联邦政府统一编制,包括国家土地分类标准和耕地质量等级划分标准。在联邦体系中,制定联邦总体发展规划和确定规划总目标是联邦层级的主要职责所在;州政府层面的土地利用总体规划由各县市政府共同参与编制并监督实施,其具体规划重点为土地用途管制、土地增值收益分享以及城乡一体化建设等方面。州级发展规划的制定是基于对各州人口结构、农地规模以及城市发展状况等多方面因素的综合考虑;县层面以行政区划为基础,结合土地资源分布情况,进行县级总体规划。市镇级规划所包含的要素涵盖各个区域内的农地、林地、景观以及村镇改造等具体细节。

6.7.1.2 规范化的农地管理流程已被确立

在德国统一之后,所有的土地都被纳入了地籍登记制度。仅有那些被登记在档案中的土地所有者,方可获得法律认可和保护,这是地籍登记制度所规定的。为了解决战后农地地块分散、细碎的问题,德国依据《田亩重整法》实施了田亩重整计划,对零散、细碎、分散的农地进行了集中调整和重新登记,通过对其进行平整改造,形成了连片的地块,从而推动了家庭农场的规模化、集约化和机械化进程。同时还采取了一系列措施以确保土地所有权人利益不受损害。在农地整理的过程中,德国高度重视土地所有权的管理,采用农地分类方法和地籍管理系统,对土地进行估价、所有权调整和验收登记,以确保土地所有权的有效管理。其做法可供我国参考借鉴,以下是权属管理流程的详细描述。我国目前农地流转中存在着大量问题,其中最突出的是土地承包经营权与使用权的分离,造成农民失去对承包地的实际控制。

(1)在立项决策中,需要由土地整理局对农地的所有权现状进行明确,并对所选地块进行全面的估值;此外,对于因土地征收等原因发生的农地权利人与国家之间的争议,可以由上级人民法院或下级政府受理。

(2)农地产权的所有权发生了调整,导致新的所有权和义务关系的产生。

(3)对于新的土地产权状态,应及时进行权属登记,并将变更材料提交至地籍局,最终将其记录在档案中。

通过规范的权属管理,农地产权得到了法律的保护,从而确保了农地整理工作的无阻顺利。在农地纠纷发生时,调解和向农地管理法庭提起诉讼是主要的解决方式,以解决纠纷。在德国,各个州的农地管理局内部均设有专门的争议仲裁机构,其职责在于调解与农地管理相关的纠纷。每个州的最高行政法院均设有专门的农地管理法庭,负责审理和处理与农地管理相关的诉讼案件,对于对农地管理法庭判决不满的人,可向州中等法院提起上诉。

6.7.1.3 将农地产权交易合法化，以确保其合法性和合法性

根据德国《农业法》的规定，土地所有者享有对其所有土地的占有、使用、收益和处分等权利，这些权利包括自由出售、出租、抵押和转让等权利。我国现行法律也没有禁止土地流转，允许农民在一定条件下依法以承包经营权进行抵押或质押，这对于解决农村土地问题具有重要意义。在进行农地所有权的出让时，必须遵守德国《民法手册》和《土地交易法》的规定，并获得地方农业局的许可，以确保土地细碎化经营、出让价格与实际价值严重背离、农地非农化等方面的审批不允许进行。我国《物权法》也明确了农村土地承包经营权流转是指农户将承包地使用权在一定期限内依法有偿或无偿让渡给他人的行为，产权的交易方式包括出售、出租和抵押三种，其交易流程如下。我国在农地流转制度方面存在许多缺陷，但随着农村经济发展，农民越来越重视土地的使用权，而土地使用权的取得需要有一个过程。①在谈判阶段，将初步确定交易对象，并就交易价格进行深入探讨；②在公证阶段，需要对所拟写的交易合同进行审查和公证，并完成登记注册和缴纳税费的程序；③在登记的过程中，需要进行转让证书的签署、变更登记的申请以及后续的审查工作等一系列步骤。在农地租赁和抵押借贷的流程中，涉及的管理机构主要包括地籍局、土地估价委员会、公证处以及土地登记局，这些机构共同构成了该程序的核心组成部分。在德国农地租赁市场呈现出蓬勃发展的态势，成了一个备受瞩目的市场。德国公布了《农地用益租赁交易法》，该法规定了租赁合同备案制度，以维护租赁双方的合法权益。该法统一规定了农地租赁的期限、租金、用途和租赁方式，并进行了定期检查，如果出现未支付租金、未经批准转租或改变用途等情况，则要求当事双方解除合同。

6.7.1.4 实现农地管理主体的多元化

在德国农地管理是遵循法定程序，在农地管理官方机构的指导下，由相关利益代表共同参与的一项重要工作。它以法律为依据，通过立法、执法来规范和约束政府对农地管理活动的行为。德国的农地管理机构，即巴伐利亚州的农村发展管理局，承担着制定相关规章制度和技术规则、组织实施等重要职责。它通过建立统一的土地登记系统，以法律形式明确各部门职责范围，确保土地资源合理利用。在本辖区内，农地管理机构的设立和管理事务由州层面决定，而具体的管理工作则由基层机构负责。各地区根据当地实际情况，分别成立了相应的土地管理站、农业服务处等部门。德国特别成立了一个参与者联盟，由该地区所有农地所有者和合法建屋权人组成，共同负责协调和实施各项事务。参加土地登记工作，对申请注册登记者进行培训，提供法律帮助，农地管理局对参加者联合会进行了指导和监督，以确保其符合相关规定。参加土地登记是参与者联合会最重要的职责之一，其目的在于通过登记来明确权利人的权利义务，保障权利人合法权益。在农地管理过程中，涉及立项决策、估价、权属调整等重大决策时，必须征询参与者联合会的意见，以确保公众参与的合理性和有效性，并让参与者能够参与决策。通过

参加土地管理活动，使参与者了解土地的用途、利用方式及效益评估情况，并对相关问题进行讨论分析，从而达到合理开发利用土地资源的目的。农地管理局的职责在于提供指导和服务，以激发公众的参与热情，确保工作有序推进；同时通过对参与者联合会进行培训使其熟悉土地管理制度和相关政策。农地管理工作的阻力得到了有效缓解，这得益于广泛的公众参与。

6.7.1.5　实现农地管理技术数字化转型

尽管德国农地管理工作的复杂性不容小觑，但其所依托的信息技术和系统却是其不可或缺的重要支撑。在土地整理过程中，利用信息化手段提高工作效率是一种有效的方式。在农地整理过程中，德国运用了先进的 3S 技术，包括遥感技术、地理信息系统和全球定位系统，以实现信息采集、数据处理和分析的全面覆盖。利用现代计算机技术与传统方法相结合，建立起高效便捷的数据库管理系统，为土地整理工作提供可靠依据，从而达到快速有效地处理海量信息的目的。德国还运用土地整理信息系统和专线网络传输技术，实现了数据信息的一体化管理，确保信息数据的实时更新，从而方便资源共享和自动化办公，这些都为我国农地管理信息化建设提供了有益借鉴。在农地管理的过程中，信息处理技术的应用不仅提高了数据的准确性，而且为后续信息的重复利用提供了便利，从而极大地提升了农地整理的效率。在农业生产的各个环节中，德国深入应用信息技术，建立了一套完备的农业信息系统，其中包括农业信息数据库系统、农业信息网络系统以及精准农业技术等农业信息技术成果。这些先进技术为我国现代农业的信息化建设提供借鉴。通过运用信息遥感技术，德国的精准农业能够精准计算农田肥料和农药的使用量，并准确定位地块位置，从而实现化肥农药的精准使用，这不仅能够降低成本和提高效率，同时也有助于推动环境的可持续发展。

6.7.2　耕地整治，完善农业经营体系

在德国，完善的耕地管理制度不仅确保了农场主和农场主的合法权益，同时也推动了耕地整治和规模经营的发展，从而确立了高效的农业制度。本书对这一制度进行介绍和分析。德国的农业治理体系包括两个方面：一是针对家庭的农场，二是提供农业社会化服务的机制。在德国的土地利用结构中，农业和林业用地占据着无可撼动的主导地位。2011 年，德国的农业用地总面积达到了 1671.9 万公顷，占了该国国土面积的52.3% 的份额；其次，占据 31% 的土地面积为 1076.6 万公顷，其中林业用地占据重要地位，二者相加占据国土面积 80% 以上。在农业发展中，主要集中于种植业和畜牧业两个方面。截至 2013 年，德国的农业用地占据了国土面积的 53% 左右，呈现出相对平稳的态势；全国土地中，林业用地所占比例略有下降，仅为 30%；而建设用地所占比例为 13%。这主要是由经济发展水平、工业化程度提高及对生态环境重视等因素造成的。德国高度重视生态农业的建设，并强调农业用地在生态服务方面的重要作用。自1992 年起，欧洲共同农业政策体系下，德国联邦和各州纷纷呼吁进行生态性农业用地建设，截至 2011 年，德国已有 99.07 万公顷生态性用地，占据已利用农业用地的

5.9%。农业经营的成败，在很大程度上取决于土地利用结构的合理性。在德国，农业领域的就业人口数量不足总人口的2%，而且近年来呈现出逐渐减少的趋势。德国农业就业人数从2010年108万下降到2013年102万。由于农业从业人员中女性比例较大，导致农村老龄化严重和农业劳动生产率低下等问题。然而，德国实施了严格的农业职业准入制度，并提供专业的农业职业教育和培训，每年有超过3万名农民接受农业职业培训，这使得德国农业劳动力的整体素质得到了提升。在德国的农业生产经营组织中，以家庭农场为主要经营主体，实现了高效精简的管理模式。家庭农场一般都以土地和劳动力作为基本生产资料，实行专业化分工。随着就业人数的减少，近年来德国的农业经营组织数量出现了下降的趋势。根据2007年德国联邦统计局的调查结果，德国的家庭农场数量接近32.8万家，然而到了2010年，这一数字已经减少了约2万家，而到了2013年，德国的家庭农场数量更是进一步降至28.5万家。在德国的家庭农场中，规模不超过100公顷的中小型农场占据了绝大多数的比例。从目前情况来看，家庭农场主要从事种植业和畜牧业生产。在2010年，德国的家庭农场平均拥有的农地面积为56公顷，然而，经营组织所拥有的农业用地面积不足50公顷，占比达到72%。家庭农场是一种以土地和劳动力为主生产要素的农业经济组织形式。因此，随着时间的推移，德国规模较小的家庭农场数量逐渐减少，而规模较大的家庭农场数量则呈现上升趋势，这种趋势逐渐显现出来。

6.7.2.1 家庭农场

作为德国农业最为重要的组织之一，家庭农场能够整合分散在各地的土地、资金和技术等资源，运用先进的生产和管理方法，以实现农业规模的扩大。家庭农场具有经营规模小，劳动力成本低，劳动生产率高，经济效益好等特点，对促进现代农业发展起到了积极作用。在我国，家庭农场已经成为一种广泛采用且高效的管理方式，这一点在德国和其他发达国家的实践中得到了充分证明。它既不同于传统的小农户，也与现代公司企业有许多相似之处。德国家庭农场以企业化经营、多元化经营方式和现代化经营方式为核心特征。一是以商业经营为基础的乡村庄园。家庭农庄的特点在于以市场为导向，实行家庭式经营和专业化分工，并将农产品销售到世界各地，从而使农民获得更大收益。通过实现土地的自由流转和统一，德国成功地实现了农业生产和经营的规模化，为其未来的发展奠定了坚实的基础。二是以工业为主的家庭牧场。在德国，家庭农场的经营规模可分为三类，第一类是拥有超过100亩耕地的大户，第二类是30~100亩为中等规模家庭农场，第三类是不超过30亩小型农场。

近年来德国家庭农庄数量不断减少，德国小规模农庄比例仅64.3%、中等规模农庄比例仅27.2%、大型农庄比例仅8.5%。因为中小农户在德国的农业生产中扮演着至关重要的角色，所以他们仍然是最主要的经营主体。因此，研究如何提高家庭农场的管理水平具有重要意义。在德国绝大多数家庭农场都建立了完备而规范的会计体系，详细记录了其管理投入和输出，并进行了独立的经济核算。第一个方面就是会计核算规范化。同时，在家庭农场蓬勃发展的进程中，也会聘请劳动力，将农资供应和服务外包，以实现家庭农场的现代化和标准化运营。其次，农业领域呈现出多元化的趋势。家庭农场可以分为两类，一类是兼业型的家庭农场，另一类则是非兼业型的农业企业。在德国家庭农场的专业化程度极高，其经营方式可划分为以主要产业为核心的家庭农场和以次要产业为主导的家庭农场。这两类家庭农场又可以细分为多种经营形式。家庭农场的经营范围可分为专营和兼业两大类，前者专注于特定领域的经营，后者则提供其他相关业务。这两类家庭农场都有自己的主导产业和副业生产项目，其中主业农民90%以上的收入来自家庭农场；兼业包括畜牧业、渔业、林业以及旅游业等。农民的主要经济来源在于从事副业。家庭农场一般经营农产品和农副产品加工、食品生产以及相关服务等行业。其中德国家庭农场占60%以上，其他行业家庭农场占40%以上。家庭农场经营模式多样。在德国家庭农场主要从事农业生产，其中大多数是以种植食物和养殖为主，少数则是专业从事水果、水果和花卉种植的农户，此外还有一些手工艺品和乡村旅游活动。家庭农场的发展对增加农民收入和改善农村生活有着重要意义。在德国，家庭农场的经营方式呈现出多元化和兼业化的趋势，这种趋势不仅有助于家庭农场的分工和协作，还能推动农业生产和服务的发展。

6.7.2.2 推进家庭农场现代化管理，实现现代化运营

自20世纪70年代起，德国开始广泛推广农业机械化、电气化和化学化，并将现代化的管理理念融入农业生产和管理中，从而推动了农业现代化进程。在这些先进的管理手段中，最重要的就是对农业劳动力进行技能培养，使之具备一定的职业技能水平。同时，德国对农场主的资质要求极为严格，任何一位具备相关证书的专业农场主都必须具备相应的资格认证。在这种背景下，农业专业技术职称也就成为衡量农场主是否具有一定专业技能水平的标准之一。在德国，农业专业技术教育与培训的途径主要有两种：一是运用大学的教学模式，二是通过职业技能培训，获得农业生产者的资格认证。前者是以学校为主体，后者则是由政府主导实施。在德国，农业职业教育被划分为初、中、高三个阶段，以培养农民的实际操作技能、经营管理技能、经营管理技能和经营管理技能。其中，初级农业学校是专门为农村和城市人口提供基本的职业技能训练的机构，中级农业学校则承担着对具有一定文化水平的青年进行专业技能训练的任务。在此基础上，德国的农业职业教育不仅培养了一批高素质的农民，同时，德国的农业科技和设备也达到了相当高的水平，这使得德国的家庭农场得到了显著的发展。

6.7.2.3 构建农业社会化服务生态系统

德国的农业社会服务系统由合作社、农民联盟、农会和农会四个组成部分构成，是该系统的一个重要组成部分，该系统的组织结构以合作经济理论为基础，实行"一社两制"，所有由农民自发组成的非政府组织机构均为提供服务的组织。农民联盟在政府与合作社之间起到桥梁作用，合作社联盟致力于为农户提供全方位的经营服务，涵盖农产品生产、加工流通以及农资配套服务等多个领域，以满足农户的需求。农会是农民之间自愿联合起来组织起来的群众性互助性团体，农联向农场主和农场主提供了关于他们

生活方式的专业服务，在农业合作经济组织中，农会处于核心地位。农民职业教育和培训，以及农业经营活动的技术支持，是农会所从事的农业技术工作的核心职责。此外，农会还可以在一定程度上监督农业政策，并协助国家管理农业事务。最终，农业协会代表着农民和农业的权益，他们具备为政府提供建议、对政府决策产生影响的能力，还会定期举办农业展览会、技术研讨班等活动，以推动农业的发展和进步。此外，还有一些非政府组织也在协助农户参与农业，如合作社。这些组织整合了德国的农业资源，为家庭农场提供了更多的发展机遇，帮助其扩大规模，从而更加高效地利用土地和生产设施。在这一过程中，家庭农场可以从这些组织那里获取大量知识，提高自己的管理水平。通过整合资源和积累经验，可以为家庭提供更加广泛的市场渠道和销售机会，从而增强他们的竞争力。这些组织不仅是农业生产的参与者，也是农业技术推广者和生产者，他们会将新技术与传统知识结合起来并进行推广，这些组织致力于孕育高品质的农业企业，为农民提供培训和指导等支持措施，以协助他们提高种植技术和管理能力。此外，他们还将先进的农业科学技术引入农户，从而提升了产品质量和效率。在种植过程中，他们积极推崇创新和科技应用，倡导采用更为高效的方法和技术，以促进作物的生长和发展。通过这些方式，农业生产与农村生活结合起来，使其更加贴近于人们日常生活，并且让人们享受到现代化发展带来的好处。不仅能够提升产品品质，同时也能够扩大生产规模，减少对生态环境的不良影响。另外，农民也能从这些组织那里获取更大的经济利益，这些组织致力于提高农民的收入水平，以促进农业可持续发展这些组织也是农业产业链上重要的参与者，其成员来自不同行业、不同地区。通过与超市、餐饮企业等展开合作，他们为农民提供了更多的销售渠道和市场机会，鼓励他们积极参与农产品的加工和价值链的延伸，从而帮助他们实现更高的利润。此外，还制定相关政策来促进农村基础设施建设，加强农村教育培训工作。通过这些措施的实施，农民的收益得到了显著提升。同时，由于政府对农业补贴力度不断加大，这些组织也取得了良好的经济效益。总的来说，这些组织在推动德国农业的发展方面扮演了至关重要的角色。这些组织既是农村经济活动的组织者和协调者，又是农村社会资本的提供者，同时还是农民利益的代表和维护者。通过协作分工、资源整合和支持措施，他们推动了家庭农场规模的扩大、农产品质量的提高以及农民收入的增长。同时，他们还积极引导农户参与市场开发和管理，从而提高了其生产效率和竞争能力。这一举措不仅有助于推进德国农业的可持续发展，同时也为全球农业领域树立了一座标杆。

本章小结

本章内容主要通过对俄罗斯的粮食安全政策、市场流通、基础设施建设、国际的粮食合作等成功做法进行介绍；分析埃及在可用耕地较少、水资源短缺、沙漠化较为严重等情况下，如何从多方面着手建设、保护耕地从而稳步提高粮食产量和保障粮食安全；还对美国的农村土地区域规划、税收优化政策；日本的土地划分、耕地保护法律制定，通过制度改革完善土地治理体系，以规范耕地种植行为；英国通过限制城市扩张，颁布、城市扩张政策、农业用地的审批流程，防治侵占农业生产土地，进而实现耕地的合理利用；以色列政府规定遵守土地永久租佃制度，实行土地国有制度，不得无故弃耕、抛荒或随意雇耕，通过制定多项国家政策来促进农业土地的保护，以确保国家的粮食安全；梳理德国在土地的利用现状、农业经营体系的现状以及农业土地管理体系发现，德国政府构建了完善的耕地管理制度，进一步推动耕地整治和规模经营的发展，从而确立了高效的农业制度。综上所述，国外农业发展、耕地保护以及规模化经营均取得了较为显著的成果，对我国后续开展乡村建设以及耕地保护提供了鲜活案例与参考借鉴。

第七章 国家粮食安全背景下的我国农村耕地"非粮化"的治理策略

本研究以国家粮食安全背景下我国农村耕地"非粮化"治理为主线，参考现有理论基础以及研究现状，梳理我国耕地"非粮化"演变趋势；运用统计分析、空间分析方法，着重分析我国 2009—2019 年耕地"非粮化"的演变趋势及其时空分布特征，挖掘我国耕地"非粮化"对粮食安全的影响以及耕地"非粮化"成因；以统计资料、数据为基础，运用 ArcGIS 中的地理加权回归方法，进一步探究在空间格局上各影响因素对我国各省耕地"非粮化"的影响程度及地区差异；最后归纳、总结国外保障粮食安全与防治耕地"非粮化"的实践经验。近年来，我国农村耕地"非粮化"得到了较高的关注，但还未形成系统、有效的治理策略，实际治理水平还处于较低水平，与农业、农村、农民直接相关的现实问题仍处于未解或者待解阶段。对此，根据上述研究分析结果，基于国家粮食安全背景下我国农村耕地"非粮化"治理，从耕地"非粮化"治理的主体行为规范、耕地"非粮化"治理的制度设计、耕地"非粮化"治理的市场环境规制、耕地"非粮化"治理的配套设施建设、耕地"非粮化"治理的农业服务体系、耕地"非粮化"治理的生态防护机制、耕地"非粮化"治理的责任监督机制七个方面提出治理策略。

7.1 耕地"非粮化"治理的主体行为规范

7.1.1 强化粮食安全意识，加强主体思想教育

首先，粮食安全、粮食储备与粮食种植是我国地方政府一直重点关注的问题，只有抓住粮食命脉，才能为我国经济社会发展夯实坚实的基础。从国家层面来看，政府部门应切实履行食品安全责任，加强食品安全管理，确保食品安全，加强粮食安全思想教育，切实开展耕地"非粮化"思想教育活动，涵养粮食安全意识，时刻牢记粮食安全是国之重任、国之重担。推动实现我国粮食安全中的"省长负责制"，切实保障责任追究到人，务必要保障粮食安全生产，延伸农产品产销链，切实保证人民"菜篮子"与"米缸"。切实开展粮食安全的监测以及实施耕地保护措施，地方政府、各级党委要切实担当责任，保障粮食安全产业生产和耕地保护相关政策措施贯彻落实。若粮食生产出现问题，地方政府部门具有不可推卸的责任，甚至是党政"一把手"要同责。因此政府部门保障粮食生产、耕地保护措施落实义不容辞。

其次，充分发挥我国社会组织力量，为各类粮食生产规模经营主体和服务主体提供社会服务。社会组织在推进粮食安全保障、耕地保护和耕地"非粮化"防治等方面同样发挥着重要作用。社会组织具有覆盖规模广、数量多的优势，在整合社会资源、组织社会力量等方面优势明显，能够激活农村大量处于闲置状态的资源要素以及乡村内在的发展动力，带动农村剩余劳动力参与粮食生产。随着我国地区社会建设的不断完善，社会组织在推进社会发展、落实相关粮食安全政策以及耕地保护等方面采取了众多的行动，下乡宣传保障粮食安全、防范耕地"非粮化"思想、培育农业种植能人和开展农技农机培训，使得社会组织在参与乡村建设、耕地保护等过程中有更大的发展空间。此外，社会组织本身属于非官方身份，能够深入农村，了解农民生活生产的切实需要，能够为农民提供更具有针对性的粮食生产性服务与产品供给，提升农民对于新时代社会发展的认同感。社会组织分布较广，形式多样，既能协调配合政府推动政策落实，又能充当政府与农民之间桥梁，为各主体赋能，充分发挥各个主体之间的协调配合能力。为我国政府推进粮食安全，补充政策遗漏等方面发挥了积极作用，提高农业生产者的知识素养等。在2005年农业税全面取消后，中国农民群体的生活水平有了很大改善，美好生活愿望不断丰富。经济效益对指导农户种植行为选择具有重要意义，地方政府对种粮给予专项补贴或减免政策以激发农户群体粮食生产积极性，同时稳定粮价，社会组织更是发挥了极其重要的作用。与此，农业作为立国之本、强国之基、工业与服务业之本，推广先进农业科学技术能够让农业生产力获得巨大解放，而社会组织能够依靠自身属性推广先进的农业生产技术，培育数字化、专业化农民，重视并提高农业生产者知识素养，各地区农业技术平台同样要做好科技与生产对接工作，在我国推广并推进先进农业科技。

最后，加强农民的素质教育培育，增强粮食安全意识。除了政府是保障粮食安全的重要主体外，与耕地保护、粮食生产直接相关的便是农民。我国粮食主产区是我国重要的粮食储备区，加强对农民素质教育，注重对于耕地保护。实现学历与职业相结合、课堂培养与田间实践相结合、案例分享与交流互动等办法，为农民专门打造适合本地区农作物生产的课程，助力粮食生产。加大对规模种植的农民以及培训服务主体两种类型人才培养，加大资金扶持力度。鼓励广大乡村地区会技术、懂政策、善交往的农村大学生、乡贤、专业人员等优秀人才参与到乡村创新发展、返乡创业当中。开创合办家庭式农场，推进粮食生产，积极参与粮食生产功能区的耕地保护工作。根据实际情况，对于积极参与粮食生产和耕地保护、发挥引领作用、带头效应的积极农民，给予物质上的奖励、荣誉表彰，以提高农民对于耕地种植、耕地保护的积极性。

此外，要加强农民的业务能力，提高团队合作的业务水平。第一，进行大规模的普及性培训，将县级及县级以下农业技术人员、大型种植农户、转让承包商等农业生产经营主体为主要培训对象，辐射带动部分县域人员。培训的主要内容围绕政策解释、实施措施、工作要求、注意事项、典型案例讲解、答疑解惑等方面展开。第二，进行多层次、具有针对性的培训。一方面，激励、鼓励市级、县级等相关技术人员加强对基层农村农业技术人员的管理培训，并且传达省部级农业部有关农业农村建设的有关要求。另一方面，基层农业农村技术人员要对各个不同类型的种植农户以及相关负责人进行培训与监督，层层递进，层层优化。比如，我国自治区农业农村专家团队结合日常基层服务活动，对部分乡村农业耕地重点保护地区进行定点扶持、专门援助，推进我国农村地区耕地保护的基本政策落实，强化农民耕地保护理念，鼓励在农业生产中采用环境友好型的农业技术。

7.1.2 开展农村土地整治，建立多元治理体系

首先，要控制我国地区"非粮化"无序蔓延，乡村土地治理的主体要科学地设立我国"非粮化"土地利用的底线，控制"非粮化"土地的增量，严格控制土地总量，确保粮食生产能够满足人们的基本需求。根据地方生产生活实际，在乡村经济发展、社会保障、土地保护、粮食安全等方面进行综合考虑、创新性改革，加强土地政府部门之间、地方政府与社会组织之间、社会组织和农民之间的联动，促进乡村土地治理、耕地保护的联合发展，协调推进国家土地政策的落实。我国耕地"非粮化"的另一个原因是，人民的美好生活需要的生活实际，促使农业需求的多样化，进而使得"非粮化"的土地转化成为不可避免的进程。根据相关的文献研究，"非粮化"的需求已超过现有耕地总量，必须逐步降低"非粮化"的土地占比，推进我国地区"非粮化"的转变，要兼顾未来粮食需求、自然条件、生态环境保护和乡村振兴的多方面的需求。加强对粮食主产区的激励，完善对永久基本农田的补偿制度。提高主产区农业综合开发和高标准农田建设补助标准，增加财政转移支付，破除粮食主产区和非主产区资源双向流通的壁垒。农业政策要向粮食生产倾斜，健全粮食流通渠道，降低粮食运输和销售环节成本损失，改善粮食保险服务，力争实现"高保障，广覆盖"。积极扶持年轻种粮大户，推动粮食生产发展向前景好、科技含量高、产业链健全、高效环保之路迈进。

其次，转变我国政府主导性地位，从政府部门的"单一支配"地位向"多元协作"参与土地治理的方向转变。随着我国乡村地区基础设施建设不断完善，但社会发展势头低迷，乡村建设仍然处于相对落后的局面，土地"非粮化"占比颇高。政府习惯性的政策支配地位：社会组织活动受到多重限制、人民群众参与积极性不高成为限制地方发展的原因。因此，必须实现政府职能的多方转变，开展乡村的土地治理，只靠政府单方面的努力是不够的，这也是推动政府职能转变的重要原因，通过这样才能够增加社会组织以及农民参与土地治理的积极性，采取更多的行动方式，更加充分发挥多元乡村土地治理主体的协调性、高效性。

再次，建立乡村耕地多元主体治理体系，必须落实耕地预防、控制和保护。借鉴"河长制""湖长制"等相关实践，实现多元主体之间的协调配合。将耕地保护落实到基层村两委、农民本身，充分发挥基层村两委、县乡两级党委政府身处乡村土地治理一线的优势，实行县乡村三级"田长制"，层层递进、层层落实耕地治理，保障粮食安全。县级党和政府的主要领导人被任命为本地区的"田长"，每年组织开展至少一次抽查、检查、监督，协调解决重大问题；分管的党政领导担任"副田长"，开展不定期的组织检查，及时处理违反规定的土地违规行为；县级农业部门主要分管领导、乡镇农业

部门的分管领导以及基层村两委、村干部担任"执行田长"，负责日常的巡查工作，对发现的违法违规行为及时报告，实现乡村耕地保护、土地治理责任的细化以及全覆盖，落实到具体的负责人。

最后，要明确多元主体的职能分工，共同建立"非粮化"的耕地调控机制，颁布耕地"非粮化"破坏认定实施细则。我国政府农业有关部门要根据实际情况，制定相关的规章制度，社会组织协调配合、积极宣传，农民参与耕地"非粮化"治理，形成上下协调配合的良好局面。明确各主体的职能分工，通过梳理国家和区级耕地以及保护永久基本农田和粮食生产功能的法律法规政策，对我国耕地"非粮化"损害认定的共性问题进行解读和撰写。

在现有耕地保护与粮食安全保障政策体系的基础上，出台耕地"非粮化"损害认定实施细则，形成一套耕地管理政策手册和一个完整的系统和明确的标准，为乡村土地治理提供权威的政策依据。探索同级政府部门之间、上级政府与下级政府之间、政府与社会组织之间、政府与农民之间、社会组织与农民之间的协调配合机制，避免生态用地与耕地重复变更使用，造成耕地资源的浪费，会使我国政府部门公信力下降，粮食安全受到威胁。

7.2　耕地"非粮化"治理的制度设计

7.2.1　完善国家制度体系，优化相关防治措施

首先，从粮食安全角度看，耕地"非粮化"问题的本质，就是如何在短期内实现经济增长和长期保证粮食安全这两个目标的冲突。在协调发展与调解矛盾的背景下，需要国家层面做出关于的粮食安全保障的相关政策，尝试探索建立粮食生产保障的利益共享与问责机制。粮食的主要销售区以及粮食的产销平衡区可以尝试将生产指标与耕地资源禀赋较优的粮食生产区进行交易，在确保我国地区粮食生产产量稳定的前提下，也可以适当提高耕地"非粮化"的土地占比，提高农民的实际收入。此外，要做好土地治理的顶层设计，制定相关的耕地优惠政策，并鼓励优秀农村大学生返乡创业或到基层村两委任职，促使他们转化为新型职业农民，在投入到农业生产的过程中，把新的农业知识和管理经营概念传递给农民，帮助他们增加收入，脱贫致富。同时，应加强对新型职业农民进行培训，确保更多的年轻人留在农村，参与到乡村建设、耕地保护和实现农业农村的现代化发展。

其次，"非粮化"的整体发展趋势取决于政府政策的约束。为了更好地从整体上抑制"非粮化"的发展趋势，我国政府需要从各个方面考虑中国粮食保护现状和政策方针，并根据存在的问题采取相应的对策。要明确耕地"非粮化"概念意义以及耕地"非粮化"界定标准，国家政策指出以"一年一季粮"为基本农业生产的要求，例如，自然资源部颁布的《关于严格耕地用途管制有关问题的通知》指出粮食种植作物的情况，包括耕地每年至少种植一季粮食作物，并且符合土地耕地的标准，采用粮食作物与

非粮食作物的间作、轮作的方式。因此,在保证耕地每年种植至少一季粮食作物的基础上,不应将局部地区的周期性轮作和农民自主选择作物视为"非粮化"。

最后,耕地"非粮化"的原因是多方面的,其中社会经济发展因素占绝大多数。因此,为了进一步厘清耕地"非粮化"的形成机制,需要将现代信息技术与农民粮食种植调查方法相结合,系统分析我国政府部门、粮食种植农户、粮食市场等多重利益博弈,优化"非粮化"的防治政策。通过政策制定才能充分平衡各方的利益,既能保障粮食生产安全,又能实现耕地"非粮化"利益最大化,使得我国地区耕地"非粮化"结构得到优化,遏制我国地区耕地"非粮化"的进一步扩张。

7.2.2 规范土地流转制度,引导工商资本下乡

首先,合理规范我国地区农村的土地流转行为,有必要建立严格的审查机制。完善农业农村建设用地的审批制度,将土地按照数量划分为不同的区段,并对每个区段制定详细的土地流转政策。每个区段呈现逐渐递增的趋势,需要向当地村委会、镇政府进行申报,控制转让范围的最小化。只有通过村委会、镇政府综合考虑申请人的信用状况、农业生产经营能力等因素后,才能同意将土地使用权转让出去。随着土地流转数量的增加,如果进入更高的划分区段,就需要上报更高级别的政府部门并获取批准。此时,应全面审查整个申请人的情况,以避免日后给土地造成不可挽回的损失。继续实现耕地农用,开展耕地"非粮化"的预警机制,建立早发现、早预防、严查处的定期动态化的监督机制。减少流转耕地"非粮化"现象的首要措施就是提高耕地规模化经营效益,而提高规模经济效益,最主要和直接的措施包括提升经济效益和节约总生产成本两个方面。

其次,应当持续提升粮食市场的售价,并采取各种措施,对粮价进行稳定与调整,以减少粮价与粮价的差异。再次,加强农业基础设施投入和推广新的生产技术。例如,在四川省粮食生产能力提升工程项目的支持下,在每个地区,选择了1~10家种植大户和家庭农场、农民专业合作社,使用粮食增产技术等试点方式,积极探索通过培育粮食产业化联合,支持建设粮食产前农资供应、加工设施和产后烘干,并对粮食产业链进行延伸,以提高粮食生产能力,最终达到经济效益的最大化。

再次,针对我国地区工商资本下移到乡村时面临土地成本较高的问题,当地政府和基层两委应当充分发挥对资本监督以及中介作用,把土地使用权转让价格控制在合理范围内,以减少工商资本在农村的土地租赁成本。一方面,在鼓励工商资本下乡的同时,地方政府应该更加关注土地流转价格的上涨问题。地方政府应根据土地质量、价格水平、地理区位、产出水平等因素,作为市场调节因素来调控土地的转让价格。另一方面,基于基层村两委与农民之间的亲属关系和地缘关系,基层村两委的存在更容易赢得农民的信任。同时,基层村两委对于村庄土地信息具有更全面和解决纠纷更具有发言权等独特优势。因此,可以通过村委会组织村民会议,在征求公众意见的基础上,最终确定土地的转让价格,并对不愿意放弃土地使用权的农民进行土地置换。

另外,为了遏制农资价格过快上涨所带来的种粮成本快速增长,政府必须采取措

施，加强对农业生产资料价格的监测；加强农业基础设施投入和推广新的生产技术；加快高标准农田基础设施的建设速度，积极推动规模流转的耕地经营主体参与到高标准农田建设中来，加快补齐粮田基础设施的短板，以此降低劳动力成本以及由于硬件设施缺乏而造成的种粮成本等；鼓励规模流转的耕地主体，如种植大户、家庭农场和农民专业合作社，积极发展粮食生产社会化服务，包括统购统销、代耕代种和品种改进等，以提高经营效益并降低周边农民种粮成本，从而增强双方对耕地流转的信任。

最后，加强我国地区农村土地承包经营权的流转监管，规范农村土地流转体系流程，鼓励和引导工商资本进入农村，进行粮食种植的良种繁育、粮食加工市场流通、粮食生产专业化、社会化生产等，坚决禁止违反相关粮食产业发展规划以及进行大规模非粮农作物生产用地流转的行为。还要规范我国地区农村土地流转的行为，特别是工商业资本的参与，依法明确耕地"非粮化"的概念界定、类型判定、程度高低等边界限制，防止工商资本介入导致农村地区"非粮化"快速发展，预防"搭便车"现象的发生。鼓励各乡镇、各乡村依法探索建立工商资本介入农用地租赁资质审查、项目审查和分级备案的相关制度。一旦发现违反相关产业发展规划，工商资本大规模转让耕地"非粮化"的行为，坚决停止相关政策扶持。

7.2.3　调整种粮补贴政策，激发农户种粮热情

首先，我国一些地方财政较为充足的地方政府可以增加粮食补贴或考虑通过打造优良的粮食种植品牌，提高农产品种植的附加值；在资源禀赋条件较差、粮食生产条件受限或品种优势独特的地区，在保证基本粮食生产能力的前提下，允许地方政府在一定范围和条件下调整地方生产，充分发挥市场在资源配置的决定性作用。落实对粮食生产大县的激励政策，保护和调动各级政府关注粮食生产和农民种粮的积极性，完善水稻、玉米、大豆等补贴政策以及耕地肥力补贴机制，适时"调整"补贴对象，确保"谁种粮，补给谁"。鼓励有条件的地方政府适当"提高"粮食种植规模化生产补助标准。解决土地出让补贴给大户主（土地转入方）和小户主（土地出让方）带来的"嫉妒"矛盾，蓄意提高土地出让价格的现实问题。加强地方政府和农户对粮食主产区的重要性的认知，重新审视基本农田保护区的范围，提高对基本农田"非粮化"危害的认知，以避免基本农田"非粮化"对粮食安全造成负面影响，并承担起保障粮食安全的责任。确保粮食生产面积的稳定性，同时实现信息公开、透明和可监督的目标。落实耕地占补平衡制度，实行动态监测与管理。加强对基本农田用途的监管，将"粮食安全"纳入全面的考核体系中。加大财政投入力度，确保耕地质量得到有效保障。加强基本农田保护的宣传教育工作，摒弃单一化、刻板的宣传方式，采用短视频、趣味活动等受农户欢迎的形式，广泛宣传"吃饭田、保命田"，将农田牢牢掌握在自己手里。坚持高标准建设基本农田，防止耕地质量下降。不应以短视的利益为唯一目标，大量占领优质高产的基本农田是不可取的行为。

进一步加强对种粮农民的政策激励，持续推行农机器具购买补贴、粮食作物生产保险、耕地肥力补贴等政策。为了提高粮食生产与管理的效益，要积极地保护与激发

各级地方政府的关心与积极性,提高其对粮食生产与农户的关心与积极性。政府应加大对粮食主产区特别是玉米种植面积减少地区的扶持力度。为确保种粮农民的利益得到充分保障,应采用精准补贴的措施。然后,可以建立以市场为导向的新型农业经营体系。首先,需要实施精准补贴制度,进一步完善粮食补贴制度,并按照土地经营权协议的规定,对实际从事粮食生产的农户进行补贴,以实现 "谁种稻谁受益" 的目标。在确保粮食播种面积稳定的基础上,适度扩大良种推广力度,加快培育新型农业主体,促进粮食增产增效。对粮食直接补贴政策进行调整,根据实际种植面积向农户提供补贴,并适当增加补贴金额,以进一步激发粮食种植农户的生产和劳动积极性。在确保粮食安全、促进农民收入增长的前提下,逐步降低粮食主产区的粮食直补标准。其次,应建立一套动态调节机制,以实现最低收入价格政策从流通阶段的 "隐性补贴" 向粮食生产阶段的 "显性补贴" 的转变,从而强化粮食生产的激励效应,提高农民生产粮食的积极性。

最后,根据国务院提出的关于 "健全粮食主产区利益补偿机制" 的意见,建议农业补贴应给予农业生产服务主体,而不是粮食种植农户,因为农业生产服务主体是通过机械服务将粮食种植户与现代农业联系起来的媒介。加强对生产服务提供者的补贴,更有利于节约成本和提高粮食生产效率,鼓励农民选择粮食生产。完善社会经济方面的农业补贴制度,多渠道解决粮食销售问题。一方面,根据作物种类和实际投入成本,建立合理的区域农民补贴机制,实施针对性补贴政策;另一方面,对农业技术和设备的补贴,解决部分地区基础设施建设不足的问题。政府将发挥引导性作用,加大对边远地区的农业补助,并且通过多渠道解决边远地区农民的粮食销售问题,确保农民不积压陈粮,稳定农民收入,提高农民种粮积极性。

7.2.4 细化国家法律法规,健全粮食安全制度

我国的粮食安全法律制度需要进一步完善,其中包括对耕地、资金、劳动力、技术供应等方面的安全法律制度,以及对粮食收购、流通、储备等方面的安全法律制度。再次,加大对粮食主产区特别是玉米种植面积减少地区的扶持力度。鉴于篇幅所限,本书将从财政补贴与价格支持、粮食流通与储备、粮食科技法律制定与完善等多个方面探讨如何确保国家粮食安全。而土地治理、耕地保护相关的法律众多。例如,根据《土壤污染防治法》提出的 "谁污染,谁治理" 的原则,造成土壤污染的单位和个人承担土壤修复和土壤治理的主要责任。

为完善耕地保护的法律体系,过去执行条例中只有原则上规定的要求要进一步细化,并修改一些不适用的条款,不符合当前的现实。根据相关的法律要求,对于耕地保护,特别是永久性的基本农田,应当给予特别保护。根据当前的《永久基本农田保护条例》,耕地主要用于生产粮食、棉花、油料、糖和蔬菜等农产品种植,明令禁止占用农用耕地发展林木果业、挖塘养鱼等行为,必须严格落实相关的法律要求。结合新修订的《土地管理法实施条例》,要对 "非农化" 与 "非粮化" 的耕地流转行为进行管控。我国的粮食安全法律制度需要进一步完善,其中包括对耕地、资金、劳

动力、技术供应等方面的安全法律制度，以及对粮食收购、流通、储备等方面的安全法律制度。其中，粮食安全的法律制度是整个粮食安全体系中最重要的部分之一，也是确保我国粮食安全最为关键和有效的措施。鉴于篇幅所限，本书将从财政补贴与价格支持、粮食流通与储备、粮食科技法律制定与完善等多个方面探讨如何确保国家粮食安全。

我国政府部门要推进落实防止粮食生产功能区向"非粮化"转变的相关法律法规的出台。在国务院颁发《关于建立食品生产功能区和重要农产品生产保护区的指导意见》（国发〔2017〕24号）中指出，要求积极推动制定有关"两区"监管的地方性规章制度或政府法规。但目前，只有浙江省在2012年发布了食品生产功能区保护措施，大多数省份并没有出台相关的耕地保护措施。因此，我国政府部门有必要督促耕地"非粮化"种植问题突出的市、县及其乡镇尽快出台对于粮食生产功能区的保护措施，对违反规定种植农作物和挖池塘养殖的农业生产经营单位进行依法处理。在措施试点工作条件成熟时，可以在全区范围内发布粮食生产功能区保护条例或措施，为确保粮食种植生产的合法性和规范性提供法律保障。在粮食安全领域中法律主体的职责分配存在不平衡的情况。另外，现行粮食安全法律法规体系尚不够完备，也制约了粮食安全法律制度的有效运行。国家主体在相关立法中被赋予了职权和权力，但对于非国家主体相关权利的确认方面存在薄弱之处，导致权利义务在不同主体之间的分配失衡，从而极大地影响了非国家主体在粮食安全法律关系中遵守相关法规和规章的自觉性。考虑到我国粮食安全法律保障的现状和缺陷，为确保粮食安全和促进社会经济发展，必须进一步完善粮食安全管理体系和法律保障机制。

贯彻"藏粮于地"的耕地管理理念，有效预防高质量耕地流失的风险。我国现行《土地管理法》及有关法律法规均未将耕地列为土地资源管理范围，导致耕地保护制度在现实执行过程中因缺乏可操作性而存在一定程度的缺位或失位问题。当前的耕地保护实践与管理的需求已经超越了现行相关标准与规定中对耕地的定义，因此，我们需要从"藏粮于地"的本质出发，更多地考虑耕作层及其所处的水土等自然条件和基础设施条件，以保护耕作层为出发点，引入土壤环境、土壤微生物群落等因素，从而完善耕地保护管理政策的要求。目前，我国主要以粮食生产为主，而粮食主产区的耕地大部分为高肥力类型，因此，耕地质量评价中应考虑到这一特点。园地和林地被划分为两类恢复地类，然而它们的非农建设占用标准远不及耕地管理严格，这可能导致潜在的优质耕作层的耕地资源流失。因此，在耕地保护工作中应把重点放在提高耕地质量，特别是要加强对耕地质量的监管。在当前的非粮化利用方式中，种植蔬菜、糖料、水果和桑茶等方式并未对土壤耕作层造成破坏，因此其面积必须与耕地面积保持一致。此外，种植速生林等用材林木、挖塘养殖等方式也对土壤耕作层造成了极大的破坏，也必须严格禁止这些非粮化现象在耕地特别是永久基本农田中出现，以实现非粮化的差异化应对。基于"藏粮于地"的理念，结合规划中对耕地保有量的要求，逐步将两类恢复地类纳入耕地资源的管理范畴。

7.3 耕地"非粮化"治理的市场环境规制

7.3.1 规范粮食交易市场,稳定粮食市场价格

随着全球化的不断深入和中国粮食市场的进一步开放,进口粮食的规模不断扩大,同时外资也在粮食产业链上不断延伸,因此国际粮食价格的剧烈波动对中国国内粮食市场的影响越来越大。这种波动和风险包括但不限于国际油价波动、生物能源、自然灾害、需求变动、美元、投机资本以及粮食生产国的粮食政策变动等因素,都会通过进口价格传导至国内市场。另外,随着国际粮食价格波动的加剧,国内粮食市场、粮食产业以及总体物价水平的影响也在不断加深。与之相对应的是,我国现行《土地管理法》及有关法律法规均未将耕地列为土地资源管理范围,这就导致耕地保护制度在现实执行过程中因缺乏可操作性而存在一定程度的缺位或失位问题。

此外,中国的粮食市场机制存在着多方面的缺陷,包括市场体系的不完善、粮食交易市场的分割、交易主体权责的不明确、期货交易品种的缺乏、大型龙头企业的数量不足、农业行业协会的作用未充分发挥,以及政府托市政策对价格传导的扭曲等问题。这些问题均严重阻碍了国内粮食市场化改革和粮食产业发展进程。中国在应对国际粮食市场价格风险方面的灵活性受到了国内市场不完善的不利影响。因此,研究国际粮食价格与国内粮食市场间关系具有重要意义。随着国际粮食价格的飙升,中国将面临着巨大的通货膨胀压力。同时,国际粮食价格的下跌也将成为一种示范,可能会进一步扩大现有的国际和国内粮食价差,从而导致粮食进口的进一步增加。

首先,粮食价格波动是大规模粮食生产者最关心的问题之一,粮食市场的稳定直接关系到农民的生产生活。因此,我国各级政府要出台相关的粮食市场规范性政策,以维持粮食价格稳定。为粮食购买提供更全面的粮食保险服务,给予种植农户种植补贴,提高农户对于粮食生产的积极性,解决粮食种植农户的后顾之忧,从而更放心地投入粮食生产的过程中,对于遏制我国耕地"非粮化"的现象具有一定的积极作用。加强粮食市场体系建设,拓展"农业保险+期货"政策试点的范围,充分发挥农产品期货等金融衍生品的价格优势以及风险规避功能,最大限度地降低由于粮食市场价格波动带来的风险,最大程度上保障粮食的生产交易行为顺利进行,规范粮食交易的市场。根据粮食市场的采购以及营销情况,遴选出质量高、价格好、销量大的粮食品种,提高粮食生产的科技含量,进而增加粮食产量,提高粮食产品附加值,进一步提高粮食生产规模化经营效益,带动农户对于粮食生产的积极性。因此,我国地区的农业发展要达到预期目标,遏制耕地"非粮化"的进程,首先要稳步提高粮食的市场价格,与此同时,稳定经济作物和农产品市场价格,缩小粮食种植收入与经济型农作物巨大的利润差距。

其次,建立粮食价格动态预警机制。消除由于城乡二元结构所带来的农作物价格的差异,在保持粮食种植面积以及耕地用途不变的前提下,鼓励市场探索资本要素与农业生产相结合的新形式。我国地区农业发展一定要注重把保障粮食安全和增加农民的粮食

收入放在同等重要的位置，并统筹部署我国区内和国内两个大局。深入调查我国地区粮食生产的相关研究，构建粮食价格变动的预警机制，提前布防，以求尽快采取措施解决影响粮食市场价格变动的因素，努力实现粮食价格逐步上升，逐渐缩小粮食种植收入与非粮农作物的经济效益差距，确保农民通过粮食生产售卖也能获得可观的收入，从根本上调动农民种植粮食的积极性。构建粮食价格的动态预警机制，将流通环节最低收购价政策的"隐性补贴"转变为粮食生产环节的"显性补贴"，提高对农民参与粮食生产的激励效应。将粮食最低收购价与居民消费价格指数挂钩，鼓励农民种粮。让稳定的市场来引导粮食价格，让市场形成合理的粮食价格。通过价格引导农民和企业的粮食生产经营行为，从而促使粮食价格回归到合理的水平，增加农民的收入，减轻财政补贴的负担。

最后，逐步建立粮食市场价格的形成机制，我国地方政府要根据本地实际情况，适当提高粮食的收购价格。粮食是人民日常生活的必需品，具有维持社会稳定、保障人民生活的功能，因此粮食的价格水平始终保持在一个相对较低且稳定的水平。然而，随着人们生活水平的提高，人民对于食品质量的要求越来越高，愿意为有机、绿色、优质食品支付更高的价格。以江西省为例，水稻是当地主要的种植作物，农民在种植水稻的时候，可以根据市场的需求，选择不同品种以及不同等级的水稻品种，采用绿色有机的种植方式，提高绿色、有机等优质大米的价格，从而缩小农民粮食种植作物和非粮食作物的收入差距，并确保农户粮食种植生产获得合理的回报。

7.3.2 平衡种粮生产收益，保障农户种粮利益

在建设农业产业园区的基础上，积极寻找农作物与农作物价格之间的衔接点和突破点，平衡农作物的收益，保障农民的种植收入。由于特殊的地理环境，我国地区耕地属于稀缺资源，只有保证足够的耕地面积以及生产足够的粮食，才能保障我国地区的粮食安全，特别是重点关注、保护优质耕地，划定经济作物的种植区域，以此来确保耕地的种植功能不发生改变。我国地区的耕地"非粮化"是社会转向高质量发展的产物。随着经济的快速发展，人们对于美好生活质量的期望越来越高，而耕地"非粮化"所种植的经济型农作物正好迎合了人们对于美好生活的追求，成为在经济社会发展新常态下人民生活选择的趋势。简而言之，我国地区的耕地"非粮化"带动了农民对于种植经济型农作物的积极性，不仅提高了农民的收入水平，并且在一定程度上拉动当地的国民生产总值的提高，成为当地的特色产业。因此，在粮食生产以及经济型农作物同时投入市场中时，政府有关部门需要根据市场运行，适当提高粮食的收购价格，平衡农作物与经济型农作物之间的价格差异，以保证农民的种粮收益。不仅如此，政府部门应根据粮食种植规模对农户进行补贴，提高农民对于粮食种植的积极性。

通过实施粮食价格调控措施，可以有效缓解自然灾害对农户粮食种植所带来的影响，从而稳定农民种粮的预期经济收益。在我国农业生产面临着重大风险挑战的形势下，保障国家粮食安全是重中之重，也为粮食价格调节提供了重要支撑。在落实党中央的粮食安全决策部署方面，农业农村部与相关部门紧密合作，不断完善粮食价格的调控

政策，充分发挥粮食市场价格对农户种粮的反馈引导作用，切实维护种粮农户的根本利益，从而提升农户的种粮收入和积极性。还推出了针对良种、农机和农资的多项补贴政策，以促进农业生产的可持续发展。这些政策措施的实施不仅有利于增加农民收入，而且也有利于保障国家粮食安全。通过市场化改革，政府直接向种粮农户提供资金补贴，实现了从"暗补"到"明补"的转变，从而激发了种粮农户的积极性，稳定了粮食储备量和市场价格。同时，也有利于保护农民利益、促进现代农业发展、保障食品安全和实现资源节约。自中国加入世界贸易组织以来，粮种补贴和农机购买补贴的推出，凸显了粮食品质和生产效率的不足之处。农资综合补贴则从政策上对化肥农药进行管制，以保障农业生产中的安全用药，从而确保农民获得足够数量的优质农产品。为了提高中国的粮食品质，政府推出了粮种补贴计划，以鼓励种粮农户采用高品质的粮种和先进的种植技术，从而增加产量。同时，农机购置补贴也在一定程度上改善了农民购机难和农业机械化水平偏低等现状。为了提高粮食生产效率和总产量，国家采取了购买补贴的措施，向种粮农户宣传和引导其使用现代化机械生产工具，以促进农业现代化。同时，在粮食流通过程中，国家应该完善对粮食市场的调控机制，加强对粮食价格的监测和预警，防止粮食价格出现剧烈波动，保障粮食安全。此外，我国政府应当积极推进粮食生产行业的产业链升级，以促进该领域的快速发展。积极培育新型农业经营主体，加强对农民专业合作社的扶持力度，大力发展家庭农场和农民合作经济组织。推进粮食产品加工向高端特色产品转型，持续提升粮食产品的附加值和综合效益。与此同时，要加强粮食流通设施建设，改善粮食物流运输条件。推进现代化粮食仓储物流等基础设施建设，优化粮食物流产业布局，持续加大对粮食物流产业的基础性投资，积极构建以粮食物流园区为主的优质粮食产业供应链，提升粮食产品的市场竞争力，以此来均衡农作物和其产品价格，以建立良好粮食市场秩序。一方面，加快构建农业现代化生产体系，推进全域综合整治，基本农田建设与保护，农业种植生产加工销售全过程服务建设以及新型农民生产经营技能培训等工作，从而提高粮食生产的专业化与服务化程度，提高其市场竞争能力。另一方面，要创新农产品信贷和金融服务，增加对粮食生产和农产品保险补贴的资金支持，减少粮食生产市场经营风险。在粮食种植繁育、专业化生产、粮食加工和产品销售过程中提供全程式清单式服务，其中包括代耕代种和统防统治，从而提升粮食生产成本节约水平。鼓励家庭农场和种粮大户等新型农业生产经营主体以及农业生产经营公司或农业股份合作社在耕作、种植、收获和销售过程中选择土地托管服务方式，最大限度地整合资源，统一运作，减少农业生产经营成本，促进粮食生产综合效益提高。

7.3.3 加强市场风险防范，降低粮食产业风险

首先，调整农业发展保险政策，积极探索开展农业政策性保险以外的综合保险试点。在粮食种植的过程中，农业的种植成本涉及领域广泛，不仅包括种植过程中的种子选取、化肥农药和机械操作的成本，还包括土地租金和劳动力成本等方面。同样地，粮食种植的风险覆盖广泛，不仅包括种植过程中的自然灾害风险，而且粮食收获过程中也

会受到恶劣天气的影响的风险。保险产品涵盖品种繁多，在对应粮食生产的过程中，规模种植农户需要按照相对应的保险经营业务进行投保，避免重复投保、漏保的风险。

其次，完善农业生产过程中风险防范及其应对策略。我国地区的耕地"非粮化"抑或是"趋粮化"是农民为降低粮食经营风险而进行的理性选择，而"非粮化"的发展有利于激发农民对于种植粮食积极性。粮食生产经营风险高也是驱动我国地区耕地"非粮食"快速发展的原因之一。目前，我国地区的粮食生产经营风险主要包括粮食生产的价格风险、土地租赁风险和自然灾害风险等方面。因此，降低粮食生产的价格风险是鼓励引导农民参与粮食种植生产的基本条件。国务院在《关于建立粮食生产功能区和重要农产品生产保护区的指导意见》中提出"优先在'两区'范围内探索农产品价格和收入保险试点"，通过对农产品价格以及收入保险的调整优化，是防范粮食市场失灵的有效方案。

最后，由于近年来劳动力成本、农资成本和地租成本的上升挤压了农作物种植收入，粮食规模种植的大户也将面临市场价格波动的风险，从而使得粮食生产成为不确定因素。由于"非粮化"种植区域的调整，使得粮食种植面积的增加，同样也增加了粮食种植大户的粮食产量，导致供过于求，进而导致粮食价格下跌。土地出让金的不断上涨以及租赁时期的不稳定性抑制了农民对粮食种植的积极性。因此，政府部门要颁布相关的规章条例，保持租赁费处于稳定的状态，有利于防范粮食生产经营的风险。"反租倒包"和政府行政主导定价是土地出让价格上涨的原因。根据实际情况来看，地方政府参与土地流转的地租比农民私人流转的地租高出 400 元/亩，严重增加了粮食种植大户的成本负担。因此，政策法规中应规定，土地的出让价格应该由市场决定，而不是由政府决定。建立健全农作物自然灾害保险制度策略和基层农业技术服务体系，提高由于自然灾害对于农作物损害补偿，加强风险防范意识，能够降低粮食种植的风险。

目前，我国地区农村乡镇基层力量薄弱，人员老龄化和断层问题突出，对于粮食生产造成了不利影响，限制了现代化农业的发展需要。因此，我国政府要根据农民的实际需要，切实解决人民的生产生活问题，增强对发展落后地区粮食生产风险的防范，持续加大对发展落后地区粮食种植补贴，维持粮食市场的稳定。

7.4　耕地"非粮化"治理的配套设施建设

7.4.1　加强粮食产区建设，提高基础设施投入

合理规划、细化粮食功能区，耕地用途规范化。我国是属于山地多的丘陵性盆地地貌，平原面积少，同时由于山多割裂，耕地较为分散。同时近些年由于非粮化的影响，我国的粮食产量也在逐年减少，所以粮食功能区的使用要落到实处、细处，合理规划使用。为确保粮食安全，在考虑各地实际情况下，广西壮族自治区相关政府部门已经将耕地划分为粮食主产区、主销区和产销平衡区三大功能区。但是目前的划分依然还不是很明确、具体，实际操作起来仍然会面临一些实际的困难。

在粮食主产区，应该综合考虑各地区资源禀赋的不同和粮食生产的惯例等因素的影响，进一步落实粮食功能区的细化和耕地用途的规范化。我国可以借鉴其他省份的做法，结合地区差异，以县为单位，以亩、万亩为单位的高标准良田进行编号。同时对耕地指标要进行切实合理地制定，耕地的使用要规范化，明确非粮食作物和粮食作物的耕地面积以及比例，强化对非粮食作物种植的严格控制，保障粮食作物种植面积的基础。最后，根据各地区的现实情况进行合理的土地分配，使得土地的确权政策能够得到有效的落实，同时承包方和农民可以依据自身的需要进行流转。还要积极稳步推进粮食生产的集约化、规模化以及产业化经营，合理对农业产业链进行延伸，提高产品的附加值，减小种植效益和粮食种植效益的差距。加强粮食生产功能区监管，稳定粮食种植面积，将年度粮食生产目标及时分市、县，落实到户、田。《国务院关于建立粮食生产功能区和重要农产品生产保护区的指导意见》中要求积极推动各省地方制定监管关于"两区"的地方性法规或政府规章，目前仅有 2012 年浙江省出台的粮食生产功能区保护办法，大部分的省份可能都未出台相应的保护办法。

优化财政支出的结构，创新投融资模式，提高项目投资补助标准，加大高标准农田和小微水利设施建设。我国经济发展落后，而农村地区的配套设备设施更是不健全，针对这种情况，要避免"撒辣椒面"，首先要优先建设粮食生产功能区，重点改善农田机械化耕种道路等农田基础设施，强化抗旱、防洪、排涝的能力，逐步提升粮食生产的水平，不断提高农业生产水平条件。其次，对丘陵山区农田机械化改造要提高推进速度，提高积极性，推进粮食生产薄弱环节的机械化技术试验示范，重点解决玉米机收获、水稻机割等"卡脖子"的问题，支持农村粮食生产后的加工、烘干等方面的发展。最后，要以粮食功能区的深化建设为机会，进一步改善沟渠、水电、道路等农田基础设施，实实在在地改进农村农业生产条件，要使抗灾能力的提高看得到效果。粮食生产过程机械化的推进是提升农业综合生产能力的有效载体和重要基本条件，积极建设烘干中心和育苗中心，使机械化装备水平进一步提高，要努力使粮食生产的种植、收获、植保和干燥等主要环节机械化成为现实。规模经营主体流转耕地是为了扩大种植规模，但种植规模粮食作物成本高、收益低，为增加其利益，就要降低耕地交易成本。应针对当地有待流转的耕地地块信息和流转价格标准或范围建立耕地流转信息平台，采取多种宣传方式和培训大会鼓励耕地流转主体使用和咨询，并由乡镇政府和村集体、农业协会等进行联合动态管理，或购入第三方组织对耕地流转信息进行专业化运营管理，有效减少耕地流转双方搜寻信息的成本。要考虑不同自然条件、社会因素以及流转主体意愿等因素，合理调整土地流转价格并定期公布土地流转指导价格和建立流转价格动态机制。此外，针对部分基层政府违法引导流转耕地的行为，应由上级政府及相关综合执法部门追究其行政责任。在流转耕地过程中，村集体应充分发挥耕地所有权职能，协调和管理农户与流转耕地主体间的租金矛盾和合同签订事宜等，在农户与规模经营主体间建立长期稳定的流转双方关系。

此外，还要对粮食、植保、农机等专业合作组织和家庭农场更进一步完善，推进建设规范化的合作组织，积极开展耕种、运输、植保、施肥、输水等关键环节统一服务管理,使生产、管理的成本得到有效减少。以加强统一的服务、规模化经营为对象,使土地的流转得到进一步加强,培育一批规模化家庭农场和种植大户,与粮食仓储加工企业进行紧密的合作,积极实现按照订单进行生产,实施优价优质,使粮食商品化率得到进一步的提高,促进粮食生产全产业链均衡发展。

7.4.2 优化水利设施建设,强化粮田灌溉效能

农田水利设施是农村重要公共品之一,是提升农业抗风险能力和粮食综合生产能力的关键农业基础设施,也是我国乡村振兴战略的核心推动力量之一。农田水利设施供给不足所引发的农村经济、社会与生态问题已经引起了中国各层级政府的重视。伴随着政府财政支持力度的持续增加,各地农田水利设施建设与投资力度明显增大。但是学者与政策实践者们发现,随着农田水利设施建设多年来供给的投入,很多农村地区特别是跨村区域水利服务供给效率不高甚至无效供给的现象仍然存在,基层治水过程中"政府、集体和市场管理缺位"的问题仍在延续。

基于此,可以从以下三个方面改进水利设施建设:

一是发挥政府主导作用。农田水利工程属于民生工程,对于民生工程建设和管理方面,需要政府发挥其主导作用,发挥其宏观调控能力,促进农田水利设施更好更快发展。具体而言,政府在农田水利设施建设期间应树立正确政绩观,控制和应对部分部门失职现象,从而为农田水利设施建设和利用提供保障。在农田水利设施建设的过程中要树立服务意识,切实从大力发展农村经济和提高农民生活的角度来规划和建设农田水利设施,从而更好地为地方农业的发展保驾护航。

二是引进先进水利设备,强化设施维护。要想进一步提升农田水利设施的施工质量,就必须要根据具体情况积极引入现代化硬件设备,强化原有老化设备替换速度,全面提升农田水利工程建设成效,以适应地方对农田水利灌溉不断提升的要求,促进农业优质发展。此外,优化农田水利设施的管理与养护是农田水利工程的重点环节。在具体应用时,要明确农田水利设施建设过程中可能出现的风险因素与薄弱环节,并制定出科学、合理、有针对性的对策,从而有效地解决水利设施中出现的各种问题,确保水利设施在应用过程中能够安全平稳地运转,降低设施出现故障的概率。同时结合各地施工环境条件、管理问题等来综合考虑,优化农田水利设施利用计划,强化定期维护管理和安排专业人员定期检验,发现可能存在的问题和解决问题,特别是水下和地下设备应有针对性的检验,确保设备正常使用和及时排除隐患,从而实现农田水利设施应用功能最大化和使用寿命最大化,为农田水利工程平稳运行打下基础,促进农业高质高产。

三是要健全水利管理制度建设。在农田水利工程建设过程中,要明确农田水利工程管理权与所有权,对农田水利工程产权进行改革,强化水利工程施工质量管理,确保各项施工任务落实到位,全面提高农田水利设施施工成效。健全责任制,明确划分农田水利工程用水责任和管理责任,落实到具体的人或集体身上,增强他们水利工程管理意识,突出群众水利工程建设管理主体地位,将水利工程建设管理与切身利益联系起来,增强他们参与建设管理积极性和主动性,促进农田水利工程设施建设综合效益。根据各

地具体情况制定科学、合理的补助机制，特别是在农田水利设施建设，管理和养护方面给予补助，使之能够安全平稳地运行。

7.5 耕地"非粮化"治理的农业服务体系

7.5.1 培育新型职业农民，优化农村人才结构

从长远来看，由于粮食生产的公共性，仅仅依靠法律和行政手段去遏制"非粮化"是行不通的。我国的农业社会化服务体系的程度低，同时由于经济发展落后，很多适龄青年都选择外出务工，农村劳动力人口严重不足。而且很多农村大学生走出去后，很少选择回到农村，人才难以留住，造成农村的老年人留守情况非常严重，要解决上述问题除了加强政策上的扶持和提高农业补贴外，通过提高农业专业化分工和农业社会化服务体系的水平，从而使规模化种植水平和粮食经营绩效得到进一步提高，继而改变耕地流转和农业种植结构调整过程中的"非粮化"，使其变成"趋粮化"，而这需要从多方面进行努力。

培育新型职业农民，提高劳动力素质。目前我国农村劳动力短缺的问题突出，短时间内是没有办法完全解决的，但是可以通过提高现有劳动者的素质水平，从而提高农业生产的效率，同时制定相关政策留住高素质人才。影响粮食产量的很重要的一个因素就是劳动力，应该对下一代职业农民和现有的农民加强支持。为此，要从两方面开展新型职业农民的培育工作。一是对目前农村现有农民的知识素养进行提高。我国各地区应结合本地的情况，以市、县为单位进行政府购买公共服务的方式与地方的合作社进行合作，免费提供科学、专业的信息能力培训以及技术指导，将农民专业技能进行进一步的提高，奖励和宣传优秀个人，从而提高农民的荣誉感以及获得感。二是重视新时期职业农民的培育。加大对农业相关专业的高职高专、本科生以及研究生等高层次人才的教育补贴、宣传力度和实践活动，真正改变传统意义上的第一产业工作环境差、工资低、社会地位低的固有印象，对农业大学生要培养其不抗拒、不跳槽、敢于创业、爱岗敬业的职业精神，把在大学里面学到的专业知识努力转化为有利于我国粮食安全的重要保障。

健全农业生产服务体系，关键在于加大农业生产社会化服务主体扶持力度。当前我国农业生产社会化服务主体多数面临所获利润微薄、确实难以持续维持的困境，高校与企业的社会化服务一般以综合服务为特点、均以公益性和市场性为特点。为留有余地盈利，通常市场中农机服务主体会使市场产生供小于求、供大于求、求大于供、求小于求、求大于求等供需关系模式，以资源错配继而达到提高经济效益。然而，在市场或者价格出现较大波动情况下，服务需求端将向供给端挤兑而导致供给超负荷，进而可能出现行业风险。农业生产社会化服务主体对农机、仓库和烘干等服务资源进行冗余储备，以加强供给侧并发挥行业风险防范和市场秩序稳定功能。社会化服务主体辅助政府对农业技术推广与农药废弃物回收利用进行治理，是一种新型服务主体，有助于基层政府维护区域生产秩序，使得农业生产社会化服务主体公益性对盈利能力产生抑制作用，这就

要求政府加大政策扶持力度。

通过加大生产服务合作社和家庭农场生产联盟对农业生产社会化服务主体农业支持力度是解决各级政府在农业生产社会化服务主体方面政策支持力度不够的重要途径。①要完善财政补贴政策。粮作区县城范围优先支持几个，乡镇范围优先支持一个或者几个农业生产社会化服务主体发展农资，硬件建设支出和农机加大财政奖补力度。②健全银行金融贷款优惠政策。降低农业生产社会化服务主体借款需求，提高无息贷款金额，实现社会化服务持续健康经营。③改善土地利用支持政策。从机械存放设施用地、仓储设施用地和农业设施用地政策层面增加社会化服务主体空间使用自由度。

在农业机械化和现代化的背景下，粮食的安全保障和农民增加收入是齐头并进的。我国粮食种植规模化小、个人的种植田地分散，所带来的规模效益有限。要使粮食的安全得到保障，就需要让农民种粮有收益，使农民种粮的积极性和主动性得到提高，为农民提供就业的空间和进城务工的退路空间。为此，我国制定的农业政策应该为农民提供更好的种植服务，使小农户与现代农业的有机衔接成为现实。一是要使政府作用和社会化服务主体的角色定位转变，提供更好的更方便的土地托管和农业机械化服务等社会化服务，降低农村劳动力流失所带来的影响和减少农民进行土地经营的成本。二是强化对粮食种植者的政策激励，鼓励农民专业合作社和家庭农场发展适度规模的粮食经营，积极推进代耕、土地托管、统一防护和统一治理等农业生产社会化服务，进一步提高粮食作物种植的效益以及规模，完善联合耕作、带头耕作机制，让粮农也能享受粮食增值所产生的收益。

7.5.2　加大农业科技投入，强化农业技术赋能

以科技为依托，建立分类管控的长效机制。一是凭借技术单位的支持，以高精度遥感影像技术为背景，加以土地划分类型的相关数据，还有土地利用、土壤类型、农作物种植等多专题、多源的信息。通过给予更加便捷的耕作地土壤环境质量信息多样化的查询、汇总统计以及分析功能，还有数据的更新管理以及实时动态存储，为粮食耕作地的土壤环境质量管理提供系统上的支持。二是制定和实施分类管控计划，进一步聚焦污染农田的管控以及安全利用工作，一步一步构建污染农田分级、分区与分类的管控体系，借鉴试点城市做得好的经验做法，积极建立和完善可复制、可持续、可推广的分类管控模式。科学指导我国全区的农用地分类保护、安全使用和管控工作的开展。三是构建完善的管理控制的技术体系。对治理效果进行多方位的评价，对于成本低、易推广、效果好的治理修复模式要进行提炼和推广，建立一批与地方生产的农田土壤重金属污染相适应的示范模式和治理模式，为后面开展全面的农田土壤污染的治理以及修复工作提供可借鉴的经验和可参考的案例。

我国粮食农业生产的技术比较落后，更需要增加对粮食生产技术的推广范围和强度。通过对增收增产的技术进行推广，可以将其更大范围、更及时地使用于粮食生产，为粮食生产的各个环节提供全范围的技术支持，从而使粮食的种植成本得到有效的减少，同时也能提升粮食种植的效率。粮食作为意义重大的战略性物资，具有不同于传统

商品的战略意义。市场化改革不能完成，便代表着国家要在促进粮食科技发展方面积极发挥带头作用。一是大力发展涉粮农机技术，提高粮食种植机械化水平。持续对传统的农机装备进行改进，研发小型农机、适合老年人的农机，提高对购买农机的补贴，尝试应用物联网、人工智能、5G以及区块链等新兴技术在粮食种植业中，提高单位粮食的产量。二是重视粮食的生物化水平，大力发展优良种子的技术。粮食的核心芯片是种子，更好的种子代表着水平更高的单位产量以及更耐受的作物，这对于解决我国粮食的安全方面的问题发挥着尤为重要的作用。三是针对农业发展的瓶颈领域，要持续加大政府的作用和资金投入力度，增加对农机以及农研人员的薪酬和福利补贴力度，鼓励进行农业方面的创新技术，奖励和宣传重大的创新项目。此外，根据土地条件，加大我国各地劳动节约型环保农业技术的研发和推广，加强技术培训人员和设备等，使农民使用上方便快捷的劳动节约型环保农业技术。同时，丰富要素市场，利用现代先进的网络信息技术和交通运输手段，打破现有化肥等劳动密集型环境农业技术对农民的供给制约。要实现粮田机械化必须以加快非平原地区粮田机械化的发展为基础。农业适度规模经营要与粮田机械化相结合，在非平原地区特别是丘陵山区建立"规模经营主体加上"的机械化模式。在鼓励规模经营主体适度规模经营的基础上，实行规模经营主体+粮田"宜机化"改造、规模经营主体+种粮全程机械化+综合粮食种植服务中心等发展模式，主导丘陵山区粮食机械化生产。同时，要加快非平原地区农机人才队伍建设，不断引进培训经营农机、维修机械的农业实用技术人才，并鼓励种植大户、家庭农场、农民专业合作社以及其他规模经营主体能够从事粮田农机作业服务，选择培育一批"种粮规模经营主体+"发展模式"带头人"和典型，为推进非平原地区粮田机械化发展提供人才支撑，形成加快丘陵、山区、高原农机发展的示范效应。

7.5.3 构建农业金融体系，保障粮食生产安全

党的二十大报告指出，要进一步完善农村金融服务体系，促进农村金融发展，保障粮食生产安全。当前，在我国的金融体系中，农村金融仍然是一个比较薄弱的环节。随着粮食购买的市场化，经营主体的多元化，以及国家取消对粮食企业的利息和费用补贴，建立机制，防范和化解信贷资金风险。在粮食供应链中，能够用于小规模农户和中小型农粮企业的资源更为有限，由于资产和信用保险渠道的限制，它们的脆弱性也会进一步加剧：一方面，它们面临着粮食生产所带来的潜在风险；另一方面，随着我国粮食工业的现代化进程加快，它们也有被排斥出生产性资产和盈利市场的可能。这种双重脆弱性负担，往往使其更难走出冲击的负面影响。因此，构建农业金融服务体系，弥补我国粮食生产系统的"短板"，是塑造我国粮食生产系统韧性的关键。数字乡村的建设，是以对农村金融基础设施进行数字化改造为手段，利用数字技术的普惠性效应，扩大了小规模生产者的信贷资源、信息获取渠道。在恢复力、效率和包容性三个维度上，实现恢复力、效率和包容性的协同作用，从而提升食品系统对冲击的恢复力。

建立和完善金融机构为"农业强国"而服务的激励和导向机制。一是改变以机构为单位而非以业务为单位的传统，使从事农业经营的金融机构与其他金融机构在同等条

件下享有相同的待遇，使农民能够享受各种扶持政策。比如，可以扩大支农再贷款的发放对象范围，根据各个机构支农力度的大小，给予相应的政策支持，从而激发金融机构开展农村金融业务的积极性。引导金融机构把"为农业强国"的建设纳入公司治理结构中来。对公司章程、董事会及相关专门委员会议事规则等进行修订，明确了本机构为农业强国建设提供服务的责任。加强法人治理结构的保障，任重而道远。建立合理的激励匹配机制。二是不断完善农村金融服务的多层次和多元化。进一步完善政府的融资与担保制度，推进金融与担保机构的深入合作，实施"见贷即保"及其他支持小微支农的专项行动。全力推进农村产权交易流转综合服务平台建设。创新完善"六个一"工作机制，推进农村产权交易市场规范管理，完善服务功能，健全运行机制，实现信息共享、互联互通。探索开展农村集体经营性资产股份质押贷款业务。深化发展农村集体经营性建设用地使用权、林权等新型抵押贷款业务，为贷款提供担保。三是不断完善普惠化的金融机构制度。随着普惠金融在县级以上的全面覆盖，各大银行将不断完善乡镇普惠金融服务站的功能，为农村金融服务提供更多的便利，做好"最后一公里"的工作。四是鼓励各类金融机构之间的相互协作，发挥各自的优势。探讨构建国有大银行为农业强国建设与粮食安全提供交流和协作的机制，并鼓励国有大银行与乡村合作。在金融科技、风险管理、获客引流等领域，与中小金融机构进行协作。五是推动绿色金融、普惠金融和农村金融的深度融合。向农业领域拓展绿色金融标准，在开展信贷业务方面，要积极探索新的抵押和质押方式，如排污权、碳排放权、合同能源管理的未来收益权、项目收益权、特许经营权等。

7.6　耕地"非粮化"治理的生态防护机制

7.6.1　加强耕地质量保护，提高耕地利用程度

首先，我国政府要建立灵活的政策执行机制，有效控制政策调整节奏与范围。《国务院办公厅关于防止耕地"非粮化"稳定粮食生产的意见》指出：要引导一年两熟及其以上的粮食生产功能区的耕地，至少要生产一季粮食，种植非粮食作物的耕地要在一季后能够恢复种植粮食的要求。在不减少耕地和基本农田的数量和质量、不破坏耕地的前提下，适当地实行周期性轮作、季节性作物轮作和因地制宜的差别耕作，合理有效地利用土地。明确耕地调查土地类别的识别和缩减依据。耕地的性质不能因为农作物种植的种类的改变而改变。只要土壤适宜耕种，配套设施齐全，具备粮食生产能力的土地均可以被视为"可耕地"，从而实施耕地保护政策，提高耕地的利用率。在保证耕地层并未发生不可逆破坏的前提下，在一个较短的周期内建议保持耕地的原始性质，再考虑是否作为"非粮化"的耕地予以核减。各地应根据土地管理法，《基本农田保护条例》和新修订土地管理法实施条例及其他法律法规，设定硬性指标、建立管控机制明确永久基本农田及粮食生产功能区范围，同时明确高标准农田粮食播种面积基层政府必须将耕地流转的种粮使用情况进行具体划定，确定永久基本农田优先用于粮食种植、高标准农田

原则上一律用于粮食种植。在发展农业生态旅游和休闲观光农业的同时，还应严格划定其耕地范围，并明确不允许其他非粮化行为侵占。健全种粮大户（家庭农场）和种粮专业合作社规模流转耕地经营主体农产品经营品种审核，保证耕地流转后粮食种植用途不变。另外，还需要将粮食生产与耕地保护融入政府绩效考核中，以解决地方政府对粮食生产发展缺乏积极性的难题。

其次，推进我国地区"三调"工作的落实，通过土地整治可恢复土地类别，工程恢复土地类别可以恢复耕地功能。在充分尊重农民意愿和土地承包经营农户意愿的基础上，统筹推进农村耕地的整治工作，把"非粮化"整治和农田建设的有关工程项目结合在一起，安排高质量、高标准的农田建设和质量改造、农村全域土地综合整治和生态环境修复、"百千万"永久性基本农田集中整治等项目逐步由"非粮化"土地向耕地转变。明确"藏粮在地，藏粮在技"粮食安全战略，确保粮食生产面积的前提下，加强土壤质量的改善、监督。定期测试土壤成分、维持基本农田生产能力、实行计划休耕轮作、定期开展粮食生产种植培训等。对已"非农化""非粮化"基本农田，避免"一刀切"现象发生，切实做好与农民沟通保障，并做好土壤恢复和开发，严格复垦监督；对严重损毁基本农田的，应当及时发现并督促限期修复，注重耕作层培育；对难修复基本农田要做好占补平衡，确保新增基本农田数量不减、质量不减。

最后，开展我国地区的土地整治，加快耕地质量提升改造。考虑到土壤质量、选址条件和灌溉率的影响，还可以进一步提高土地整治工作。具体实施措施包括：实施土地保护性耕作，试土、施用化肥配方，改善土壤质量；研究表明，在不改变作物品质前提下，合理使用氮肥有利于提高农作物产量和改善农产品质量，但过量施肥则会带来一系列环境问题。通过田间道路建设，改善了田间道路的可达性和农业生产区位条件。推进农田水利的基础设施建设，健全排灌制度，提高灌溉保证率。对于致使农作物污染的土壤，要及时寻找原因，并根据污染特点采取针对性措施，如选择低积累品种、增加土壤改良剂和有机肥的施用等方法，以降低土壤重金属含量，减少农作物对重金属的吸收和积累，保证农产品的质量和安全。对耕地土壤污染原因进行调查分析，结合科研院所合作项目、专业技术人员科研项目等，选取典型重度污染区域进行深度污染源识别以及污染来源进行分析研究，并按区域调查分析各污染区点位的污染成因。

7.6.2 制定耕地土层标准，保障农田生产能力

当前，我国尚未制定耕作层破坏认定的国家标准，迫切需要制定相应的标准。随着新冠疫情和俄乌冲突的暴发，国际社会再次认识到粮食安全的至关重要性，而耕地作为农耕文化的重要载体和稳定粮食安全的基础，长期以来一直受到国家的高度重视，因此我国实施着最为严格的耕地保护制度。在此背景下，近年来我国加大了耕地整治力度，并出台多项政策鼓励农户利用土地进行农业生产活动，以实现农业经济发展。我国耕地数量和质量正面临着越来越多的"非粮化"现象，这种趋势对耕作层构成了威胁，影响了耕地原有的功能和作用，并导致难以逆转的损失。因此在此背景下，如何准确地评价耕地的安全状况显得尤为重要。在耕地破坏程度方面，中央及各部门的规定多采用

"严重"一词来描述，如严重破坏、严重污染、严重损毁、严重影响等。有些地方的文件将破坏程度归为三类，例如《广西壮族自治区耕地破坏损毁鉴定办法（试行）》和辽宁省颁布的《朝阳市耕地破坏程度鉴定暂行办法》将破坏程度划分为轻度、中度和重度，而湖北省政府颁布的《耕地破坏程度鉴定》则将破坏程度分为一级、二级、三级；还有河南省的《耕地破坏鉴定技术规范》则将破坏程度划分为一般破坏和严重破坏，因此对于破坏程度的定义也显得过于笼统和不一。就耕地破坏鉴定主体而言，根据国土资发〔2008〕203 号第 2 条第 3 款规定：市（地）级或省级国土资源行政主管部门是耕地破坏鉴定的主体，而司法部发布的《耕地和林地破坏司法鉴定技术规范》则要求鉴定机构必须具备从事生态系统环境损害司法鉴定的资质，但目前我国并未针对耕地破坏和耕作层破坏设立相应的资质，也没有规定参与破坏鉴定工作的专家需要具备哪些条件。因此，耕地保护执法实践中遇到一些问题。2021 年 9 月 1 日起施行的新修订《土地管理法实施条例》对占用耕地建窑、建坟，擅自在耕地上建房、挖砂、采石、采矿、取土，破坏种植条件，或由于开发土地而导致土地荒漠化和盐渍化等行为，处罚额度大幅提高，由原来的"耕地开垦费二倍以下"增加至"耕地开垦费五倍以上十倍以下"，并对黑土地和其他优质耕地进行了明确的破坏，处罚力度加重。这不仅对保护好耕地具有重大现实意义，而且为进一步加强和规范耕地质量建设提供了法律保障。因此，确立一套适用于耕作层破坏鉴定的国家标准是刻不容缓的任务。

开展耕作层破坏鉴定相关标准试点工作，成立专业鉴定机构，及时反馈、调整，或者组建由各市级及以上自然资源管理部门组成的专家组，以推动该领域的发展。通过建立相应的工作制度，对各地实施情况开展跟踪检查。加强排查频率与力度是日常监管过程中不可或缺的重要环节。建立相应的法律法规体系，明确耕地破坏责任认定标准以及法律责任追究办法。针对不同的耕地"非粮化"现象，政府应当积极发挥引导、管控、禁止、市场调节、限时恢复耕地功能等多重作用，以促进农业可持续发展；同时应建立完善的"耕地质量监测体系"，通过检测数据来判断土壤性质是否符合农业生产要求。建立"耕地破坏信用制"和"耕作层破坏信用制"，以记录部分主体或企业在耕地和耕作层的破坏行为，并限制破坏责任人在其他土地相关事宜上的权利；建立完善的信息发布平台，及时更新有关情况，并将结果向社会公布。认定标准可与其他部门的评估成果相互衔接，考虑到被破坏的耕地等级，不同等级的耕地将受到不同的待遇。通过建立一套完整的耕地保护法律体系，来保障国家粮食安全。此外，通过实施更广泛的农业优惠政策，激发农户在种植粮食作物方面的积极性；在粮食生产上采取更加严格的保护措施，如实行保护性耕作措施等，以保护好我国粮食安全。加强宣传推广，广泛宣传耕地和耕作层破坏所带来的影响，制定一份国家认定标准，并结合实际工作逐步完善和修正种粮补贴政策，以达到更好的效果。

明确耕作层的鉴定标准，促使我国土地相关管理机构进行转型升级。例如，在耕地与园地或者耕地等级界限模糊的地区，传统的"耕地"定义难以适应当前耕地管理与认定工作。因此，对于耕地认定要采取更加专业的方法，采用硬性指标作为土地的认定标准，并出台相关的政策条例规范耕地质量判定以及适种植物，健全永久性基本农田的利用与一般耕地"收支平衡"的转换关系等有关制度。我国土地相关部门识别耕地损害的原因，并及时采取手段恢复，以保证耕地质量。严格控制耕地转化为非粮农作物种植田地，合理利用土地资源。加强国土空间及其利用的规划管理，严格落实耕地保护政策，严格规范建设用地审批。减小或者避免耕地受到城市扩张的影响，实行耕地专项保护与管理利用。严格控制耕地转变为林地、园地、草地等其他类型农用地，禁止耕地闲置使得农田转化为荒草杂地。实施"藏粮于地，藏粮于技"战略，积极推进高质量、高标准农田建设。要充分利用平原地区的规模优势，大力加强对高标准农田的建设，完善基本农田灌溉等配套设施，包括做好道路、照明设施的条件保障，做好农业技术提升与相关的后期管理，完善社会化服务体系，营造良好的粮食种植生产环境，提升抗灾能力，保障基本农田的生产能力。

7.7 耕地"非粮化"治理的责任监督机制

科学、合理、有效的监督机制是实现地区耕地发展、保护常态化、持续化的重要保障，而建立并落实监督管理机制、问责机制、预警机制是规范"非粮化"治理的关键。

7.7.1 建立耕地"非粮化"监管机制，构建多元监管体系

明确监督内容、创新监督方式、落实主责主体是建立"非粮化"监督管理机制的重要内容。确定监督内容是有针对性地建立监督管理的第一步，政府有关部门应明确区域的土地用途及管理方向。另外，鉴于我国土地治理以及农业发展的实践，土地流转、家庭农场、农业产业化、农民合作社等是我国发展农业经济的重要方式，而囿于粮食作物的公共属性，在土地流转、租赁等过程中，耕地往往背离其基本作用，在农村劳动力普遍不足的背景下，"撂荒"也成为我国耕地"非粮化"的一种不可忽视的形式。在2022年"两会"上，多名人大代表建议加大对农村撂荒地的处置和集中开发管理。因此在"非粮化"监督管理内容上，不仅要依据划分土地用途，还要在此基础上强化对土地流转、家庭农场等经济发展方式下的土地用途监管。

创新监管方式是监督管理机制是否有效的关键。《土地管理法》提出我国实行土地用途管制制度，并编制土地利用总体规划。但此分类方法略显宏观，在耕地保护上，虽明确实施"永久基本农田保护制度"，但具体怎么保护、应该有哪些方式还未明确，因此将监督管理方式在此基础上进行细化，方能达到更好的监管效果。首先，应在土地用途管制制度的基础上，依托于我国分层政府结构实行土地分层分区监管；其次，在监管的精力分布上，依据不同区域"非粮化"问题现状，揪住主要现象或问题，对症下药。例如我国玉林市新区、兴业县、博白县等针对耕地"撂荒"问题，提出将耕地撂荒收回或剔除补贴享受名单等；最后应在监督技术方面有所突破，我国多为山地属于山地丘陵性盆地地貌，在耕地监管方面难免因地形地势造成阻碍。因此可引进先进技术，如卫星遥感技术等，实现高效监管。

明确责任主体是监督管理体制落实的重要影响因素。责任主体是监管内容与监管

方式的落实主体，也是监督管理体制发挥效用的最后一步。田长制是分级分区域落实责任主体的一种有效方式，是网格化管理在耕地保护方面的有效实践。在全面推行田长制的引导线，应灵活设计基层监管结构，激发多元主体治理效能。因市场经济与粮食公共属性共存，耕地保护与增加农民收益二者之间在一定程度上存在着不可调和的矛盾，而政府作为二者矛盾之间的协调者，发挥着重要作用。政府应通过适当的引导与补贴机制，在不损害农民合理收益的基础上激发农民对"粮食安全"的责任意识，发挥村民的自治效能，营造合理使用耕地的责任氛围与监督氛围。如我国桂平将田长制与区域实际充分结合，成功探索出了三级联动、"田长+"耕地保护治理新模式，确定监督责任主体，有效推进了耕地"非粮化"治理。"非粮化"现象多由耕地流转之后规模经营主体使用监督管理不当所致。要加强对当地耕地管理工作人员、村干部及其社会组织的指导教育，激励他们参与本地区流转耕地主体特别是种植大户及家庭农场，农民专业合作社用于粮食作物种植的监督，实践中不断形成行之有效的工作机制，严格遏制基本粮田地区"非粮化"耕种行为，强化流转耕地规模经营主体耕地保护及粮食安全教育工作。另外，农业部门还应与村集体组织联合起来，在农村耕地利用巡查中增加耕地流转后使用情况监管，特别是加强种植大户、家庭农场、农民专业合作社及其他规模经营者在流转耕地使用过程中管护力度，实现对流转耕地"非粮化"行为早防、早查、早治。强化监管，保障政策落实。防止耕地过多"非粮化"并向园地、林地、草地及农业设施用地转化，必须要有严格监管制度和增加耕地卫片监管计划，构建"空天地"一体化全覆盖耕地动态监测新机制进行耕地短期和高频次动态监测。对监控出的"非农化"和"非粮化"问题，要求土地责任人加大整治力度。对耕地保护，唯有坚持严之调子，用"零容忍"心态和长牙硬举措，才有可能实行最严厉的耕地保护制度。

7.7.2　建立耕地"非粮化"问责机制，构建科学奖惩机制

问责机制是循环推进"非粮化"有效治理的反馈环节，也是"非粮化"监督机制的重要组成部分。如果说粮食安全是国家发展的基石之一，那么问责机制的落实就是达成"非粮化"治理目标的基奠，因此要严格落实"非粮化"问责机制。具体可从设计合理有效的考核内容与建立科学的奖惩体系两方面入手。我国耕地出现"非粮化"现状的成因多样，进而使得监督或引导工作繁多且复杂，因而考核内容关注的面向不仅需要可以在一定程度上涵盖整体还要兼顾突出重点问题。耕地面积、种粮面积的变化情况是"非粮化"治理工作的综合体现，而与耕地面积直接联系的"农民收益"情况也应该是需要考虑的内容之一。另外，耕地的长期发展是耕地治理过程中容易忽视的一点，比如考核一些农业项目或者工商资本的引入效果，而忽略了对耕地产生难以恢复生产的评判，更忽视了耕地的长远发展。

科学的奖惩体系是问责机制有效落实和持续发挥作用的重要组成部分，而奖惩是以合理的评价体系作为评判标准的，因此在确定评价标准时必须以科学、合理、实事求是为基本要求。我国山地多且分布不均，在一些边境县域如靖西县、那坡县等地，土地石

漠化严重且生态脆弱,因而应在充分调查各区域实际情况的基础上,制定评价标准的制定,同时应尽快在重要粮食产区建立信息化检测体系。地方政府也应鼓励或予以辅助在适宜地区实现采用无人机航拍测定,以确保得到科学的数据,实现实事求是。合理化更多体现在远景目标与实际情况之间的差距应在合理区间之内。例如,2021 年广西壮族自治区政府出台了《防止耕地"非粮化"稳定粮食生产工作方案》中提到"参考历年耕地利用现状和卫星遥感影像等耕地资料信息,根据口粮品种需求量,下达年度粮食种植目标"。

在进行问责时,一方面将"奖励"与"惩罚"相结合,通过正向激励与负向激励综合提升责任主体的责任感与使命感。广西百色德保县发布的《德保县防止耕地"非粮化"稳定粮食生产工作方案》中更多的是体现惩罚措施,奖励措施明显不足。另一方面应将"考核"与"奖罚"相结合,建立奖励与考核标准之间的桥梁。将奖励与粮食耕种面积、粮食功能区建设以及土地流转管理等方面挂钩,实现考核指标与激励奖励的双向促进。2016 年,"行政奖励"是我国耕地保护责任目标考核奖励的主要形式。2018 年,广西自治区政府办公厅印发的《我国耕地保护责任目标考核办法》实现奖惩并重,将建设用地指标与土地整治专项资金作为奖励激励,而在广西柳州市柳城县 2020 年发布的《耕地保护责任目标考核办法》中仅提到"予以表彰"的奖励形式。后续 2019 年我国就《关于建立我国耕地保护补偿激励机制的通知》征求意见,以便加强基层政府执行耕地保护的力度。

政府鼓励、支持土地向种植大户、农民合作社、家庭农场流转,发展适度规模化、产业化的现代农业。土地流转是实现规模效益的基础,土地流转在目前的社会、经济条件下还会在更长时期、更深层次上继续进行。在粮食作物与经济作物经济利润存在较大差异时,流转双方作为理性经济人,将为增加其收益创造条件,从而对其产生冲击。政府与村集体应当为流转双方提供全面详实的信息,公示项目清单,明确基本农田用途,实行责任追究制。一方面可以促进转让双方的公平交易,降低转让后的纠纷;另一方面,还可以及时避免基本农田在流转之后的"非粮化"问题。健全土地流转市场,避免信息差造成土地流转成本,保障农户权益,降低交易成本,调动农户首选基本农田产粮积极性。落实各级主体责任,避免因完成土地流转任务强迫农户签订流转合同的情况发生,尊重农户种地的需求。

7.7.3 建立耕地"非粮化"预警机制,加强耕地管控治理

预警机制,是对监督管理机制的补充,也可实现从源头治理"非粮化"问题,因此应加快建立预警机制。预警机制应从创新措施与创新耕地质量检测方法两处着手,并将二者有效结合,具体可从如下方面进行改进。一是对农业经营主体耕地"非粮化"行为实行重点全过程监控,严格控制农业经营主体利用耕地进行其他经营活动;二是严格审核城市工商资本转让地主体资格和技术资质,对其以耕地为经营对象的项目予以核准,并严格限制工商资本集中获取耕地参与粮食生产之外的其他业务"非粮化";三是以多级动态网络监管为手段,多个部门共同作用,对耕地进行"非粮化"网格化管理,

并逐步完善属地化、分级化、全覆盖管理体制与运行机制，以促进耕地保护全方位动态监测。对耕地用途进行划定之后，以最简明的方式规范相关主体行为。通过顶层设计，制定严格的硬性指标，规范工商资本用途。一方面根据全区总体耕地红线，层层细化到县域，以约束县域土地资源使用方式达到预警效果；另一方面要提高企业或个人参与土地流转的门槛，加强对土地流转事项用途的审核。因为在国家大力扶持农业发展的背景下，个人或企业不断携带资本下乡，而为了追求利益很容易出现"非粮化"现象或对耕地造成不可逆的伤害。我国区政府通过加强加快制定土地经营权的资格审查、项目审核和风险防范制度，在源头避免资本下乡导致的耕地"非粮化"现象。根据不同区域禀赋，创新耕地测量方法，提升预警效率并解放人力。根据不同区域的农业发展状况差异将"非粮化"现象划分为不易发生区与易发生区，易发生区域主要指粮食主产区，在此区域主要进行动态监测。主要是通过定期对特定区域内的农作物进行检测评价，以实现对区域内的耕地使用情况进行实时监测，并及时更新电子地图和数据库，有效预防耕地"非粮化"转变。例如，广西在 2017 年完成永久基本农田划定工作后，便立即在全区范围内启用运行永久基本农田动态监管系统。通过动态监管，以提升对永久基本农田的保护的效率与质量，动态监管系统的运用使得我国 2018 年占用农耕土地面积比2017 年减少了 414 公顷。另外，利用卫星遥感航拍等技术手段进行预防监测。2021 年，桂林市印发《桂林市防止耕地"非粮化"稳定粮食生产工作方案》中提到采用卫星遥感航拍，观察违规建设问题，实现早发现早组织，不但能达到预防效果还可以巩固整治效果，有效遏制"非粮化"，最后实现长远化的"非粮化"预警。"非粮化"的出现很大程度上是由农民权衡利益做出的选择导致的，因此保障农民的利益是治理"非粮化"的重要举措之一。一方面，应充分利用现代技术加强农业气象预警，尽可能地避免出现自然灾害对农民利益的打击；另一方面，政府应提高补贴力度，或根据市场导向引导农民生产或经营高端绿色粮食作物，让农民选择种粮是对"非粮化"的高级预警。例如，为了缓解农资价格带给农民的压力并调动农民的生产积极性，广西壮族自治区农业农村厅、广西壮族自治区财政厅印发《广西 2022 年实际种粮农民一次性补贴项目实施方案》，在补贴额度以及范围等方面都有所扩大。一是加强对基本农田保护的宣传教育。在强化乡镇领导干部和村集体领导班子培养教育的同时还要注重农户普及教育和强化土地直接使用者粮食安全意识。规范土地流转，严格监督基本农田流转中及流转后使用情况，使职责清晰到位。对于不流转土地，要及时向用户开展基本农田保护知识普及和粮食种植技术培训等活动，以满足农民种粮需求。二是强化土地质量监管，避免出现基本农田面积下降，为了增加粮食产量，农药和化肥使用量过多导致生态污染。建立和完善基本农田负责人公开考核制度，做到双向监督，杜绝少数基层干部以权力为由默许基本农田被占用，增强农民土地主人翁意识。

本章小结

　　本章根据前面的理论基础和对我国耕地"非粮化"的问题剖析，以及其他国家的经验借鉴，从耕地"非粮化"治理的主体行为规范、制度设计、市场环境规制、配套设施建设、农业服务体系、生态防护机制以及责任监督机制设立七个方面为我国的耕地"非粮化"治理提出对策。其中，在主体行为规范方面，主要包含强化粮食安全意识、加强主体思想教育、开展农村土地整治和建立多元治理体系。在制度设计方面，主要包含完善国家制度体系，优化相关防治措施；规范土地流转制度，引导工商资本下乡；调整种粮补贴政策，激发农户种粮热情；细化国家法律法规，健全粮食安全制度。市场环境规制主要包含规范粮食交易市场，稳定粮食市场价格；平衡种粮生产收益，保障农户种粮利益；加强市场风险防范，降低粮食产业风险。配套设施建设主要包含加强粮食产区建设，提高基础设施投入；优化水利设施建设，强化粮田灌溉效能。农业服务体系主要包含培育新型职业农民，优化农村人才结构；加大农业科技投入，强化农业技术赋能；构建农业金融体系，保障粮食生产安全。生态防护机制主要包含加强耕地质量保护，提高耕地利用程度；制定耕地土层标准，保障农田生产能力。最后，针对耕地"非粮化"治理的责任监督机制设提出对策，主要包含建立耕地"非粮化"监管机制，构建多元监管体系；建立耕地"非粮化"问责机制，构建科学奖惩机制；建立耕地"非粮化"预警机制，加强耕地管控治理。

第八章　结　　语

8.1　研究结论

8.1.1　我国农村耕地"非粮化"的时空演变的结论

8.1.1.1　我国农作物播种面积的变化趋势结论

对 2010—2020 年全国各省份农作物、粮食作物、非粮作物（包括经济作物、其他农作物）播种面积进行统计后，各省的农作物总播种面积的变化趋势为早期先增加后减少，总体增幅大于降幅，但总量上有所增加。全国的粮食作物播种面积在 2010—2020 年的变化同样呈现出先增后减的趋势，总体上保持了总量的相对稳定上升，但存在逐渐下降的趋势。2010—2016 年，粮食作物播种面积呈上升趋势，而从 2016—2019 年，粮食作物播种面积有较大幅度的减少。

而全国的非粮作物播种面积在 2010—2020 年总体呈现出先增加后呈断崖式下降后又开始逐渐反弹，在 2010—2015 年，非粮作物播种面积逐步增加，2015—2016 年非粮作物播种面积减少较大，2016—2020 年非粮作物的播种面积增加，且非粮化作物的种植面积在近些年逐步升高。总体来讲，在 2010—2020 年，全国的粮食作物播种面积始终保持比较高的水平，农作物总播种面积在缓慢上升的同时，粮食作物播种面积地在前期也平稳上升，但随着非粮作物播种面积的迅速增长，所占农作物总播种面积的比重也在持续增加，粮食作物的播种面积开始呈下降的趋势。因此，从对农作物播种面积的统计分析可以看出，全国农作物的耕种中存在耕地"非粮化"现象，并且在近几年呈扩大趋势。

为探究我国耕地"非粮化"现象对粮食种植与生产造成的具体影响，通过对我国主要粮食作物进行调查，选取稻谷、小麦、玉米三种粮食作物，对其 2010—2020 年播种面积与占比进行统计分析。稻谷播种面积在 2010—2020 年总体上呈现先升高后减少的趋势，但总量上是增加的，10 年内总体增幅为 0.68%，在 2010—2014 年我国的稻谷播种面积是稳定上升的，4 年内增幅 1.46%；而后在 2014—2016 年开始缓慢下降，减幅为 0.43%。在 2017 年出现较大增幅，我国稻谷播种面积一年内增幅达 1.88%，但是在 2017—2019 年下降较为严重，两年内减幅达到了 3.43%，而后在 2020 年有所增加。

小麦播种面积在 2010—2020 年呈现波动减少的趋势，且减少的幅度较大，在 10 年减幅达 3.57%。2010—2012 年小麦播种面积基本保持稳定，但在 2012—2014 年，减幅为 0.81%；2014—2017 年有较大幅度的上升，3 年内增长幅度为 1.83%，而在 2017—2020 年出现持续下降，且下降幅度较大，降幅达 4.59%。

玉米播种面积在 2010—2020 年呈现波动上升的趋势，10 年增幅为 16.87%，在 2010—2017 年的 7 年除了 2016 年有略微下降外，玉米播种面积是呈现缓慢上升的，7 年内增幅达 30.46%；但是在 2017 年后开始逐渐减少，2017—2020 年三年内减少幅度为 10.42%。

对 2010—2020 年稻谷播种面积占比计算后绘制于图 3.6 中发现，稻谷播种面积占农作物播种面积的比例总体上是下降的，10 年内从 18.59% 下降到 17.96%，下降的比例为 0.63%，2010—2016 年呈现缓慢下降的趋势，6 年下降了 0.51%，在 2017 年稻谷播种面积比例增加了 0.41%，而后 2017—2019 年减少了 0.59%，2020 年有略微上升。

8.1.1.2 各省份主要粮食播种面积变化趋势分析结论

为探究耕地"非粮化"现象对我国各省、直辖市粮食种植产生的具体影响，对 2010—2020 年各省、直辖市粮食作物（稻谷、小麦、玉米、豆类、薯类等）总播种面积进行梳理统计。北京、山西、上海、浙江、福建、湖南、广东、广西、海南、重庆、四川、贵州、云南、陕西、甘肃、宁夏这 16 省、自治区、直辖市的粮食播种面积在 2010—2020 年呈现减少的趋势。天津市、河北、江苏、安徽、江西、山东、河南、湖北、西藏、青海、新疆的粮食作物播种面积在 2010—2020 年在总量上是增加的，但是在 2016—2020 年都有不同程度的减少趋势。内蒙古、辽宁、吉林、黑龙江 4 个省份的粮食作物播种面积在 2010—2020 年总体上是持续增加的。

8.1.1.3 我国非粮作物播种面积变化趋势分析结论

通过对我国主要非粮作物进行调查，选取油料作物、糖料作物、棉花、蔬菜、瓜果、青饲料六种非粮作物，对其 2010—2020 年播种面积与占比变化进行统计。

我国的油料作物播种面积在 2010—2016 年呈现平稳上升趋势，6 年间播种面积，增幅为 1.8%，而在 2016—2018 年，我国油料播种面积急剧下降，减少幅度达到了 9%，2018 年过后开始呈现上升的趋势，2019—2020 年我国油料播种面积有所增加。

糖料作物播种面积在 2010—2020 年则呈现平稳下降趋势，10 年间播种面积，降幅达到 18%，年均下降率为 1.8%。其中，在 2017 年播种面积降幅较大，降幅为 9%；其余年份播种面积变动幅度较为平稳。

蔬菜播种面积变化在 2010—2020 年总体趋势为先增加后减少，且增加幅度大于下降幅度的。在 2010—2013 年，蔬菜播种面积呈上升趋势，而在 2014 年下降，下降幅度为 2.4%；随后在 2015—2016 年蔬菜播种面积呈急剧上升趋势。随后的 2018—2020 年我国蔬菜播种面积开始呈现逐年上升趋势，增幅为 7.53%，并且有继续上升的趋势。

我国棉花的播种面积在 2010—2020 年的变化幅度呈现出明显的下降趋势，从 2010—2020 年，总体下降幅度达到了 34.64%。

瓜果的播种面积在 2010—2020 年呈现下降趋势，下降幅度为 9.52%，在 2010—2016 年瓜果的播种面积是呈现缓慢上升的，而 2017 年突然出现较大的下降，减少幅度为 18.8%；在 2017 年后瓜果的播种面积又开始缓慢上升。

总体来看，我国主要非粮作物播种面积在 2010—2020 年呈上升态势，且 2016 年后上升趋势明显。虽然糖料作物、棉花、瓜果的播种面积有所下降，但由于以上经济作物在全国来说播种面积占比较少，而且棉花只在全国少数的省份有大量种植。因此，他们的播种面积减少，对全国耕地"非粮化"逐渐上升的趋势难以起到遏制作用。

而油料作物和蔬菜播种面积在 2018—2020 年内增长迅速，且占比重较大，对耕地"非粮化"趋势的扩大具有较大影响，同时这几年瓜果和青饲料的播种面积也在逐渐增加，对我国农村耕地"非粮化"产生影响。

8.1.1.4　各省份主要非粮作物播种面积变化趋势分析结论

为进一步探究我国各省份对主要非粮作物播种面积总体变化的贡献，对 2010—2020 各个省份的市主要非粮作物（油料、糖料、棉花、蔬菜、瓜果、青饲料）的播种面积进行统计汇总分析。内蒙古、江西、湖南、广东、广西、重庆、四川、贵州、云南、西藏、陕西、宁夏、新疆 2010—2020 年主要非粮作物播种面积呈总体上升的趋势；北京、天津、河北、山西、辽宁、吉林、黑龙江、上海、江苏、浙江、安徽、福建、山东、河南、湖北、海南、甘肃、青海 2010—2020 年主要非粮作物播种面积总体上呈现下降的趋势。

从上面的统计分析中可以看出内蒙古、江西、湖南、广东、广西、重庆、四川、贵州、云南、西藏、陕西、宁夏、新疆这些省、直辖市、自治区的主要非粮作物的播种面积都是呈现上升的趋势，并且近几年有继续增加的趋势。北京、天津、河北、山西、辽宁、吉林、黑龙江、上海、江苏、浙江、安徽、福建、山东、河南、湖北、甘肃、青海这些省、直辖市、自治区的主要非粮作物播种面积虽然总体上是降低的，但是大多数省份都是在 2014 年和 2017 年有较大的减幅，而后这些省、直辖市、自治区的主要非粮作物播种面积又开始呈现上升的趋势，这可能与第三次全国农业普查后修正数据以及统计口径变化有关。从数据分析上可以看出，我国的主要非粮作物播种面积是呈现上升的趋势的，非粮作物播种面积的迅速增加意味着粮食作物的生产空间将受到限制，在造成耕地"非粮化"现象的同时，也会对我国的粮食生产产生一定威胁。为此，需要对全国的粮食作物播种面积以及粮食产量等指标进行分析。

8.1.1.5　我国耕地面积与复种指数变化趋势分析结论

通过对 2010—2020 年我国总体上以及各省、自治区、直辖市耕地面积和粮食产量等指标数据进行统计对比分析，探究耕地"非粮化"对我国粮食生产安全造成的影响。对 2010—2019 年我国的耕地总面积进行统计分析，在 2010—2019 年减幅达 6.69%。对其进行进一步分析可以看出，我国的耕地面积变化可以分为三个阶段。第一阶段为 2010—2011 年，期间我国耕地面积减少的较多，减幅为 1.27%。第二阶段为 2011—

2017 年，这期间我国的耕地总面积维持基本保持稳定，出现略微减少，6 年减少幅度为 0.26%。第三阶段为 2017—2019 年，此阶段我国的耕地面积出现较大的减幅，两年内减幅达 5.24%，年均下降 2.62%。

2010—2016 年，我国的复种指数是呈现上升的趋势，说明我国的耕地利用程度在不断提高，单位土地农作物播种面积不断增加，在 2010—2016 年复种指数从 1.173 上升到了 1.237，上升幅度为 5.48%。随后在 2017 年有略微下降后到 2019 年复种指数上升到 1.298，比 2017 年升高了 0.065，升高幅度为 5.27%。

8.1.1.6 各省份耕地面积与复种指数变化趋势分析

为进一步探究各省、自治区、直辖市对我国的耕地总面积变化的影响程度，对 2010—2019 年我国各省份的耕地面积进行梳理统计。北京、天津、河北、山西、上海、江苏、浙江、安徽、福建、江西、山东、河南、湖北、湖南、广东、广西、海南、重庆、四川、贵州、云南、陕西、甘肃、青海、宁夏这 25 个省、自治区、直辖市的耕地面积在 2010—2019 年总体上呈现下降的趋势。内蒙古、辽宁、吉林、黑龙江、新疆的耕地面积在 2010—2019 年呈现增加的趋势，西藏的耕地面积基本并保持稳定。

上海、江苏、福建、江西、河南、湖南、广东在 2010—2019 年保持着高复种指数，这也代表着这些省份的耕地具有高利用水平。河北、安徽、山东、湖北、广西、重庆、四川这些省份的耕地利用水平在 2010—2019 年保持较高的水准。北京、天津、山西、内蒙古、辽宁、吉林、黑龙江、浙江、海南、贵州、云南、西藏、陕西、甘肃、青海、宁夏、新疆的耕地利用在 2010—2019 年都处于较低的水平。

8.1.1.7 我国粮食产量变化趋势分析结论

为进一步分析 2010—2020 年我国的粮食产量变化情况，对 2010—2020 年我国的粮食产量进行梳理统计。我国的粮食产量是总体上是呈现上升的趋势的，但是在一些年份有下降的趋势，具体来看可以分为四个阶段。第一阶段为 2010—2014 年，此阶段我国粮食产量稳步逐年上升，尤其是在前期上升幅度较大，在此期间我国粮食产量，提高幅度为 11.07%，年均提高 2.77%。第二阶段为 2014—2016 年，此阶段我国的粮食总产量的提高幅度大，提高幅度为 8.80%，年均提高 4.40%。第三阶段为 2016—2018 年，这个阶段我国的粮食产量维持平稳的同时有略微下降的趋势，两年内减少幅度为 0.38%。第四阶段为 2018—2020 年，此阶段我国的粮食产量又开始呈现缓慢提高的趋势，提升幅度为 1.76%。

8.1.1.8 各省份粮食产量变化趋势分析结论

为进一步研究各省份粮食产量对我国粮食总产量变化的影响程度，对 2010—2020 年我国各个省份的粮食产量进行统计分析。北京、上海、浙江、福建、广东、广西、海南、重庆、四川的粮食产量在 2010—2020 年是呈现减少的趋势的。天津、河北、山西、内蒙古、辽宁、吉林、黑龙江、安徽、山东、河南、云南、青海、新疆、湖北的粮食产量在 2010—2020 年有较大幅度的提高。江西、湖南、四川、西藏、陕西、青海、宁夏的粮食产量在 2010—2020 年总体上呈现缓慢增加的趋势。

8.1.1.9　各省份耕地"非粮化"时空演变趋势分析结论

为进一步探究 2010—2020 年我国耕地"非粮化"在空间上的特征与差异，对我国各省份在 2010—2020 年非粮作物总播种面积以及各主要非粮作物播种面积占农作物总播种面积比重的变化率进行计算。在 2010—2020 年非粮作物播种面积占比上升较快的省份主要集中在我国西南部一带，并沿东北方向逐渐递减。分阶段看，在 2010—2015 年，非粮作物播种面积占比上升较快的省份集中在中西部地区，北京、内蒙古、海南、重庆、贵州、云南、陕西、宁夏有着较高的增长率，均超过了 10%。

8.1.2　我国农村耕地"非粮化"的成因分析的结论

当下，我国粮食种植面积逐渐逼近 18 亿亩耕地红线，尤其是在严守粮食安全的时代背景下，治理耕地"非粮化"问题，遏制耕地"非粮化"发展趋势迫在眉睫。应对耕地"非粮化"重在于平衡政治制度与经济效益，而二者互为影响，由此产生的矛盾更为尖锐，且农村耕地"非粮化"对保障粮食安全能够产生多重影响。近年来，围绕耕地"非粮化"议题的有关研究主要集中在空间趋势演变、治理策略以及农户耕地"非粮化"原因的探究，对耕地"非粮化"对粮食安全的影响探究还有所缺乏。对此，本书分别从气候生态持续变化、部分耕地续种困难；农田水利设施老化、部分耕地缺少灌溉；政府制造政绩工程、改变耕地种植结构；社会资本无序下乡、引导耕地"非粮化"；粮食种植收益偏低、农民种粮动力不足；农村人口呈老龄化、耕地种植结构改变等六个方面进行阐述。

8.1.3　我国农村耕地"非粮化"影响因素分析的结论

为保证我国耕地"非粮化"治理策略构建的合理性和与现实情况的契合度，在对我国总体以及各省耕地"非粮化"的时空演变趋势进行全面分析后，需要对我国总体以及各省份耕地"非粮化"的影响因素进行进一步分析，探究各影响因素与我国总体以及各省耕地"非粮化"的相关程度。为此，本书将运用传统回归分析方法对我国总体的耕地"非粮化"影响因素进行分析，探究各影响因素与我国耕地"非粮化"的相关性；运用地理加权回归方法对各省耕地"非粮化"影响因素进行分析，探究各影响因素的作用程度和地区差异。主要研究结论为：

（1）我国的城镇化率与非粮耕比回归系数自西南向北呈递减趋势，且系数值为正的城市在西南部地区呈现出集聚现象。

（2）我国的农业人口与非粮耕比回归系数的变化呈现出由西南向东部方向的递减趋势，且回归系数为正的占多数，表明多数省份的农业人口增长率与非粮耕比增长率呈正相关关系。农业人口的增长幅度越快，各省份的"非粮化"趋势越发明显。其中，海南和新疆的系数值最高，说明其促进"非粮化"趋势的效果最为明显；而东部的上海市、东南部的福建省回归系数较低，对促进"非粮化"没有明显效果。

（3）年均降水量与年均气温回归系数的空间分布大致相同，都呈现出自东南向西北递减的趋势。其中，各省年均降水量的回归系数大多为负值，表明降水量的减少的幅度越大，"非粮化"趋势越为明显；而年均气温回归系数的数值以中部为界限，在我国的东南部地区为正值，表现出对"非粮化"的促进效应，在南部地区为负值，表现出对"非粮化"的抑制效应。

（4）我国各省非粮耕比与粮食产播比变化率的回归系数均为负值，且自北向南呈现出先减后增趋势，说明两者的变化率呈负相关关系。这表明在各省份的粮食生产效率提升越高，其非粮耕比的增长率越低，甚至会为负数，从而抑制"非粮化"趋势。

（5）农业机械总动力回归系数的空间分布与粮食产播比较为类似，由西南向东北方向呈递减趋势，并且大部分地区的回归系数为负值。这表明，大部分城市农业机械总动力的变化率与非粮耕比的变化率为负相关关系，对"非粮化"趋势具有一定的抑制效果。

8.2　研究展望

粮食安全问题历来都是我国治国安邦的首要问题。我国是农业大国，重农固本是安民之基、治国之要。为推动农业农村现代化发展，党的十九大报告中提出"实施乡村振兴战略"、党的二十大报告中提出"全面推进乡村振兴，扎实推动乡村产业、人才、文化、生态、组织振兴"。以习近平同志为核心的党中央始终从全局出发，统筹发展与安全，坚持农业农村优先发展，坚持把解决好"三农"问题作为全党工作的重中之重。2015 年 7 月 1 日我国实施的《国家安全法》明确把粮食安全当成国家安全重要的组成部分。党的十八大以来，党和国家高度重视粮食安全问题，并将粮食安全纳入国家安全大局当中，统筹发展和安全，把粮食工作摆在"三农"工作的突出位置。2022 年中央一号文件明确提出"牢牢守住保障国家粮食安全和不发生规模性返贫两条底线"。党的二十大报告中提出"全方位夯实粮食安全根基；确保粮食、能源资源、重要产业链供应安全"。习近平总书记更是高度重视国家粮食安全，一再重申将解决粮食安全作为治国理政的头等大事，并指出粮食安全保障能力的稳步提升是实施乡村振兴战略的首要前提，确保国家粮食安全，把中国人的饭碗牢牢端在自己手中。对于拥有世界上最庞大人口的中国来讲，粮食安全的重要性不言而喻，而粮食安全则直接关系到我国乡村振兴战略能否顺利圆满完成。粮食是关系国计民生的特殊商品和国家安全战略性物资，确保粮食安全是我国经济社会发展过程中的一个永恒的课题。如今，人均耕地面积逐年降低，耕地"非粮化""非农化"种植面积不断增长，致使农村剩余劳动力逐渐向城市第二产业、第三产业转移。2016 年以来，耕地"非粮化"发展态势不断扩大，长久来看，以小麦为代表粮食作物种植面积逐渐减少，而蔬菜、瓜果、茶叶等"非粮化"种植作物不断增长，种粮比较收益低是耕地非粮化的核心原因。为进一步保障粮食安全，保护耕地，遏制耕地"非粮化"发展态势，党的十八大以来，党和国家始终坚持粮食安全的战略布局，筑牢国家粮食安全防线，贯彻好国家粮食安全战略，要求粮食生产稳政策、稳面积、稳产量，协调政策"趋粮化"与经济"非粮化"逻辑张力，确保充分发挥政策效益与经济效益。换句话讲，从国家的角度看待耕地"非粮化"的问题，粮食种植生产本质是政治问题，确保国家政治安全稳定，注重种粮政策的"趋粮化"；从农户的角度看待耕地"非粮化"的问题，是主体自我选择的结果，种粮不再是生存问题，更倾向于经济问题。其中，农户遵循理性经济人的假设原则，考虑的是，耕地种植能否实现家庭收益的最大化，更多地注重于经济"非粮化"的逻辑。国家粮食安全的"趋粮化"与农户个体"非粮化"经济行为应置于国家经济社会发展的多重逻辑中，充分发挥市场在资源配置中的决定性作用，更好发挥政府作用，用市场逻辑调节政府"趋粮化"政治逻辑与农户"非粮化"经济逻辑。其次，粮食生产的公共性特征决定了其不能简单运用法律或者是行政手段遏制耕地"非粮化"发展态势，要正确认识耕地"非粮化"产生的原因，进而加快农业现代化生产体系建设，推动农业全域综合治理、基本农田建设、农产品产业链等延伸服务型产业的规范化建设，提升粮食生活综合效益；完善耕地"非粮化"动态监测体系，严格控制农用耕地从事其他经营行为。粮食安全问题事关国家粮食安全的公共利益，要接续加大对粮食生产的结构性投入，对耕地生产进行分阶段补助、分层次补助，依托各省资源禀赋优势，合理规划粮食主产区、产销平衡区、主销区互补式发展。

当下全球不稳定、不确定性因素骤增，夯实农业发展，保障农产品供给是我国应对各种风险的"压舱石"与"稳定器"。保障粮食安全，不能仅局限于粮食生产、粮品存储、市场流通，应从战略角度来重新定义。实现乡村振兴、推动乡村产业发展、提高粮食产量是确保国家粮食安全的基础，也是中国式现代化建设的必然要求；同时，粮食安全是国之根本、民之命脉，它是国家安全的重要组成部分，更是乡村振兴的首要任务；没有乡村振兴，粮食安全失去根基，没有粮食安全，乡村振兴变成空中楼阁。如今，在取得脱贫攻坚战全面胜利的基础上，全面实施乡村振兴战略，夯实农业基础，保障粮食安全，扎实推进城乡共同富裕，将粮食安全纳入总体国家安全观发展大局中，对于我国而言，粮食安全无疑具有极其重要的战略意义。国无农不稳，民无粮不安，粮食产业是乡村振兴的基础，并且在不同程度和层面上对乡村振兴起到了积极的作用。"粮食安全"与"全面推进乡村振兴"是十九届五中全会提出的"双重"目标，也是"十四五"工作计划的重要着力点，既要把中国人的饭碗牢牢端在中国人自己手中，同时又要全面实施乡村振兴，推进共同富裕。面对耕地"非粮化"的趋势，若任其发展下去，就会影响到国家粮食安全。所以应采取合理措施控制耕地"非粮化"，这能够有效稳定粮食生产并牢牢坚守国家粮食安全命脉。这也表明了需要在现行"非粮化"管理缺陷的指导下，提出相应的管控路径。

立法途径与规划途径，是部分发达国家（如美国、日本等）农地保护的主要举措。对于"非粮化"中的某些特定行为，我国已在有关法律中予以明令禁止，例如《土地管理法》《土地管理法实施条例》《农业法》《基本农田保护条例》。然而，我国还没有专门针对耕地制定《耕地保护法》，在粮食安全支持和农耕文化载体方面，针对宝贵耕地资源制定《耕地保护法》不仅能适应管理需求，而且能成为巩固耕地保护制度的硬举措。

确立的《耕地保护法》和（或）其他名称的耕地保护相关法律对耕地"非粮化"这一现象所确立的条规首先是消除法理上的歧义，澄清以上与《农村土地承包法》的歧义，厘清经营主体在耕地利用上的权利边界。其次是厘清粮食概念，面对现今居民膳食结构和"大粮食观"的改变，耕地粮使用其中这一"粮"概念时，是否有必要将其拓展，融入油料、果蔬中。多以保护耕地生产能力为目的，在面积红线之外，以保护耕地种植条件和产粮能力为着力点，应限制耕地利用为可持续利用，不破坏耕作层，不降低有效土层厚度，不损耗种植条件，等等。对当地切实完成耕地保有量和其他耕地保护任务的，应有奖惩措施予以奖励，以进一步确保农民的种粮收益，应使农民种粮食有利可图，使主产区抓粮食的积极性高涨。同时对损害耕作层和种植条件的不正当利用行为进行了惩罚。五是在该法中增加了田长制和责任制，强化了对耕地种植的检查和监督。

国土空间规划为国土空间开发和保护制度提供依据，国土空间用途管制为国土空间开发与保护制度提供主要工具。中共中央，国务院印发的《关于建立国土空间规划体系并监督实施的若干意见》中明确提出，到2025年形成国土空间规划为主，通过统一用途管制，建立国土空间开发保护体系。空间规划中划单元是目前国内外普遍采用的一种做法。国土空间规划的单元是指县级以下国土空间规划编制工作与空间变化监测工作开展的地区，是规范化、信息化、法治化规划平台。规划单元以县（市、区）域作为一个整体，各单元系统都是一个相对独立的功能板块。

耕地保护和耕地"非粮化"，固然可在国土空间规划的基础上划定出相应规划单元并把两者有机地融合在一起，构成一个始终如一的控制体系，从而为粮食安全和藏粮于地奠定基础。管控体系的组建和构建首先应重视地域差别，应立足县级和纽带，针对不同区域"非粮化"状况因地制宜，因势利导。其次要注意把握现实情况，以耕地自然和立地条件为基础，将自然界限、人工界限与基本农田保护红线、生态保护红线、粮食生产功能区相结合，重要农产品生产保护区要去做以规划为主，用能用、管用、好用的规划来管理"非粮化"存量，抑制"非粮化"增量。重视差别管控，对粮用单元、食用单元和农用单元进行合理分类，进一步细化对不同单位耕地用途管制，从严规范生产经营活动的范围（如允许、限制、禁止），建立损害耕作层，影响耕地本身种植条件等负面清单。与此同时，在面对各种"非粮化"和作物不同长势时，不应一味地"一刀切"，不应完全刚性管控，还应采取弹性措施。多从重视人本思想出发，根据区域内的人口状况，综合考虑粮食的需求状况、耕地保有量和生活空间的需求等因素，去进行合理的布局和单元的划分。除了以上提到的粮用单元、食用单元和农用单元之外，还可以根据当地的实际情况，划出田园综合体单元和特色农产品单元等若干特色单元、农园单元等，营造"农田生态+等"、"田园生活+"的效果。

随着中国居民生活水平不断提高，食物消费呈现多元化，品质化和营养化趋势，可基于大食物观建构"食物安全"理念和策略以确保"粮食安全"。"非粮化"控制单元划定方法可在综合各种空间规划的基础上因地制宜地对当地耕地"非粮化"空间格局，驱动机制进行分析，采用形态特征、监测、调查、"3S"技术和田长巡查相结合的鉴定方法确定耕地"非粮化"特定地块对这些地块耕地破坏程度，合理划分管控单元在不同情况下的土地用途区域，确定耕地用途管制内容、管制规则和利用负面清单，并通过基于县级的全国定边界、定用途和上图库确定不同情况下的耕地用途区域，确定不同情况下的管控规则并制定各类管制措施和处置办法。

"非粮化"管控单元的具体示例如下粮用单元：核心要义是围绕"粮食安全"来展开，凸显耕地生产功能，发挥粮食供给能力，保障区域谷物自给和口粮的绝对安全。这种单位采取刚性管控措施取缔所有"非粮化"产品。食用单元：其核心要义是以"食物安全"为中心，以增加农民收入和人们膳食结构的多元化需求为导向，以地区实际为基础，以发挥耕地多宜性为前提，以考虑增加农民收入为目标，以"粮果蔬菌对"的高收益为目的。本书是以不损害耕作层，"非粮化"后种食用农产品为使用对象，使粮食作物经济作物和养殖生产相适而组合。农用单元：其核心要义是以"乡村振兴"为主线，以提高农业经济收益和城乡休闲体验的需求为导向，以地区实际为基础，将地区农业、经济和社会联系在一起。生态正向协同发展丰富了该地区村庄社会活动空间，激发了村庄经济发展内生动力，推动了美丽乡村建设和农业生态环境改善。本书以不损害耕作层的非食用农产品，"非粮化"后栽培和经营为对象，以工程使用行为为导向，允许根据实际情况适度开发花卉养殖、花海观光、农田观光及其他休闲农业和生态农业项目。这不仅保证了粮食安全，而且还可以一定程度地丰富人们的膳食结构，同时增加农民的利益收入和当地农业经济收益，从而拉动主产区抓粮的积极性。

研究仍有如下不足：一是测算方法方面，限于资料，本书只从种植结构角度测算耕地"非粮化"程度，没有从农业生产结构和其他视角考虑"非粮化"问题，使测算结果存在局限性。二是在研究尺度上，本书从国家、区域、省域三个尺度级进行了研究，宏观层面刻画了中国耕地"非粮化"现状特征及发展规律，但是缺乏从市、县两级中微观层面进行论述。三是在对其影响因素的探索过程中缺乏从农户特征、生态环境和耕地质量三个视角对耕地"非粮化"影响机制的剖析，有待后续研究过程的改进与优化。粮食安全问题是关系到国家安全的根本，在目前气候灾害加重和粮食贸易封锁的大环境下，抑制我国耕地"非粮化"发展趋势迫在眉睫。今后耕地"非粮化"研究可以从以下几个方面得到进一步扩展：首先，构建耕地"非粮化"综合认知框架，多角度辨析"非粮化"种类，并对其规模程度进行估计，根据不同"非粮化"类型现象提出有针对性的控制措施。其次，要加强耕地"非粮化"多尺度耦合研究，从宏观中观微观相结合的角度综合分析耕地"非粮化"现状特点和发展规律。再次，在耕地"非粮化"方面创新研究方法，将"互联网+"与"3S"相结合，完成对"非粮化"耕地面积动态监测，数据处理及空间分析；借助于计量模型，系统仿真，神经网络等前沿性手段，以深入探究耕地"非粮化"动因及形成机制。

参 考 文 献

一、文献类

［1］ 张鹏, 刘承. 习近平粮食安全重要论述: 理论渊源、科学内涵与价值意蕴［J］. 财经科学, 2022（8）: 47-59.

［2］ 阮海波. "趋粮化" 抑或 "非粮化": 粮食安全的张力及调适［J］. 华南农业大学学报（社会科学版）, 2022, 21（4）: 79-90.

［3］ 李昊儒, 毛丽丽, 梅旭荣等. 近 30 年来我国粮食产量波动影响因素分析［J］. 中国农业资源与区划, 2018, 39（10）: 1-10, 16.

［4］ Lawrence H. The Impact of Women's Employment Status on Household Food Security at Different Income Levels inGhana［J］. Food and Nutrition Bulletin, 1992, 14（4）.

［5］ Tim W, Joachim V B. Climate Change Impacts on Global Food Security［J］. Science, 2013, 341（6145）.

［6］ Schmidhuber J, Tubiello F N. Global food security under climate change.［J］. Proceedings of the National Academy of Sciences of the United States of America, 2007, 104（50）.

［7］ Qin G, Niu Z, Yu J, et al. Soil heavy metal pollution and food safety in China: Effects, sources and removing technology［J］. Chemosphere, 2021, 267.

［8］ Tiziana U, Mauricio D, Samuel P, et al. Unlocking plant resources to support food security and promote sustainable agriculture［J］. Plants, People, Planet, 2020, 2（5）.

［9］ Qaim M. Role of New Plant Breeding Technologies for Food Security and Sustainable Agricultural Development［J］. Applied Economic Perspectives and Policy, 2020, 42（2）.

［10］ Hana W, Iwan V, Udisubakti C. Food safety and halal food in the supply chain Review and bibliometric analysis［J］. Journal of Industrial Engineering and Management, 2019, 12（2）.

［11］ Zhang X, Sun P, Xu J, et al. Blockchain-Based Safety Management System for the Grain Supply Chain［J］. IEEE Access, 2020, 8.

［12］ Elena B A, Lara C, Johan S. Culture and food Security［J］. Global Food Security, 2018, 17.

[13] Yamine B, Marcel K, Anand G, et al. Internet of Things in food safety: Literature review and a bibliometric analysis [J]. Trends in Food Science & Technology, 2019, 94 (C).

[14] Christophe B. Resilience of local food systems and links to food security-A review of some important concepts in the context of COVID-19 and other shocks. [J]. Food Security, 2020 (prepublish).

[15] Gizaw Z. Public health risks related to food safety issues in the food market: a systematic literature review. [J]. Environmental Health and Preventive Medicine, 2019, 24 (1).

[16] Mark E E. Food Insecurity in Western US States [J]. Food, Culture & Society, 2012, 15 (1).

[17] Asit K. Biswas. Land Resources for Sustainable Agricultural Development in Egypt [J]. AMBIO, 1993, 2 (8): 556-560.

[18] John B. Parker, Janes R. Coyle. Urbanzation and Agricultural Policy in Egypt [J]. The U. S. , 1981.

[19] Samsh Sayed Ahmed. The Impact of Food and Global Economic Crises (2008) on Food Security in Egypt [J]. African and Asian Studies, 2014, 13 (1/2): 205-236.

[20] Maros Ivanic. Will Matin implications of domestic price insulation for global food price behavior [J]. Journal of International Money and Finance, 2014, 42.

[21] Ian Scocnes, Kojo Amanor, Arilson Favareto, and Gubo Qi. A New Politics of Develop-mert Cooperation? Chineseand Brazilian Engagements in African Agriculture [J]. World Development, 2016 (81): 2-3.

[22] John Dyck, David Skully, Agapi Somwaru, Chinkook Lee. Structural Change and Agric-ultural [M]. 2002.

[23] Gerald E. Shively. Price thresholds, price volati lity, and the private costs of investment in a developing country grain market [J]. Economic Modelling, 2001 (8): 399-414.

[24] Band lassussan, Siva Ram Vemur. Telecommunications infrastructure facilitating sustainable development of rural and remote communities in Northern Australia [J]. Telecommunications Policy, 2005, 2 (3): 237-249.

[25] Naidoo R, Iwamura T. Global-scale Mapping of Economic Benefits from Agricultural Lands: Lmplications for Conservation Priorities [J]. Biological Conservation, 2007, 140 (1): 40-49.

[26] Happe K, Hutchings N. J, Dalgaard T, et al. Modelling the Interactions Between Regional Farming Structure, Nitrogen Losses and Environmental Regulation [J]. Agricultural Systems, 2011, 104 (3): 281-291.

[27] Lobell D B, Schlenker W, Costa-Roberts J. Climate trends and global crop production since 1980 [J]. Science, 2011, 333 (6042): 616-620.

［28］ Julian Ramirez-Villegas, Andy Jarvis, Peter Läderach. Empirical approaches for assessing impacts of climate change on agriculture: The EcoCrop model and a case study with grain sorghum ［J］. Agricultural and Forest Meteorology, 2013 (1/70): 67-78.

［29］ Ostrowski M F, Prosperi J M, David J. Potential implications of climate change on Aegilops species distribution: Sympatry of these crop wild relatives with the major European crop triticum aestivum and conservation issues ［J］. Plos One, 2016, 11 (4): 1-27.

［30］ David Harrington. Agricultural Structural Adjustments to Policies: Discussion Paper ［J］. American Journal of Agricultural Economics, 2005, 87 (5): 123-129.

［31］ Lee H. Indicators of sustainability as a tool in agricultural development: Partitioning s-cientific and Participatory Processes ［J］. International Jouunal of Sustainable Developme-nt and World Ecology, 2001, 08 (8): 89-93.

［32］ Fen. Labour market adjustment and Intraindustry trade: the effects of association on the Hungarian food industry ［J］. Journal of Agricultural Economics, 2009, 60 (3): 45-52.

［33］ Zhang L. X., Song B., Chen B. Emergy-based analysis of four farming systems: insight into agricultural diversification in rural China ［J］. Cleaner Prod, 2012, 28, 33-44.

［34］ Barnes A. P., Hansson H., Manevska-Tasevska G., Shrestha S. S., Thomson S. G. The inf-luence of diversification on long-term viability of the agricultural sector ［J］. Land Use Policy, 2015, 49: 404-412.

［35］ Su S., Zhou X., Wan C., Li Y., Kong W. Land use changes to cash crop plantations: crop types, multilevel determinants and policy implications ［J］. Land Use Policy, 2016, 50: 379-389.

［36］ Klein L. R., Reganold J. P. Agricultural changes and farmland protection in western Washington ［J］. Soil and water Conservation, 1997, 52 (1): 6-12.

［37］ Yue Su, Chenlu Li, Ke Wang, et al. Quantifying the spatiotemporal dynamics and multi-aspect performance of non-grain production during 2000-2015 at a fine scale ［J］. Ecological Indicators, 2019, 101: 410-419.

［38］ Yue Su, Kui Qian, Lin Lin, et al. Identifying the driving forces of non-grain production expansion in rural China and its implications for policies on cultivated land protection ［J］. Land Use Policy, 2020, 10 (44): 92-102.

［39］ Xiaofeng Zhao, Yuqian Zheng, Xianjin Huang, et al. The Effect of Urbanization and Fa-rmland Transfer on the Spatial Patterns of Non-Grain Farmland in China ［J］. 2017, 09, 1438.

［40］ Qi Yang, Daojun Zhang. The influence of agricultural industrial policy on non-grain production of cultivated land: A case study of the "one village, one product" strategy implemented in Guanzhong Plain of China ［J］. Land Use Policy, 2021: 108-117.

[41] Anna Strutt. Food security policy options for China：Lessons from other countries ［J］. Food Policy，2014，49.

[42] Allan N Rae. Chinese Animal Produict Consumption and the Estimation of Price Blasticities ［J］. New Zealand，2002-2004.

[43] Chen Y.，Dong S.，Wang F.，Gao Q.，Tian X. Carbon dioxide and methane fluxes from feeding and no-feeding mariculture ponds ［J］. Environ Pollut，2016，212：489-497.

[44] 薛洲，高强. 从农业大国迈向农业强国：挑战、动力与策略 ［J］. 南京农业大学学报（社会科学版），2023，23（1）：1-15.

[45] 蒋永宁，翟永红. 粮食安全战略与制度创新 ［J］. 农业经济，1998（9）：11-13.

[46] 胡靖. 中国两种粮食安全政策的比较与权衡 ［J］. 中国农村经济，1998（1）：19-26.

[47] 王贵林. 完善储备调节制度强化粮食安全体系 ［J］. 中国软科学，1997（5）：17-21.

[48] 安晓宁. 粮食产业化战略：中国粮食安全保障的重要选择 ［J］. 农业科研经济管理，1998（3）：33-34.

[49] 周天勇. 中国土地制度的困境及改革的框架性安排 ［J］. 学习月刊，2003（12）：14-15.

[50] 钱忠好. 中国农地保护政策的理性反思 ［J］. 中国土地科学，2003（5）：14-18.

[51] 钱忠好. 中国农地保护：理论与政策分析 ［J］. 管理世界，2003（10）：60-70.

[52] 马晓河，崔红志. 建立土地流转制度，促进区域农业生产规模化经营 ［J］. 管理世界，2002（11）：63-77.

[53] 严瑞珍，刘福合，程漱兰，等. 级差土地收入与扶贫力度——对山西中阳县段家村、岔沟庄的实证研究，2001 ［C］.

[54] 郭敏，屈艳芳. 农户投资行为实证研究 ［J］. 经济研究，2002（6）：86-92.

[55] 杨明洪. 农业增长方式转变中的农业投资问题研究 ［J］. 投资研究，2000（4）：5-14.

[56] 赵德余，顾海英. 我国粮食直接补贴的地区差异及其存在的合理性 ［J］. 中国农村经济，2004（8）：58-64.

[57] 张照新，欧阳海洪，张秋霞. 安徽、河南等部分粮食主产区补贴方式改革的做法、效果、问题及政策建议 ［J］. 管理世界，2003（5）：60-66.

[58] 陆文聪，李元龙，祁慧博. 全球化背景下中国粮食供求区域均衡：对国家粮食安全的启示 ［J］. 农业经济问题，2011，32（4）：16-26.

[59] 卢锋，谢亚. 我国粮食供求与价格走势（1980—2007）——粮价波动、宏观稳定及粮食安全问题探讨 ［J］. 管理世界，2008（3）：70-80.

[60] 高启杰. 城乡居民粮食消费情况分析与预测 ［J］. 中国农村经济，2004（10）：20-25.

[61] 曹宇，李国煜，王嘉怡，等．耕地非粮化的系统认知与研究框架：从粮食安全到多维安全 [J]．中国土地科学，2022，36（3）：1-12.

[62] 邵喜武，周杨，吴佩蓉．基于空间溢出效应的粮食主产区粮食增产与农业生态污染关系研究 [J]．地理科学，2022，42（5）：831-840.

[63] 孙才志，阎晓东．中国水资源-能源-粮食耦合系统安全评价及空间关联分析 [J]．水资源保护，2018，34（5）：1-8.

[64] 高鸣，赵雪．农业强国视域下的粮食安全：现实基础、问题挑战与推进策略 [J]．农业现代化研究，2023，44（2）：185-195.

[65] 张亨明，章皓月，朱庆生．"十四五"时期我国粮食安全保障问题研究 [J]．浙江工商大学学报，2022，174（3）：109-119.

[66] 姜国忠，罗盈婵．我国土地流转"非粮化"现象对粮食安全的影响研究 [J]．农业经济问题，2021，495（3）：146.

[67] 李秀香，和聪贤．我国粮食安全水平评估与对策 [J]．江西社会科学，2020，40（11）：13-27.

[68] 罗海平，王佳铖，胡学英等．我国粮食功能区粮食安全水平的时空差异及障碍诊断 [J]．农业经济与管理，2023，78（2）：23-34.

[69] 卜林，赵轶薇．进口贸易对粮食安全的影响研究——基于财政支农与农业保险的调节效应分析 [J]．保险研究，2023，419（3）：87-104.

[70] 宋莉莉，张瑞涛．我国粮食生产变化趋势及风险研判 [J]．中国农业科技导报，2023，25（2）：1-9.

[71] 杨婷婷，张雪妮，高翔等．中国粮食省份间流通及对虚拟水土资源的影响 [J]．草业科学，2022，39（8）：1686-1697.

[72] 谢华玲，杨艳萍．中国粮食安全问题的国际观点综述 [J]．世界科技研究与发展，2020，42（6）：633-645.

[73] 张秀青．国际市场动荡不定粮食安全首当其冲——2020年以来国际粮食市场及其对我国的影响研究 [J]．价格理论与实践，2022，460（10）：37-41.

[74] 赵玉菡，李先德．乌克兰危机对全球粮食安全的影响与中国应对策略 [J]．华南农业大学学报（社会科学版），2022，21（6）：91-103.

[75] 李宁，邱实．粮食安全省长责任制促进农业服务业发展了吗？ [J]．农村经济，2023，484（2）：40-47.

[76] 张亨明，伍圆圆．城乡融合发展保障我国粮食安全的路径探析 [J]．东岳论丛，2021，42（11）：84-91.

[77] 徐浩庆，李维峰．粮食安全、土地用途管制和农民利益保护分析——基于二元经济和公共物品提供的双重视角 [J]．经济问题，2021，507（11）：88-97.

[78] 张建华．全球化视角下国际粮价波动对我国粮食市场的影响研究——基于对大豆、玉米国际市场价格波动传导的影响分析 [J]．价格理论与实践，2021，441（3）：58-61.

[79] 马丽，王雨浓．我国粮食安全产业带建设：现实意义、约束条件与实施对策［J］．西北农林科技大学学报（社会科学版），2021，21（4）：105-113．

[80] 付少平．我国农民行为变化的十大特点［J］．中国国情国力，1997（8）：34-35．

[81] 张藕香，姜长云．不同类型农户转入农地的"非粮化"差异分析［J］．财贸研究，2016，27（4）：24-31，67．

[82] 朱道林．耕地"非粮化"的经济机制与治理路径［J］．中国土地，2021（7）：9-11．

[83] 黄伟．农地流转中的非农化与非粮化风险及其规避［J］．当代经济管理，2014，36（8）：39-43．

[84] 彭小霞．农地生态安全理念在集体经营性建设用地市场化流转中的确立与制度实现［J］．宁夏社会科学，2021（2）：55-64．

[85] 高宏伟．农业生态安全视角下的农村土地流转分析［J］．经济问题，2015（2）：105-108．

[86] 匡远配，刘洋．农地流转过程中的"非农化""非粮化"辨析［J］．农村经济，2018（4）：1-6．

[87] 罗必良，仇童伟．中国农业种植结构调整："非粮化"抑或"趋粮化"［J］．社会科学战线，2018（2）：39-51+2．

[88] 薛选登，谷秀云．非粮化对粮食绿色全要素生产率的门槛效应研究［J/OL］．［2022-03-26］．中国农业资源与区划．

[89] 吴郁玲，张佩，于亿亿，谢锐莹．粮食安全视角下中国耕地"非粮化"研究进展与展望［J］．中国土地科学，2021，35（9）：116-124．

[90] 赵晓峰，刘子扬．"非粮化"还是"趋粮化"：农地经营基本趋势辨析［J］．华南农业大学学报（社会科学版），2021，20（6）：78-87．

[91] 张华泉，王淳．乡村振兴背景下土地流转用途规制可有效抑制"非粮化"倾向吗？——基于三方动态博弈的视角［J］．四川师范大学学报（社会科学版），2020，47（3）：59-65．

[92] 张茜，屈鑫涛，魏晨．粮食安全背景下的家庭农场"非粮化"研究——以河南省舞钢市 21 个家庭农场为个案［J］．东南学术，2014（3）：94-100，247．

[93] 孟菲，谭永忠，陈航，熊雯颖．中国耕地"非粮化"的时空格局演变及其影响因素［J］．中国土地科学，2022，36（1）：97-106．

[94] 陈浮，刘俊娜，常媛媛，张琦，于昊辰，张绍良．中国耕地非粮化空间格局分异及驱动机制［J］．中国土地科学，2021，35（9）：33-43．

[95] 张惠中，宋文，张文信，李新举，刘佳琦，李俊颖．山东省耕地"非粮化"空间分异特征及其影响因素分析［J］．中国土地科学，2021，35（10）：94-103．

[96] 孙巍巍，陈永林，郭祥光，陈泽彬，郭林凤，杨贤房，林建平．县域尺度下耕地"非粮化"空间特征及效益研究——以江西龙南市为例［J］．赣南师范大学学报，2021，42（6）：97-102．

[97] 关小克，王秀丽，赵玉领．黄河沿岸"非粮化"耕地形态特征识别与优化调控研究 [J]．农业机械学报，2021，52（10）：233-242．

[98] 雷瑜，郑丹，曾繁如，樊志伟，宁黎，邓立．四川耕地"非粮化"监测中的智能监测方法 [J]．资源与人居环境，2021（12）：47-51．

[99] 张宗毅，杜志雄．土地流转一定会导致"非粮化"吗？——基于全国 1740 个种植业家庭农场监测数据的实证分析 [J]．经济学动态，2015（9）：63-69．

[100] 罗必良，江雪萍，李尚蒲，仇童伟．农地流转会导致种植结构"非粮化"吗 [J]．江海学刊，2018（2）：94-101，238．

[101] 陈菁，孔祥智．土地经营规模对粮食生产的影响——基于中国十三个粮食主产区农户调查数据的分析 [J]．河北学刊，2016，36（3）：122-128．

[102] 王勇，陈印军，易小燕，肖碧林．耕地流转中的"非粮化"问题与对策建议 [J]．中国农业资源与区划，2011，32（4）：13-16．

[103] 陈美球．耕地"非粮化"现象剖析与对策建议 [J]．中国土地，2021（4）：9-10．

[104] Su Y, Li CL, Wang K, et al. Quantfying the spatiotemporal dynamics and muliaspect performance of non-grain production during 2000—2015 at a finescale [J]. Ecological lndicators, 2019 (101)：410-419.

[105] 刘润秋．耕地占补平衡模式运行异化风险及其防范 [J]．四川大学学报（哲学社会科学版），2010（3）：89-96．

[106] 李超，程锋．"非粮化"对耕作层破坏的认定问题思考 [J]．中国土地，2021（7）：12-14．

[107] 孔祥斌．耕地"非粮化"问题、成因及对策 [J]．中国土地，2020（11）：17-19．

[108] 郝士横，吴克宁，董秀茹，等．耕地"非粮化"耕作层破坏诊断标准探讨 [J]．土壤通报，2021，52（5）：1028-1033．

[109] 郭珍．耕地功能性流失的表现、驱动机制及其治理 [J]．吉首大学学报（社会科学版），2020，41（5）：56-63．

[110] 蔡瑞林，陈万明，朱雪春．成本收益：耕地流转非粮化的内因与破解关键 [J]．农村经济，2015（7）：44-49．

[111] 马彪，陈璐．粮食主产区粮食生产与经济发展的"剪刀差"现象分析 [J]．农村经济，2019（5）：51-59．

[112] 陈璐，王霞，杜国明．粮食主产区利益补偿政策存在问题及完善对策 [J]．农业经济，2021（8）：93-94．

[113] 辛翔飞，张怡，王济民．中国产粮大县的利益补偿——基于粮食生产和县域财政收入的视角 [J]．技术经济，2016，35（1）：83-87．

[114] 宋戈，白小艳，高佳．粮食产销平衡区耕地非粮化负外部效益空间分布特征 [J]．水土保持研究，2018，25（1）：349-355．

[115] 彭小霞. 我国农村土地流转制度的功能检视及其改革路径 [J]. 理论探索, 2022 (1): 120-128.

[116] 齐元静, 唐冲. 农村劳动力转移对中国耕地种植结构的影响 [J]. 农业工程学报, 2017, 33 (3): 233-240.

[117] 冷智花, 行永乐, 钱龙. 农业劳动力性别结构对粮食生产的影响——基于 CFPS 数据的实证分析 [J]. 财贸研究, 2020, 31 (12): 36-48.

[118] 何福平. 农村劳动力老龄化对我国粮食安全的影响 [J]. 求索, 2010 (11): 74-76.

[119] 杨进, 钟甫宁, 陈志钢, 等. 农村劳动力价格、人口结构变化对粮食种植结构的影响 [J]. 管理世界, 2016 (1): 78-87.

[120] 檀竹平, 洪炜杰, 罗必良. 农业劳动力转移与种植结构"趋粮化" [J]. 改革, 2019 (7): 111-118.

[121] 郝海广, 李秀彬, 谈明洪, 等. 农牧交错区农户作物选择机制研究——以内蒙古太仆寺旗为例 [J]. 自然资源学报, 2011, 26 (7): 1107-1118.

[122] 杨伦, 刘某承, 闵庆文, 等. 哈尼梯田地区农户粮食作物种植结构及驱动力分析 [J]. 自然资源学报, 2017, 32 (1): 26-39.

[123] 董晓霞, 黄季焜, Scott Rozelle, 等. 地理区位、交通基础设施与种植业结构调整研究 [J]. 管理世界, 2006 (9): 59-63, 79.

[124] 王善高, 田旭. 农村劳动力老龄化对农业生产的影响研究——基于耕地地形的实证分析 [J]. 农业技术经济, 2018 (4): 15-26.

[125] 谢花林, 欧阳振益, 陈倩茹. 耕地细碎化促进了耕地"非粮化"吗——基于福建丘陵山区农户的微观调查 [J]. 中国土地科学, 2022, 36 (1): 47-56.

[126] 常媛媛, 刘俊娜, 张琦, 于昊辰, 卞正富, 陈浮. 粮食主产区耕地非粮化空间格局分异及其成因 [J/OL]. [2022-03-27]. 农业资源与环境学报.

[127] 易小燕, 陈印军. 农户转入耕地及其"非粮化"种植行为与规模的影响因素分析——基于浙江、河北两省的农户调查数据 [J]. 中国农村观察, 2010 (6): 2-10, 21.

[128] 曾雅婷, 吕亚荣, 蔡键. 农地流转是农业生产"非粮化"的诱因吗? [J]. 西北农林科技大学学报 (社会科学版), 2018, 18 (3): 123-130.

[129] 耿鹏鹏. 种植结构"非粮化": 农地租约稳定性的维度逻辑及其证据 [J]. 经济经纬, 2021, 38 (2): 44-53.

[130] 冷智花, 付畅俭. 城镇化失衡发展对粮食安全的影响 [J]. 经济学家, 2014 (11): 58-65.

[131] 戚渊, 李瑶瑶, 朱道林. 农地资本化视角下的耕地非粮化研究 [J]. 中国土地科学, 2021, 35 (8): 47-56.

[132] 江光辉, 胡浩. 工商资本下乡会导致农户农地利用"非粮化"吗? ——来自 CLDS 的经验证据 [J]. 财贸研究, 2021, 32 (3): 41-51.

［133］高晓燕，赵宏倩．工商资本下乡"非粮化"现象的诱因及长效对策［J］．经济问题，2021（3）：92-99.

［134］张藕香．农户分化视角下防止流转土地"非粮化"对策研究［J］．中州学刊，2016（4）：49-54.

［135］刘航，张莉琴．农地流转会导致农地利用"非粮化"吗？——基于地块层面的实证分析［J］．农村经济，2020（11）：45-53.

［136］毕雪昊，周佳宁，邹伟．家庭劳动力约束下经营规模对农户种植结构选择的影响［J］．中国土地科学，2020，34（12）：68-77.

［137］邱道持，郎义华，魏薇．城乡统筹试验区农地流转研究——以重庆市九龙坡农村农户调研为例［J］．西南大学学报（自然科学版），2008（6）：130-134.

［138］易小燕，陈印军，王勇，等．耕地流转需谨防过度非粮化［J］．农村工作通讯，2011（15）：21-23.

［139］陈佑启，Peter H. Verburg，徐斌．中国土地利用变化及其影响的空间建模分析［J］．地理科学进展，2000（6）：116-127.

［140］杨瑞珍，陈印军，郭淑敏．中国耕地资源流失的深层原因及对策［J］．中国农业资源与区划，2005（12）：37-41.

［141］施令同．改善城乡二元经济结构是农民增收的强大动力［J］．江苏统计，2001（12）：30-32.

［142］陈靖．粮食安全视角下的农业经营问题——基于大户经营模式的讨论［J］．中州学刊，2013（4）：55-59.

［143］李晓俐．防止耕地流转中的非粮化［J］．中国粮食经济，2012（7）：17-18.

［144］朱姗．农村土地非粮化非农化趋势分析［J］．农村经营管理，2013（1）：24-26.

［145］龙方．新世纪中国粮食安全问题研究［J］．湖南农业大学学报（社会科学版），2007（6）：8-14.

［146］钱忠好，牟燕．中国土地市场化改革：制度变迁及其特征分析［J］．农业经济问题，2013（5）：20-26.

［147］周怀龙．口粮田"折损"隐患重重——聚焦基本农田非粮化现象［N］．中国国土资源报，2014，5（19）.

［148］盛利，关欣，蒋婧．中国粮食安全与土地使用权流转关系研究［J］．现代农业科技，2009（9）：278-280.

［149］苏纪涛．浅析土地流转对粮食安全的负面影响及解决措施［J］．经济研究导刊，2011（9）：41-42.

［150］侯胜鹏．基于粮食安全视角下的土地流转分析［J］．湖南农业大学学报（社会科学版），2009（4）：25-28.

［151］Thomas L. Daniels. Where does cluster zoning fit in farmlandprotection［J］. Journal of the American Planning Association, Issue 1, 1997, 1（63）.

［152］柯炳生．提高农产品竞争力：理论、现状与政策建议［J］．农业经济问题，2003

（2）：34-39.

［153］ 程国强，朱满德．中国工业化中期阶段的农业补贴制度与政策选择［J］．管理世界，2012（1）：9-20.

［154］ 林毅夫．中国还没达到工业反哺农业阶段［N］．［2003-07-17］．南方周末．

［155］ 叶兴庆．从四个方面赋予农民更多财产权利［J］．中国发展观察，2013（12）：4-5.

［156］ 李瑞锋，肖海峰．我国粮食直接补贴政策的实施效果问题及完善对策［J］．农业现代化研究，2006（3）：92-95.

［157］ 彭腾．我国农业补贴政策的缺陷与完善［J］．广东行政学院学报，2009（4）：65-66.

［158］ 王勇，陈印军，易小燕，等．耕地流转中的非粮化问题与对策建议［J］．中国农业资源与区划，2011（8）：13-16.

［159］ 张五钢．我国土地流转中的非粮化倾向与对策研究［J］．黄河科技大学学报，2011（9）：54-57.

［160］ 朱忠贵．农村土地流转非粮化与粮食安全［J］．粮食问题研究，2010（1）：10-12.

二、著作类

［1］ 祝洪章．我国粮食主产区农地流转"非粮化"问题及对策研究［M］．北京：经济科学出版社，2020.

［2］ 张永恩．中国粮食安全［M］．北京：中国农业出版社，2011.

［3］ 王宏广，等．中国粮食安全研究［M］．北京：中国农业出版社，2005.

［4］ 联合国粮食及农业组织．气候变化和粮食安全［M］．北京：中国农业出版社，2019.

［5］ 白美清．粮食安全［M］．北京：经济科学出版社，2013.

［6］ 国家粮食和物资储备局．《中国的粮食安全》白皮书重要文献汇编［M］．北京：人民出版社，2020.

［7］ 高峰．资源约束、国际粮价波动与中国粮食安全［M］．北京：人民出版社，2021.

［8］ 汪希成．中国粮策发展40年［M］．北京：人民出版社，2019.

［9］ 魏后凯．中国农村经济形式分析与预测［M］．北京：社会科学文献出版社，2022.

［10］ 高林远，等．严守耕地保护红线的激励机制研究［M］．北京：人民出版社，2013.

［11］ 左旭阳．广西耕地红线研究［M］．北京：科学出版社，2016.

［12］ 陈印军，等．我国新型粮食安全观研究［M］．北京：中国农业科学技术出版社，2017.

［13］ 韩一军．新时期中国粮食安全研究［M］．北京：中国农业科学技术出版社，2017.

［14］ 中华人民共和国国务院新闻办公室．中国的粮食安全［M］．北京：人民出版社，

2019.

[15] 田富强. 土地资源市场配置创新研究 [M]. 北京：科学出版社，2018.

[16] 唐健. 耕地占补平衡政策评价与创新 [M]. 北京：中国大地出版社，2017.

[17] 徐磊. 中国粮食安全评估报告 [M]. 北京：中国农业科学技术出版社，2021.

[18] 中国粮食经济学会. 粮食安全 [M]. 北京：中国财政经济出版社，2011.

[19] 王振江，等，译. 农村妇女与粮食安全保障 [M]. 北京：中国农业科学技术出版社，2006.

[20] 罗必良. 种粮的逻辑 [M]. 北京：中国农业出版社，2018.

[21] 刘卫柏. 城镇化进程中的农村土地制度改革研究 [M]. 北京：人民出版社，2021.

[22] 国家土地总督京功公室编. 保障科学发展保护耕地红线 [M]. 北京：地质出版社，2009.

[23] 张晓京. 中国粮食安全 [M]. 武汉：湖北人民出版社，2014.

[24] 丁声俊. 粮食安全 100 问 [M]. 北京：中国农业出版社，2021.

[25] 闻海燕. 粮食安全 [M]. 北京：社会科学文献出版社，2006.

[26] 郭江平，吴国珍. 新时代中国粮食安全研究 [M]. 武汉：武汉大学出版社，2018.

[27] 王跃梅. 我国农村劳动力转移与粮食安全问题研究 [M]. 杭州：浙江大学出版社，2018.

[28] 卢良恕，王健. 粮食安全 [M]. 杭州：浙江大学出版社，2007.

[29] 陆红生. 土地管理学总论 [M]. 北京：中国农业出版社，2007：306-308.

附　录

一、我国耕地"非粮化"现实情况

图1　工商资本流转耕地后建设蔬菜园

图2　工商资本流转耕地后种植经济作物

图 3　农村劳动力流失导致粮食种植耕地撂荒

图 4　原有粮食耕地改种经济作物

图 5　原有粮食耕地改种经济作物

图 6　在粮食耕地上建设大棚种植非粮作物

图 7　粮食作物种植耕地改种经济作物

二、农村固定观察点数据部分问卷指标

（一）土地情况

	单位	代码	数值
一、耕地情况	—	—	—
（一）承包田总面积	亩	NH2-1	□
（二）经营耕地情况	—	—	—

	单位	代码	数值
1. 年初经营耕地面积	亩	NH2-2	□
其中：承包田	亩	NH2-3	□
承包村组内机动地	亩	NH2-4	□
转包田	亩	NH2-5	□
2. 年内增加耕地面积	亩	NH2-6	□
其中：转包入	亩	NH2-7	□
3. 年内减少耕地面积	亩	NH2-8	□
其中：退耕还林还草	亩	NH2-9	□
转包出	亩	NH2-10	□
其中：转包给企业	亩	NH2-11	□
转包给农民专业合作组织	亩	NH2-12	□
转包给其他农户	亩	NH2-13	□
其中：转包给村外	亩	NH2-14	□
4. 年末经营耕地面积	亩	NH2-15	□
其中：承包田	亩	NH2-16	□
承包村组内机动地	亩	NH2-17	□
转包田	亩	NH2-18	□
二、年末实际经营耕地块数	块	NH2-19	
1. 不足 1 亩	块	NH2-20	
2. 1~3 亩	块	NH2-21	
3. 3~5 亩	块	NH2-22	
4. 5 亩以上	块	NH2-23	
三、年末实际经营耕地类型	—	—	—
1. 水田	亩	NH2-24	□
2. 旱田	亩	NH2-25	□
其中：水浇田	亩	NH2-26	□
3. 保护地（塑料大棚）	亩	NH2-27	□
四、年末经营园地面积	亩	NH2-28	□
其中：果园面积	亩	NH2-29	□
茶园面积	亩	NH2-30	□
桑园面积	亩	NH2-31	□

	单位	代码	数值
五、林地情况	—	—	—
（一）承包林地面积	亩	NH2-32	
（二）年内转包入林地面积	亩	NH2-33	
（三）年内转包出林地面积	亩	NH2-34	
其中：转包给企业	亩	NH2-35	
转包给农民专业合作组织	亩	NH2-36	
转包给其他农户	亩	NH2-37	
（四）年末经营面积	亩	NH2-38	
其中：有林地面积	亩	NH2-39	
六、年末经营草场牧地面积	亩	NH2-40	
七、年末经营水面面积	亩	NH2-41	
其中：海水养殖面积	亩	NH2-42	
其中：池塘养殖面积	亩	NH2-43	
淡水养殖面积	亩	NH2-44	
其中：池塘养殖面积	亩	NH2-45	

（二）农户家庭生产经营情况

1. 粮食作物生产经营情况

	粮 食 作 物					
	小麦	稻谷	玉米	大豆	薯类	其他
	NH4 A1	NH4 A2	NH4 A3	NH4 A4	NH4 A5	NH4 A6
1. 播种面积（亩）	□	□	□	□	□	□
2. 实际收获面积（亩）	□	□	□	□	□	□
3. 总产量（千克）						
4. 总收入（元）						
5. 总费用（元）						
6. 其中：种子种苗费（元）						
7. 农家肥折价（元）						
8. 化肥费用（元）						

	粮 食 作 物					
	小麦	稻谷	玉米	大豆	薯类	其他
	NH4 A1	NH4 A2	NH4 A3	NH4 A4	NH4 A5	NH4 A6
9. 农膜费用（元）						
10. 农药费用（元）						
11. 水电及灌溉费用（元）						
12. 畜力费（元）						
13. 机械作业费用（元）						
14. 固定资产折旧及修理费（元）						
15. 小农具购置费（元）						
16. 土地租赁费用（元）						
17. 其他费用（元）						
18. 投工量（日）						
19. 其中：雇工（日）						
20. 雇工费用（元）						
21. 副产品价值（元）						

2. 经济作物及园地作物生产经营情况

	经 济 作 物								园地作物	
	棉花	油料	糖料	麻类	烟草	蚕桑	蔬菜	其他	水果	其他
	NH4 B1	NH4 B2	NH4 B3	NH4 B4	NH4 B5	NH4 B6	NH4 B7	NH4 B8	NH4 B9	NH4 B10
1. 播种面积（亩）	□	□	□	□	□	□	□	□	□	□
2. 实际收获面积（亩）	□	□	□	□	□	□	□	□	□	□
3. 总产量（千克）										
4. 总收入（元）										
5. 总费用（元）										
6. 其中：种子种苗费（元）										
7. 农家肥折价（元）										
8. 化肥费用（元）										
9. 农膜费用（元）										
10. 农药费用（元）										

	经 济 作 物								园地作物	
	棉花	油料	糖料	麻类	烟草	蚕桑	蔬菜	其他	水果	其他
	NH4 B1	NH4 B2	NH4 B3	NH4 B4	NH4 B5	NH4 B6	NH4 B7	NH4 B8	NH4 B9	NH4 B10
11. 水电及灌溉费用（元）										
12. 畜力费（元）										
13. 机械作业费用（元）										
14. 固定资产折旧及修理费（元）										
15. 小农具购置费（元）										
16. 土地租赁费用（元）										
17. 其他费用（元）										
18. 投工量（日）										
19. 其中：雇工（日）										
20. 雇工费用（元）										
21. 副产品价值（元）										